U0898845

中外礼仪大全

宋薇 编著

译林出版社

目 录

个人礼仪

仪容礼仪

一、修饰头发的礼仪 2

二、修饰面容的礼仪 3

1.眼睛 /3
2.耳朵 /4
3.鼻子 /4
4.嘴巴 /4
5.脖颈 /5

三、修饰手臂的礼仪 5

1.手掌 /5
2.肩臂 /5
3.汗毛 /6

四、修饰腿部的礼仪 6

1.脚部 /6
2.腿部 /7
3.汗毛 /7

五、化妆的礼仪 7

1.化妆的原则 /7
2.化妆的礼仪 /8
3.女士如何化妆 /8

举止礼仪

一、手姿礼仪 10

1.基本手姿 /10
2.手姿禁忌 /11

二、立姿礼仪 12

1.基本立姿 /12
2.男子的立姿 /12
3.女子的立姿 /12
4.立姿禁忌 /12

三、蹲姿礼仪 13

1.基本蹲姿 /13
2.蹲姿禁忌 /13

四、坐姿礼仪 14

1.就座姿势 /14
2.坐定姿势 /15
3.坐姿禁忌 /15

五、行姿礼仪 15

1.基本行姿 /16
2.行姿禁忌 /17

表情礼仪

一、眼神礼仪 17

1.时间 /18
2.角度 /18
3.部位 /18
4.方式 /19
5.变化 /20

二、笑容礼仪 20

1.笑容种类 /21
2.笑的方法 /21
3.笑容禁忌 /22

三、面容礼仪 22

局部表情 23
1.眉毛 /23
2.嘴巴 /23
3.下巴 /24
4.鼻子 /24
5.耳朵 /24
综合表情 24
1.表示快乐 /24
2.表示兴奋 /25
3.表示兴趣 /25
4.表示爱慕 /25
5.表示敌意 /25
6.表示发怒 /25
7.表示严肃 /26
8.表示安静 /26
服装礼仪
一、TPO着装原则 26
1.时间原则 /26
2.地点原则 /27
3.场合原则 /27
二、形体、肤色与服装的搭配 27
1.色彩的象征意义 /27
2.服饰配色 /28
3.根据体型着装 /29
三、男装的类别 30
1.男士礼服 /30
2.男士休闲服 /31
四、如何穿好西装 31
五、女装的类别 32
1.传统礼服 /33
2.职业便装 /33
佩戴饰物的礼仪
一、佩戴手套的礼仪 33
二、佩戴围巾的礼仪 34
三、佩戴皮包的礼仪 34
四、佩戴首饰的原则 35
1.如何佩戴戒指 /35
2.如何佩戴项链 /36
3.如何佩戴手镯和手链 /36
4.如何佩戴耳环 /37
5.如何佩戴胸花与胸针 /38
社交礼仪
社交介绍礼仪
一、自我介绍礼仪 39
1.自我介绍的时机 /39
2.自我介绍的内容 /40
3.自我介绍的分寸 /41
二、他人介绍礼仪 43
1.他人介绍的时机 /43
2.他人介绍的顺序 /43
3.他人介绍的内容 /44
4.他人介绍的应对 /45
社交握手礼仪
一、握手的形式 46
1.三种标准的握手方式 /46
2.三种不标准的握手方式 /46
二、握手的时机 47
三、握手须注意的问题 47
1.握手的掌势 /47
2.握手的要点 /48
3.握手的时长 /48
4.握手的力度 /49
四、握手的禁忌 49

社交名片礼仪

一、交换名片的时机　50

二、交换名片的礼仪　51

1.递上自己的名片 /51

2.接受他人的名片 /51

三、索取名片的礼仪　52

四、婉拒他人索取名片的礼仪　52

五、名片的存放　52

1.名片的放置 /53

2.名片的收藏 /53

六、名片的利用　53

社交角色礼仪

一、准确把握自我交际角色　54

二、推销自我的礼仪　55

三、保持自信心　56

四、不容忽视的社交形象　58

五、怎样给人留下好印象　59

六、提升自我魅力值　60

社交活动礼仪

一、社交的五大原则　62

二、社交活动的情绪控制　63

三、调整好社交中的“期望值”　64

四、有效社交的“关键”　65

五、选择社交的最佳地点　66

六、把握社交的最佳时间　66

七、与不同性情的人相处的艺术　67

八、获得别人尊重的社交方式　68

解决社交难题的礼仪

一、社交中怎样重修旧好　69

二、社交中怎样应对过分的玩笑　70

三、社交中怎样消除误会　71

四、社交中怎样面对诋毁　72

五、社交中怎样增加人情味　73

六、社交中怎样向别人解释　74

七、社交中怎样让别人记住你　75

八、社交中怎样实话实说　76

九、社交中怎样寻找借口　76

十、社交中怎样赢得好人缘　78

语言礼仪

交谈须知

一、交谈礼仪的基本要求　81

二、与不同人交谈的礼仪　82

1.与年长者交谈的礼仪 /82

2.与年长者交谈的禁忌 /84

3.与年幼者交谈的礼仪 /85

4.与异性交谈的礼仪 /86

三、交谈方式的礼仪　87

1.双向共感 /87

2.措辞委婉 /87

3.礼让对方 /87

4.适可而止 /89

5.谈话气氛 /89

如何成为出色的交谈者

一、交谈语言的要求　89

1.优雅文明的语言 / 90
2.五句十字礼貌语 / 90
3.语言准确的五个标准 / 91

二、交谈主题的宜与忌 92

1.交谈中适宜的主题 / 92
2.交谈中忌谈的主题 / 93

三、初次交谈应注意什么 94

1.判断谈话点 / 94
2.寻找共同点 / 95
3.发现相似点 / 96
4.抓住兴奋点 / 97

交谈者需学会的六大本领

一、学会赞美 98

二、学会幽默 100

1.幽默的魅力 / 100
2.幽默的方法 / 101

三、学会补救失言 102

1.借题发挥与自我解嘲 / 102
2.曲意翻新与表白恭维 / 102
3.及时改口与转移话题 / 103
4.顺势反驳与巧妙复位 / 103
5.谐音转换与半句道歉 / 103
6.原话重复与将错就错 / 104

四、学会拜访辞令 105

1.如何说进门语 / 105
2.如何说寒暄语 / 106
3.如何说晤谈语 / 107
4.如何说辞别语 / 108

五、学会聆听 108

交谈中的语言礼仪

一、交谈中提问的礼仪 109

1.控制谈话气氛 / 109
2.控制由提问到表达的过程 / 110
3.问话的选择 / 110
4.词语的选择 / 110
5.句式的选择 / 110

二、交谈中打圆场的礼仪 110

1.制造幽默的气氛 / 111
2.强调事件的合理性 / 111
3.肯定各方的价值 / 112
4.把事件加以善意的曲解 / 112

三、交谈中传达不幸的礼仪 112

1.直言相告 / 112
2.委婉暗示 / 112
3.渐次渗透 / 113
4.隐瞒自悟 / 113
5.蓄势导泄 / 113

四、交谈中安慰他人的礼仪 113

1.宽慰之言 / 114
2.互慰之言 / 114
3.慰藉之言 / 114
4.醒慰之言 / 114
5.谑慰之言 / 114
6.勉慰之言 / 114

五、交谈中应答的礼仪 115

1.冲破框框说本意 / 115
2.避重就轻化解锋芒 / 115
3.避实就虚答非所问 / 115

六、交谈中请求的礼仪 116

七、交谈中插话的礼仪 116

1.适时发言 / 117
2.恰当自然 / 117
3.以商谈的口气 / 118
4.观点独到新颖 / 118

八、交谈中表达不满的礼仪 118

1.幽默提醒 / 118
2.委婉点拨 / 118
3.直言相告 / 119

九、交谈中批评的礼仪 119

1.自我批评法 / 119
2.表扬批评法 / 120
3.委婉批评法 / 120
4.鼓励批评法 / 120
5.建议批评法 / 120
6.幽默批评法 / 121
7.暗示批评法 / 121

8.联想批评法 /122
十、交谈中表达不同意见的礼仪 122
十一、交谈中拒绝的礼仪 123
1.使用敬语，扩大心理距离 /124
2.说明原因，取得理解 /124
3.答非所问，转移回避 /124
4.不说理由 /124
5.诱导对方 /125
6.妥协应付法 /125
十二、闲谈的礼仪 125

家庭礼仪

家庭成员礼仪

一、夫妻之间的礼仪 127
1.夫妻礼仪的六大原则 /127
2.一个好丈夫必知的十条礼仪 /128
3.一个好妻子必懂的十条礼仪 /129
二、子女对父母的礼仪 130
1.子女要敬重父母 /130
2.子女要孝顺父母 /130
三、家庭同辈之间的礼仪 131
1.同辈间应宽容相处 /131
2.同辈间应互爱互助 /132
四、婆媳相处的四大礼仪原则 133
1.坦诚 /133
2.理解 /134
3.宽松 /134
4.互助 /135
五、女婿与岳父母相处的礼仪 136
1.善于夸奖妻子 /136
2.孝敬岳父母 /136
六、姑嫂之间相处的礼仪 137
1.学会宽容互谅 /137
2.尝试角色转换 /138
七、妯娌间相处的礼仪 138
1.心胸放宽，眼光放远 /138
2.与她交朋友 /139
八、邻里之间的礼仪 140
1.邻里关系的特点 /140
2.与邻里交往的禁忌 /141
3.与邻里交往的原则 /141

家庭应酬礼仪

一、家庭待客礼仪 142
1.准备 /142
2.迎接 /142
3.递烟、上茶 /143
4.陪客聊天 /143
二、家庭宴请礼仪 143
1.餐具的使用礼仪 /144
2.用餐时的礼仪 /145
3.饮酒礼仪 /146

家庭称谓礼仪

一、常见礼貌称谓 147
1.如何称呼自己的家人 /147
2.尊称与自谦语 /147
3.家庭成员的介绍 /148
二、对父系亲属的称谓 148
三、对母系亲属的称谓 149
四、对兄弟姐妹亲属的称谓 149
五、对夫家亲属的称谓 150
六、对妻家亲属的称谓 150
七、常见亲属和称谓 151

公务礼仪

公务接待礼仪

一、公务接待礼仪的类别　153

1.一般公务接待礼仪 / 153
2.专门公务接待礼仪 / 154

二、公务迎送礼仪　155

1.做好迎客准备 / 155
2.热情迎客 / 155
3.陪车 / 156
4.下榻 / 156
5.安排拜访与宴请 / 156
6.送客 / 156

公务会见与会谈礼仪

一、会见、会谈前的准备工作　158

1.场所的布置 / 158
2.会见的座位安排 / 158
3.会谈的座位安排 / 158

二、会见与会谈程序　158

1.事先双方要商定 / 158
2.双方均应准确掌握会见的时间、地点 / 158
3.接待人员应在约定的时间之前到恰当地点迎候 / 159
4.会见、会谈前，一般安排合影 / 160

公务汇报工作的礼仪

一、下级汇报工作的礼仪　160
二、上级听取汇报的礼仪　161

公务会议礼仪

一、出席会议者应注意的四条礼仪　162

1.遵守时间 / 162
2.认真参与 / 162
3.有秩序地就座 / 163
4.发言应简练 / 163

二、组织者应注意的礼仪　164
三、主持人礼仪　164
四、常见的会议程序与礼仪　165

1.座谈会的程序与礼仪 / 165
2.例会的程序与礼仪 / 165
3.庆祝表彰会的程序与礼仪 / 166
4.纪念会的程序与礼仪 / 167

公务人际礼仪

一、一个好领导应具备的礼仪　168

1.提高个人修养 / 168
2.团队精神，从领导做起 / 168
3.用行动体贴下属 / 169
4.敢做敢当，拥有大家风范 / 169

二、员工必须具备的礼仪　170

1.准时上下班 / 170
2.服饰规范整洁 / 170
3.敢于承担责任 / 171
4.不让私事占用上班时间 / 171
5.使用礼貌用语 / 171

三、员工与上司相处的礼仪　172

1.摸准上司的脾气 / 172
2.学会跟上司相处 / 172
3.与上司保持适度距离的五个窍门 / 172

四、同事相处的礼仪　173

1.尊重、关心对方 / 173
2.遍开友爱之花 / 174
3.玩笑适可而止 / 174

五、异性同事相处的礼仪　175

1.办公室着装禁忌 / 175
2.不要越犯语言雷区 / 175
3.动作避免轻佻 / 175
4.把握与异性同事交往的分寸 / 175
5.反击性骚扰 / 177

求职礼仪

求职礼仪对求职者的作用

1.求职礼仪能体现求职者的文化素质 /179
2.求职礼仪能体现求职者的道德水准 /179
3.求职礼仪能体现求职者的个性特征 /180

写求职信应注意的礼仪

1.书写规范 /180
2.使用谦语 /181
3.言简意赅 /181

面试礼仪

一、求职者外在形象的重要性 182
1.打造求职形象 /182
2.好形象从“头”开始 /183
3.求职者化妆的基本礼仪 /183

二、求职者的仪态礼仪 184
1.求职者站姿的基本要求 /184
2.求职者坐姿的基本要求 /185
3.求职者的走姿标准 /185
4.仪态礼仪须注意的六个问题 /186

三、面对招聘考官的八种礼仪 187
1.遵时守信 /187
2.放松心情 /187
3.以礼相待 /187
4.入室敲门 /188
5.微笑示人 /188
6.莫先伸手 /189
7.“请”才入座 /189
8.递物大方 /189

四、面试时的应答礼仪 189
1.面试应答原则 /189
2.应答礼仪的禁忌 /190

五、面试结束时的礼仪 192

六、试后必备礼仪 193
1.感谢对方 /193
2.不打听结果 /193
3.收拾心情 /193
4.查询结果 /194
5.有备无患 /194

公关礼仪

公关人员应具备的礼仪

一、公关人员基本礼仪须知 195
1.品德与性格 /195
2.学识与才华 /196
3.仪表风度和交际能力 /197

二、公关人员职业道德礼仪 198
1.公关人员职业道德礼仪的基础 /198
2.国际公共关系协会成员行为准则 /198

公关人际沟通礼仪

一、人际吸引的沟通礼仪 199
1.个人吸引力 /200
2.相互吸引力 /201

公关通信礼仪

一、公关电话礼仪 202
1.拨打电话的标准礼仪 /203
2.接听电话的标准礼仪 /204

公关推销礼仪

一、公关推销人员的综合礼仪 205
1.积极的态度 /206

2.挑战自我 /206
3.拥有耐心 /206
4.拥有自信 /206

二、公关推销礼仪 206

1.提前预约的礼仪 /206
2.选择称呼的礼仪 /207
3.推销过程中的礼仪 /208

三、使用推销技巧的礼仪 208

1.赢得顾客信任的技巧 /209
2.说服顾客的技巧 /209
3.抓住推销时机 /209

公关专题活动礼仪

一、新闻发布会的礼仪 210

1.发布会筹备的礼仪 /210
2.邀请传媒人士的礼仪 /212
3.发布会现场应酬的礼仪 /213
4.追踪新闻界反应的礼仪 /215

二、庆典仪式的礼仪 216

1.庆典筹备组应具备的礼仪 /216
2.布置庆典现场的礼仪 /217
3.庆典仪式的程序 /217
4.主办者应具备的礼仪 /218

三、赞助活动的礼仪 219

1.举办赞助会的礼仪 /220
2.参加赞助会的礼仪 /220

谈判礼仪

一、选择谈判时空的礼仪 222

1.选择谈判时间的礼仪 /222
2.选择谈判地点的礼仪 /223

二、布置谈判环境的礼仪 225

1.环境布置的目的 /225
2.环境布置的原则 /225
3.环境布置的变化 /225
4.环境布置的因素 /226

三、树立谈判形象礼仪 226

1.第一印象的重要性 /226
2.包装谈判形象礼仪 /227
3.谈判人员握手礼仪 /228
4.谈判人员自我介绍的礼仪 /228

四、保全对手脸面的礼仪 229

1.不要故意与人为难 /230
2.不要揭人短处 /230
3.不要用质问的口气 /230

五、对待争辩时要注意的礼仪 231

1.一笑了之 /231
2.欢迎不同的意见 /231
3.不要相信你直觉的印象 /231

六、营造谈判气氛的礼仪 232

1.给对方一个好的感觉 /232
2.恰到好处的寒暄 /232
3.避免谈判开头的慌张和混乱 /232
4.调整语速 /233
5.诙谐幽默 /233
6.适度赞誉 /233
7.实事求是，不矫揉造作 /234
8.注意观察，发现对方长处 /234
9.借用第三者口吻赞美对方 /234
10.人身攻击是不正当的 /234

七、避免谈判陷入僵局的礼仪 235

1.与不同意见者为伍 /235
2.巧妙回答异议 /235
3.主动跨出一步 /235

八、向谈判对手提问的礼仪 236

1.注意提问的速度 /236
2.注意对手的心境 /236
3.提问后，给对方以足够的时间 /237
4.提问应尽量保持连续性 /237

九、答复谈判对手的礼仪 238

十、化解尴尬的礼仪 239

1.自嘲的妙用 /239
2.暗示的运用 /240

西方礼仪

社交礼仪

一、打招呼礼仪 241
二、称呼礼仪 242
三、接吻礼仪 243
四、舞会礼仪 244
五、以右为尊的礼仪 245

宴请礼仪

一、赴宴礼仪 246
二、点酒礼仪 247
三、用餐礼仪 248
1.餐巾的使用方法 /248
2.餐具的使用方法 /248
3.用餐注意事项 /249
四、饮酒礼仪 251
五、用西餐时特殊情况的处理办法 252
1.碰到主人做感恩怎么办 /252
2.在餐桌上弄洒了东西怎么办 /253
3.刀叉掉到地上怎么办 /253
4.异物入口或塞牙怎么办 /253
5.吃了蒜或洋葱后，口中有异味怎么办 /254

商务礼仪

一、美国商务礼仪 254
二、俄罗斯商务礼仪 255
三、加拿大商务礼仪 256
四、英国商务礼仪 257
五、法国商务礼仪 259

西方习俗礼仪和禁忌

一、美国习俗礼仪 261
二、俄罗斯习俗礼仪 263
三、英国习俗礼仪 264
四、法国习俗礼仪 266
五、西方礼仪禁忌 267
1.称呼禁忌 /267
2.食品禁忌 /267
3.花卉禁忌 /267
4.颜色禁忌 /268
5.数字禁忌 /268
6.其他禁忌 /269

个人礼仪

个人礼仪，就是关于个人形象设计、塑造与维护的具体规范，它一般由个人仪容、举止、表情、服装、佩饰这五大要素构成，是人们在日常生活中必须时刻注意的。因为它所处理的大体上都是私人之事，因此，个人礼仪又称私人礼仪，也可以称之为仪表礼仪。

仪容礼仪

在个人的仪表问题之中，仪容是重中之重。在人际交往中，每个人的仪容都会引起交往对象的特别关注，并将影响到交往对象对自己的整体评价。个人礼仪对仪容的首要要求是仪容美。具体含义主要有三层：

1. 仪容自然美。指仪容的先天条件好，天生丽质。尽管以貌取人不合情理，但先天美好的相貌，无疑会令人赏心悦目。

2. 仪容修饰美。指依照规范与个人条件，对仪容进行必要的修饰，扬其长，避其短，设计、塑造出美好的个人形象。

3. 仪容内在美。指通过努力学习，不断提高个人的文化、艺术素养和思想、道德水准，培养高雅的气质与美好的心灵，使自己秀外慧中，表里如一。

真正意义上的仪容美，应当是三者的高度统一。忽略其中任何一个方面，都会使仪容美失之于偏颇。

个人修饰仪容时，应当引起注意的通常有头发、面容、手臂、腿部、化妆五个方面。

一、修饰头发的礼仪

修饰头发，应注意的问题有三个方面：

1. 净发。头发是人们脸面之中的脸面，所以应当自觉地做好日常护理。不论有无交际活动，平日都要对自己的头发勤于梳洗，对头发勤于梳洗，既有助于保养头发，又有助于消除异味。若是对头发懒于梳洗，弄得自己蓬头垢面，满头汗馊、油味，发屑随处可见，是很败坏个人形象的。

2. 理发。虽说一个人头发的长短应当悉听君便，不便干预，但从社交礼仪和审美的角度看，它仍受到若干因素的制约，不可以一味地只讲自由与个性，而不讲规范。影响头发长度的制约因素有：

人分男女，男女有别，这在头发的长度上便有所体现。一般认为，女士可以留短发，但很少理寸头；男士头发可以稍长，但不宜长发披肩、梳辫挽髻。在头发的长度上可以中性化一点，但不应超过极限。

头发的长度，在一定程度上与个人身高有关。以女士留长发为例，头发的长度就应与身高成正比。一个矮个的女士若长发过腰，会使自己显得个头更矮。

人有长幼之分，头发的长度亦受此影响。飘逸披肩的秀发，就应该是年轻女性的象征，70 岁的老奶奶就应该是偏短的发型。

职业对头发的长度影响很大。商界对头发的长度大都有明确限制：女士头发不宜长过肩部，必要时应以盘发、束发作为变通；男士不宜留鬓角、发帘，最好不要长于 7 厘米，即大致不触及衬衫领口。

发型，即头发的整体造型。在理发与修饰头发时，对此都不容回避。选择发型，除个人偏好可适当兼顾外，最重要的是考虑个人条件和所处场合。

个人条件包括发质、脸形、身高、胖瘦、年纪、着装、佩饰、性格等等，在个人条件里，脸形对发型的选择影响最大。选择发型时，一定要遵守应己原则，使二者相互适应。

在社会生活里，人们的职业不同、身份不同、工作环境不同，发型自然也应有所不同。在工作场合抛头露面的人，发型应当传统、庄重、保守一些；在社交场合频频亮相的人，发型则应当个性、时尚、艺术一些。

3. 美发。美发不仅要美观大方，而且要自然，不宜雕琢痕迹过重，或是不合时宜。在通常情况下，美发的方法有四种形式，它们分别是：

烫发。即运用物理手段或化学手段，将头发做成适当形状的方法。

决定烫发之前，先要看一下与本人发质、年龄、职业是否合适。

染发。发色不理想，或是头发变白，即可使用染发剂令其变色。

做发。即运用发乳、发胶、摩丝等美发用品，将头发塑造成一定形状，或对其进行护理。

假发。头发有先天缺陷或后天缺陷者，均可选戴假发。

二、修饰面容的礼仪

仪容在很大程度上指的就是面容，由此可见，面容修饰在仪容修饰之中是格外重要的。

修饰面容，首先要洗脸，使之干净清爽，无油污，无汗渍，无泪痕，无不洁之物。每天仅在早上起床后洗一次脸远远不够。午休后、用餐后、出汗后、劳动后、外出后，最好再洗一次脸。

修饰面容，具体到各个不同的部位，还有一些不尽相同的规定。

1. 眼睛

保洁。这里主要是指眼部分泌物的及时清除问题。对于这一点，应随时注意。另外，若眼睛患有传染病，应自觉回避社交活动，省得让他

人提心吊胆。

修眉。如果感到自己的眉形或眉毛不雅观，可进行必要的修饰。但不提倡纹眉，更不要剃去所有眉毛，刻意标新立异。

眼镜。戴眼镜不仅要美观、舒适、方便、安全，而且还应随时对其进行揩拭或清洗。

2. 耳朵

在洗澡、洗头、洗脸时，不要忘记清洗一下耳朵。必要之时，还须清除耳孔之中不洁的分泌物。但不能在他人面前这么做。

有些人，特别是一些上了年纪的人，耳毛长得较快，甚至有一部分还会长出耳孔之外。在必要之时，应对其进行修剪。

3. 鼻子

平时，应注意保持鼻腔清洁，不要让异物堵塞鼻孔，或是让鼻涕流淌。不要随处吸鼻子、擤鼻涕，更不要在他人面前挖鼻孔。

参加社交应酬之前，勿忘检查一下鼻毛是否长出鼻孔之外。一旦出现这种情况，应及时进行修剪。

4. 嘴巴

牙齿洁白，口腔无味，是修饰上的基本要求。要做好这一点，一要每天定时在饭后刷牙，以去除异物、异味；二要经常采用爽口液、牙签、洗牙等方式方法保护牙齿；三要在重要应酬之前忌食烟、酒、葱、蒜、韭菜、腐乳之类气味刺鼻的东西。

人体之内发出的所有声音，如咳嗽、清嗓、哈欠、喷嚏、吐痰等，都是不雅之声，在社交场合应当禁止出现。需要指出的是，禁止异响，重在自律，而不必强求于人。在大庭广众之下，若他人不慎制造了异响，最明智的做法是视若不见。若本人不慎弄出了异响，不要显得若无其事，要尽快道歉。

唇间长有胡须，是男子的生理特点。男士若无特殊宗教信仰和民族习惯，最好不要蓄须，并应经常及时地剃去胡须。青年男子尤其不要蓄须，否则既稀疏难看，又显得邋里邋遢。若女士因内分泌失调而长出类似胡须的汗毛，则应及时治疗，并予以清除。

5. 脖颈

脖颈与头部相连，属于面容的自然延伸部分。修饰脖颈，一是要防止其皮肤过早老化，与面容产生较大反差。二是要使之经常保持清洁卫生，不要只顾脸面，不顾其他。脸上干干净净，脖子上，尤其是脖后藏污纳垢，两者反差过大。

三、修饰手臂的礼仪

在正常情况下，手臂是人际交往中动作最多的一个部分，而且其动作还往往被附加了多种多样的含义。修饰手臂的问题，可以分为手掌、肩臂与汗毛三个方面。

1. 手掌

在日常生活里，手是接触其他人、其他物体最多的部位，出于清洁、卫生、健康的角度考虑，手更应当勤于清洗。

手指甲应定期修剪，不要长时间不剪手指甲，使其看上去脏兮兮、黑糊糊的。尽量不要留长指甲，它不仅毫无实用价值，而且不美观、不卫生、不方便。修剪手指甲，应令其不超过手指指尖为宜。指甲外形不美时，亦可进行修饰。

有时，在手指甲周围会产生死皮。若发现死皮后，应立即将其修剪掉，不应用手去撕，或用牙去咬。若皮肤粗糙、红肿、皲裂，应及时进行护理、治疗。若长癣、生疮、发炎、破损、变形，则不仅要治疗，而且还应避免使之接触他人，不论是直接的还是间接的接触，都会令他人不快，甚至产生反感。

2. 肩臂

修饰肩臂，最重要的就是这一条：着装时肩臂的露与不露，应依照具体所处场合而定。在非常正式的政务、商务、学术、外交活动中，人们的手臂，尤其是肩部，不应当裸露在衣服之外。也就是说，在这些场合，不宜穿着半袖装或无袖装。而在其他一切非正式场合，则无此限制。

3. 汗毛

因个人生理条件的不同，有个别人手臂上汗毛生长得过浓、过重或过长，特别有碍观瞻，最好是采用适当的方法进行脱毛。

在他人面前，尤其是在外人或异性面前，腋毛是不应为对方所见的。根据现代人着装的具体情况，女士特别要注意这一点。在正式场合，一定要牢记，不要穿着会令腋毛外露的服装。而在非正式场合，若打算穿着暴露腋窝的服装，则务必先行脱去或剃去腋毛。

四、修饰腿部的礼仪

修饰腿部，应当注意的问题有三个，即脚部、腿部和汗毛。

1. 脚部

严格地说，在正式场合是不允许光脚穿鞋的。它既不美观，又有可能被人误会。不仅如此，一些有可能使脚部过于暴露的鞋子，如拖鞋、凉鞋、镂空鞋的穿着要视具体情况而定。

在正常情况下，应注意保持脚部的卫生。鞋子、袜子要勤洗勤换，脚要每天洗，袜子则应每日一换。

脚趾趾甲要勤于修剪，去除死趾甲，不应任其藏污纳垢，或是长于脚趾趾尖。

2. 腿部

在正式场合，不允许男士的着装暴露腿部，也就是说不允许男士穿短裤。女士可以穿长裤、裙子，但也不得穿短裤，或是暴露大部分大腿的超短裙。在正式场合，女士的裙长应过膝部以下。

女士在正式场合穿裙子时，不允许光着大腿不穿袜子，尤其不允许光着的大腿暴露于裙子之外。

在非正式的场合，特别是在休闲活动中，则无此规定。

3. 汗毛

男士成年以后，腿部汗毛大都过重，所以在正式场合下不允许其穿短裤，或是卷起裤管。

女士若因内分泌失调导致腿部汗毛变浓黑茂密时，则最好脱去或剃除。或者选择深色丝袜，加以遮掩。

五、化妆的礼仪

化妆，是修饰仪容的一种方法，它是指采用化妆品按一定技法对自己进行修饰、装扮，以便使自己容貌变得更加靓丽。在人际交往中，进行适当的化妆是必要的。这既是自尊的表示,也意味着对交往对象的尊重。在一般情况下，女士对化妆更加重视。当然，男士也有必要进行适当的化妆。

1. 化妆的原则

进行化妆前，一定要树立正确的意识，即所谓化妆的原则。一共有以下三条：

(1) 美化。化妆意在使人变得更加美丽，因此在化妆时要注意适度矫正、修饰得法。在化妆时不要自行其是，任意发挥，寻求新奇，有意无意将自己丑化、怪异化。

(2) 自然。化妆既要美化、生动，又要真实、自然。化妆的最高境界，是没有人工美化的痕迹，好似天然的美丽。

(3) 协调。高水平的化妆，强调的是其整体效果，所以在化妆时，应努力使妆面与全身、场合、身份协调。

2. 化妆的礼仪

不当众进行化妆,应事先或是在专用的化妆间进行。若当众进行化妆，则有卖弄表演或吸引异性之嫌。

不要将自己的妆化得过浓、过重，香气四溢，令人窒息，这对他人会造成妨碍。

若妆面出现残缺，应及时避人补妆，若听任不理，会让人觉得低俗、懒惰。

借用他人化妆品不卫生，故应避免。

3. 女士如何化妆

在现代女性的生活中,化妆已成为一项重要内容。化妆是礼仪的需要，掌握一些基本的化妆术，可以提高女性魅力，为女性的生活和工作增添光彩。

化妆的第一步是彻底清洁脸部。以洗净脸上的污物,清洁皮肤为目的。

上化妆水。以洁肤、润肤、紧肤和调理肌肤为目的。

擦润肤霜。既滋润皮肤，又能隔离有色化妆品。

施粉底。粉底应上得使皮肤显得自然而有光泽，使化好的妆看起来细腻而有质感。干燥的皮肤宜选择液体粉底，特别干燥且皮肤黯淡的可选择霜状粉底，中性或油性皮肤宜用特质粉底。试搽粉底时，要注意脸上的 T 形部位，即额头至鼻间的区域。这一部位通常爱分泌油脂，容易脱妆，所以粉底要特别注意搽均匀。眼睑部位宜用冷霜涂抹，既保护眼部皮肤，又可防止化妆脱落。

扑脸粉。用以定妆，防止化妆脱落，并可抑制过度的油光。用大而松的粉扑取粉拍在脸上，多余的粉用干净的粉刷扫去。香粉要根据自身的肤色进行选择，白的皮肤可选择浅色粉饼，皮肤黝黑的可选小麦色粉饼。

上腮红。腮红可使脸部显得健康而有血色，脸形不够理想的也可以用腮红来调整。涂腮红时，应用粉刷取适合的腮红沿颧骨向鬓边轻刷成狭长的一条。脸形不够理想者，在刷好腮红后，还应用较深的腮影来遮盖缺陷。如两腮较大者，可用深色腮影刷出满意的脸形，并将突出的两腮用腮影遮盖；颧骨过高者，可在颧骨四周涂深色腮影，腮边及两鬓则可涂上浅色腮影。

眼部化妆。眼部化妆包括画眼线和涂眼影两部分。在日常生活的简单化妆中，可只画眼线，略去涂眼影这一步。

眼线可使眼睛看上去大而有神。眼线的基本画法是：沿眼睛轮廓，上眼线全画实，下眼线则从大眼睑离眼端三分之一处画至眼尾，而不能把眼睛的四周涂成黑黑的一圈。

根据情况的需要，可以在眼部涂上眼影，造成深邃动人的感觉。东方女子同西方女子相比，眼窝浅且多眼袋浮肿，因此不能照搬西方女子喜爱的蓝色、红色眼影。较适合的有珊瑚色、朱红色、橘色、灰色等。用眼影棒或粉刷取上适合的眼影，轻轻沿 45 度方向涂在上眼皮上并向眼尾处抹匀，并可在眼头或眼尾处加以强调，以达到不同的效果。

画完眼线和眼影，可抹上睫毛油，使睫毛显得长密，眼睛明亮有神。

描眉。能够使眉毛更有形，从而衬托整个脸部。

勾画鼻侧影。作用在于修正鼻形，使鼻梁挺拔。

描唇。用唇线笔先描出唇形。若唇形不满意，也要先用唇线笔画出理想的形状，再涂口红加以修正。为使涂上的口红不易脱落，可先涂一层口红，然后用面巾沾去浮色，再涂一层无色上光唇油，就不会发生将口红印在餐具上的难堪局面了。

举止礼仪

举止，指的是人们在外观上可以明显地被觉察到的活动、动作，以及在活动、动作之中身体各部分所呈现出的姿态。

在人际交往中，举止在相互沟通中作用很大。具体来讲，表现在以下五个方面。其一，表露功能。它可以表达口语难以表达的信息。其二，替代功能。它可以替代口语，直接与对方交流、沟通。其三，辅助功能。它可以辅助口语，使人“言行一致”，思想得以强化，表达得更清楚、更深刻。其四，适应功能。它可以适应本人的心理、生理需要。其五，调节功能。它可以发出暗示，调节双方关系，使对方做出积极反应。

举止礼仪主要涉及手姿、立姿、坐姿、行姿四个方面。

一、手姿礼仪

手姿，又叫手势，指的是人的两只手臂所做的动作。由于手是人身体上最灵活自如的部位，所以手姿是体语之中最丰富、最有表现力的。

1. 基本手姿

垂放。垂放，是最基本的手姿。其做法有二：一是双手自然下垂，掌心向内，叠放或相握于腹前；二是双手伸直下垂，掌心向内，分别贴放于大腿两侧，它多用于站立之时。

背手。背手，多见于站立、行走时，既可显示权威，又可镇定自己。其做法，是双臂伸到身后，双手相握，同时昂首挺胸。

鼓掌。鼓掌，是用以表示欢迎、祝贺、支持的一种手姿，适用于多种场合。其做法，是以右手掌心向下，有节奏地拍击掌心向上的左掌。必要时，应起身站立。

夸奖。这种手姿主要用以表扬他人。伸出右手，翘起拇指，指尖向上，指腹面向被称道者。

指示。这是用以引导来宾、指示方向的手姿。其做法，是以右手或左手抬至一定高度，五指并拢，掌心向上，以肘部为轴，朝一定方向伸出手臂。

2. 手姿禁忌

易于误解的手姿。易为他人误解的手姿有两种：一是个人习惯，但不通用，不为他人理解；二是因为文化背景不同，被赋予了不同的含义。

不卫生的手姿。在他人面前掏耳朵、搔头皮、剔牙齿、抠鼻孔、抓痒痒等这样一些手姿，均极不卫生。

不稳重的手姿。在大庭广众之前，双手乱动、乱摸、乱扶，或是咬指尖、折衣角、抱大腿等手姿，都是应当禁止的不稳重手姿。

二、立姿礼仪

立姿，又叫站姿、站相，指的是人在站立时所呈现出的具体姿态。一般认为：立姿是人的最基本的姿势，同时也是其他姿势的基础。

1. 基本立姿

立姿的基本要求是：头端，肩平，胸挺，腹收，身正，腿直。

由于性别方面的差异，男女的基本立姿又各有一些不尽相同的要求。对男子的要求是稳健，对女子的要求则是优美。

2. 男子的立姿

男子在站立时，一般应双脚平行，大致与肩同宽，最好间距不超过一脚之宽。要全身正直，双肩稍向后展，头部抬起，双臂自然下垂伸直，双手贴放于大腿两侧。

如果站立时间过久，可以将左脚或右脚交替后撤一步，其身体的重心分别落在另一只脚上。但是上身仍须挺直，伸出的脚不可伸得太远，双腿不可叉开过大，变换不可过于频繁，膝部要注意伸直。

3. 女子的立姿

女子在站立时，应当挺胸、收颌、目视前方，双手自然下垂，叠放或相握于腹前，双腿基本并拢，不宜叉开。

站立之时，女子可以将重心置于某一脚上，即一腿伸直，另一条腿则略微前伸或弯曲，也就是说双腿一直一斜。

4. 立姿禁忌

忌全身不端正。“站如松”强调的就是站立时身体要端正，力戒站立时头歪、肩斜、胸凹、臂曲等。

忌双腿叉开过大。站立过久，可采用稍息的姿势，双腿可以适当叉开一些。但出于美观与文明方面的考虑，在他人面前双腿切勿叉开过大，女士尤其应当谨记。

忌双脚随意乱动。人在站立时，双脚应当老实规矩，不可肆意乱动，不应用脚尖乱点乱画，用脚去够东西、蹭痒痒等。

三、蹲姿礼仪

下蹲的姿势，简称为蹲姿。它是人在处于静态的立姿时的一种特殊情况。多用于拾捡物品、帮助别人或照顾自己。

1. 基本蹲姿

蹲的基本方法有三：方法之一是单膝点地式，即下蹲后一腿弯曲，另一条腿跪着。方法之二是双腿交叉式，即下蹲时双腿交叉在一起。方法之三是双腿高低式，即下蹲后双腿一高一低，互为倚靠。

2. 蹲姿禁忌

在公共场所下蹲，有三条禁忌:其一，面对他人，这样会使他人不便。其二，背对他人，这样做对别人不够尊重。其三，双腿平行叉开，这样好像在上洗手间。

四、坐姿礼仪

坐姿，即人在就座之后所呈现出的姿势。从总体上讲，坐姿是一种静态的姿势。在日常生活中，坐姿往往是人们所采用得最多的姿势。坐相好不好关系到你在他人心目中的形象。不同的坐姿传递着不同的信息。例如：腰杆笔直的坐姿，表示对对方感兴趣和尊敬；弯腰曲背的坐姿是对谈话不感兴趣和厌烦的表示；斜着身体坐，表示心情愉快或自感优越；边坐边摆弄手中的东西，暗示着漫不经心的心态；双手放在腿上，是一种等待、试探的表示。

所谓“坐有坐相”是指坐姿要端正。人的正常坐姿，在其身后没有任何依靠时，上身应挺直稍向前倾，摆正肩头，两臂贴身自然下垂，两手随意放在腿上，两腿间距与肩宽大致相等，两脚自然着地。

背后设有依靠时，在正式社交场合，也不能随意地把头向后仰靠，显出很懒散的样子，这就是我们常说的“坐如钟”。

1. 就座姿势

就座，即走向座位直到坐下这一整个过程，它是坐姿的前奏，也是其重要组成部分。

注意顺序。就座时合乎礼仪的顺序有两种：一是优先尊长，即请位尊之人首先入座；二是同时就座，它适用于平辈人与亲友同事之间。无论如何，抢先就座都是失态的表现。

讲究方位。不论是从正面、侧面还是背面走向座位，通常都讲究从左侧一方走向自己的座位，从左侧一方离开自己的座位，它简称为“左进左出”，是在正式场合一定遵守的。

落座无声。入座时，切勿争抢。在就座的整个过程中，不管是移动座位还是坐下时，都不应当发出嘈杂的声音。调整坐姿，同样也不宜出声。

入座得法。就座时，应转身背对座位。如距其较远，可以右脚后移半步，待腿部接触座位边缘后，再轻轻坐下。着裙装的女士入座，通常应先用双手拢平裙摆，再随后坐下。

离座谨慎。离座亦应注意礼仪序列。不要突然站起，惊吓他人。也不要因不注意而弄出声响，或把身边的东西弄到地上去。

2. 坐定姿势

根据座位的高低，调整坐姿的具体型式。在较为正式的场合，或有位尊者在座时，通常坐下之后不应当坐满座位，大体占据其 2/3 的位置即可。挺直上身，头部端正，目视前方，或面对交谈对象。

极正规的场合，上身与大腿、大腿与小腿，应当均为直角，此姿势即为所谓“正襟危坐”，双腿最好并拢。具体来讲，男士就座后双腿可张开一些，但不应宽于其肩宽。女士就座后，特别是身着超短裙时，务必要并拢大腿。

在非正式场合，允许坐定之后双腿叠放或斜放。双腿交叉叠放时，应力求做到膝部之上的并拢。双腿斜放，应与地面构成 45 度夹角。

双脚应自然下垂，置于地面之上，脚尖应面对正前方，或朝向侧前方。双脚可以并拢、平行或一前一后。

双手掌心向下，叠放于大腿之上，或是放在身前的桌面之上，以其一左一右，扶住座位两侧的扶手，也是可以的。

3. 坐姿禁忌

公共场合坐定之后，不允许仰头靠在座位背上，或是低头注视地面。左顾右盼，或闭目养神也是不礼貌的行为。

不允许坐定之后上身前倾、后仰、歪向一侧，或是趴向前方、两侧。

双手端臂，抱于脑后，或抱住膝盖，或以手抚腿、摸脚都是不礼貌的。双手应尽量减少不必要的动作，身前有桌子时，不要将肘部支于其上，或双手置于其下。双手夹在大腿中间也应避免。

不要在尊长面前高翘“4”字形腿，即不要将一条小腿交叉叠放于另一条大腿上。两腿不要直伸开去，也不要反复抖动不止。

切勿在坐定后将脚抬得过高，以脚尖指向他人，或是使对方看到鞋底。不要脱鞋子，将脚架在桌面上，跷到自己或他人的座位上。不要以脚踩踏其他物体。

五、行姿礼仪

行走的姿势是每个人最基本的行为动作，它的姿势也是行为礼仪中必不可少的内容。因为每个人行走比站立的时候要多，而且行走一般又

是在公共场合进行的，所以，要非常重视行走姿势的培养和调整。

行走时两脚之间的距离叫做步度。步度的一般标准是一脚踩出落地后，脚跟与未踩出脚的脚尖之距恰好等于自己的脚长。这个标准与身高成正比例关系。即身材高者脚长，步度也就自然大些；身材矮者脚短，步度也就自然小些。脚长是指穿了鞋子后的长度，而非赤脚。但步度的大小与穿什么样的服装与鞋子也有关。例如，女士穿旗袍时，或是脚穿高跟鞋时，那么步度肯定比穿长裤和平底鞋小得多。

步位，是指行走时脚落地的位置。走路时最好的步位是两只脚所踩的是一条直线，而不是两条平行线。特别是女性走路时，如果两脚分别踩着左右两条线走路，是很失雅观的。

行走时的步韵也很重要。走路时膝盖和脚腕都要富于弹性，两臂应自然、轻松地摆动，使自己走在一定的韵律中，从而显得自然优美，否则就会失去节奏感，显得非常不协调，令人看起来很不舒服。

1. 基本行姿

行走之时，应以正确的立姿为基础，并且要全面、充分地兼顾以下五个方面：

(1) 昂首挺胸。在行走时，要面朝前方，双眼平视，头部端正，胸部挺起，背部、腰部、膝部尤其要避免弯曲。

(2) 步幅适中。在行进时，要保证步幅大小适中。

(3) 直线前进。在行进时，大体上应当走直线，并克服身体在行进中的左右摇摆，并使自腰部至脚部始终都保持以直线的形状进行移动。

(4) 双肩平稳。行进时，双肩应当平稳，力戒摇晃。两臂则应自然地、有节奏地摆动。在摆动时，手腕要进行配合，掌心要向内，手掌要向下前后

伸直。

(5) 全身协调，匀速前进。在行走时，速度要均匀，要有节奏感。全身各个部分的举止要协调，表现自然。

2. 行姿禁忌

走路时要注意步态。上身挺直，不低头，不东张西望，两臂自然前后摆动，挺胸收腹，双脚脚尖应朝正前方落脚，不要向内或向外歪。女性走路应步伐轻盈，而男士走路应步履稳健。不要拖着脚走，不要大摇大摆，不要在马路上乱逛。

不要站在行人众多的街道上和熟人站着闲聊，应边走边谈。在街上遇到熟人朋友，应与之打招呼，不能不理不睬，也不能太过于热情，大声尖叫，惊动旁人。

男女两人同行，女方应走在街道内侧，男方走在街道外侧；一男二女同行，男方也应走在街道外侧，不能走在二女中间或内侧。

在人行道上应顺着人流行走，不要逆行；不要硬从走在前面的行人边挤过去，如确有急事须超越的，应对前面的行人说声“对不起”，再从他身边走过去；不要在人流中突然停止不前，以免妨碍后面的人前进；走路时如无意中碰到别人，应说“对不起”；应给手拿大件物品的行人让路；应在儿童和带小孩的妇女后慢行，可在适当的时候再超过他们。

表情礼仪

表情，指的是人类在神经系统的控制之下，面部肌肉及其各种器官所进行的运动、变化和调整，以及面部在外观上所呈现出的某种特定的形态。

表情礼仪主要包括眼神、笑容、面容三个方面。在社交场合要努力使自己的表情热情、友好、轻松、自然。

一、眼神礼仪

眼神，是对眼睛总体活动的一种统称。眼睛是人类的心灵之窗。对

自己而言，它能够最自然、最准确地展示自身的心理活动。对他人而言，与其交往所得信息的 87%来自视觉。

人们在日常生活之中借助于眼神所传递出的信息，可被称为眼语。在人类的五种感觉器官眼、耳、鼻、舌、身中，眼睛最为敏感，它通常占人类总体感觉的 70%左右。

眼语的构成，一般涉及时间、角度、部位、方式、变化五个方面。

1. 时间

在人际交往中，尤其是与熟人相处时，注视对方时间的长短，往往十分重要。在交谈中，听的一方通常应多注视说的一方。

表示友好。若对对方表示友好，则注视对方的时间应占全部相处时间的约 1/3 左右。

表示重视。若对对方表示关注，则注视对方的时间应占全部相处时间的约 2/3 左右。

表示轻视。若注视对方的时间不到相处全部时间的 1/3，往往意味着对其瞧不起，或没有兴趣。

表示敌意。若注视对方的时间超过了全部相处时间的 2/3 以上。往往表示可能对对方抱有敌意，或是为了寻衅滋事。

2. 角度

在注视他人时，目光的角度，即其发出的方向，是事关与交往对象亲疏远近的一大问题。注视的常规角度有以下几种 ：

平视。即视线呈水平状态，也叫正视。一般适用于在普通场合与身份、地位平等之人进行交往。

侧视。它是一种平视的特殊情况，即位居交往对象一侧，面向对方，平视着对方。它的关键在于面向对方，否则即为斜视对方，那是很失礼的。

仰视。即主动居于低处，抬眼向上注视他人。表示尊重、敬畏之意，适用于面对尊长之时。

俯视。即眼睛向下注视他人，一般用于身居高处之时。一般表示对晚辈的宽容、怜爱，也可对他人表示轻慢、歧视。

3. 部位

在人际交往中目光所及之处，就是注视的部位。注视他人的部位不同，不仅说明自己的态度不同，也说明双方关系有所不同。

在一般情况下，与他人相处时，不宜注视其头顶、大腿、脚部与手部。对异性而言，通常不应注视其肩部以下，尤其是不应注视其胸部、裆部、腿部。注视的常规部位有：

双眼。注视对方双眼，表示自己聚精会神，一心一意，重视对方，但时间不宜过久。

额头。注视对方额头，表示严肃、认真、公事公办。它叫做公务型注视，适用于公务活动中。

眼部至唇部。注视这一区域，是社交场合面对交往对象时所用的常规方法，因此也叫社交型注视。

眼部至胸部。注视这一区域，表示亲近、友善，多用于关系密切的男女之间，故称亲密型注视。

眼部至裆部。它适用于注视相距较远的熟人，亦表示亲近、友善，故称为亲密型注视，但不适用于关系普通的异性。

任意部位。对他人身上的某一部位随意一瞥，可表示注意，也可表示敌意。它叫做随意型注视，多用于在公共场所注视陌生人。

4. **方式**

注视他人，在社交场合可以有多种方式的选择。其中，最常见的有：

直视。即直接地注视交往对象，它表示认真、尊重，适用于各种情况。若直视他人双眼，即称为对视。对视表明自己大方、坦诚，或是关注对方。

凝视。它是直视的一种特殊情况，即全神贯注地进行注视。它多用以表示专注、恭敬。

盯视。即目不转睛，长时间地凝视某人的某一部位。它表示出神或挑衅，故不宜多用。

虚视。它是相对于凝视而言的一种直视，其特点是目光不聚焦于某处，眼神不集中。它多表示胆怯、疑虑、走神、疲乏，或是失意、无聊。

扫视。即视线移来移去，注视时上下左右反复打量。它表示好奇、吃惊。亦不可多用，对异性尤其应禁用。

睥视。即斜着眼睛注视。它多表示怀疑、轻视，一般应忌用。与初识之人交往时，尤其应当忌用。

环视。即有节奏地注视不同的人员或事物。它表示认真、重视。适用于同时与多人打交道，表示自己"一视同仁"。

5. 变化

在人际交往中，目光、视线、眼神都是时刻变化的，它主要表现为：眼皮的开合。人的内心情感变化，会使其眼睛周围的肌肉进行运动，从而使其眼皮的开合也产生改变。

瞳孔的变化。瞳孔的变化往往显而易见，但却不由自主地反映着人们的内心世界。平时，它变化不多。若突然变大，发出光芒，目光炯炯时，表示惊奇、喜悦、感兴趣；若突然缩小，双目黯然无光，即所谓双目无神时，表示伤感、厌恶、毫无兴趣。

眼球的转动。眼球的转动，不应表现得反常。若其反复转动，表示在动心思。

视线的交流。在人际交往中，与他人交流视线，常可表示特殊含义。其一，可表示爱憎；其二，可表示地位；其三，可表示补偿；其四，可表示威吓。它的具体做法，应因人、因事而异。与他人交往，不交流视线不行，交流视线不当也不行。

二、笑容礼仪

笑容，即人们在笑的时候所呈现出的面部表情。

1. 笑容种类

在日常生活中，笑的种类一般有六种。它们分别是：

(1) 含笑。是一种最浅的笑，它不出声，不露齿，仅是面含笑意，意在表示接受对方，待人友善。其适用范围较为广泛。

(2) 微笑。是一种含笑较深的笑。它的特点是牙齿不会外露。它是一种典型的自得其乐、充实满足、知心会意、表示友好的笑。在人际交往中，其适用范围最广。

(3) 轻笑。在笑的程度上比微笑深。它的主要特点是上齿显露在外，不过仍然不发出声响。它表示欣喜、愉快，多用于会见亲友、向熟人打招呼的时候。

(4) 浅笑。是轻笑的一种特殊情况。与轻笑稍有不同的是，浅笑表现为笑时抿嘴。它多见于年轻女性表示害羞之时。

(5) 大笑。是一种在笑的程度上又较轻笑为深的笑。其特点是上齿下齿都暴露在外，口中发出哈哈哈的笑声。它多见于开心或是高兴万分的时刻。

(6) 狂笑。是一种在程度上最高、最深的笑。它的特点是笑声连续不断，肢体动作很大，往往笑得前仰后合、手舞足蹈。它出现在极度快乐的时候，一般不大多见。

2. 笑的方法

不同的笑容来自不同的心情，笑的共性在于：面露喜悦之色，表情轻松愉快；笑的个性则在于：眉部、唇部、牙部、声音之间的运作与配合往往不尽相同。

笑的时候，应做到表里如一，令笑容与自己的举止、谈吐相辅相成。切勿脸上挂笑，出言不逊，举止粗鲁；或是语言高雅，举止得体，却面无笑意。这两种情况都会使自己的态度受怀疑。

会笑的人，不仅要讲究笑时尽兴，而且更讲究笑时要精神饱满，气质典雅。真正的笑，应当发自内心，所以它非常自然地反映着一个人的文化修养和精神追求。

因此在笑的时候，要使各个部位运动到位，不温不火，不要顾此失彼，不要笑得勉强、做作、失真。

3. 笑容禁忌

假笑。即笑得假，皮笑肉不笑。它有悖于笑的真实性原则，不但毫无价值还让人厌烦。

冷笑。即含有怒意、讽刺、不满、无可奈何、不屑于、不以为然等意味的笑，容易使人产生敌意。

怪笑。即笑得怪气。它多含有恐吓、嘲讽之意，令人十分反感。

媚笑。即有意讨好别人的笑。它亦非发自内心，而来自一定功利性目的。

怯笑。即害羞或怯场的笑。例如，笑的时候，以手掌遮掩口部，不敢与他人交流视线，甚至还会面红耳赤、语无伦次。

窃笑。即偷偷地笑。多表示洋洋自得、幸灾乐祸或看他人的笑话。

狞笑。即笑时面容凶恶。多表示愤怒、惊恐或吓唬他人。

三、面容礼仪

面容，指的是人面部所显示出的综合性表情。它既对眼神笑容发挥辅助作用，也可以自成一体，表现自己的独特含义。通过面容所显示的表情，具有两方面特征：其一，变化迅速，很少凝固不变；其二，彼此配合，时常合作。

局部表情：

1. 眉毛

以眉毛的形状变化所显示的表情，叫做眉语。除配合眼神外，眉语往往独自表意。

皱眉，它多表示困窘，或不赞成、不愉快；耸眉，即努力使眉峰上耸，多表恐惧、惊讶或欣喜；竖眉，即将眉角下拉，多表示气恼、愤怒；挑眉，即将单眉上挑，常用于表示询问。

2. 嘴巴

除显示笑容外，嘴巴也可用以表示心理状态，它主要以嘴唇的闭合、嘴角的动向来体现。

张嘴，即嘴巴大开，它表示惊讶、恐惧；

咬嘴，即咬紧嘴唇，它表示自省或自嘲；

抿嘴，即含着嘴唇，它表示努力或坚持；

噘嘴，即噘起嘴唇，它表示生气或不满；

撇嘴，即嘴角一撇，它表示鄙夷或轻视；
努嘴，即嘴巴努向某方，它表示怂恿或支持；
拉嘴，即拉着嘴角，上拉表示倾听，下拉则表示不满或固执。

3. 下巴

常见的以下巴显示的表情有如下六种：
收起下巴，它多表示隐忍；
缩紧下巴，它多表示驯服；
耷拉下巴，它多表示困乏；
突出下巴，它多表示攻击；
前伸下巴，它多表示自大；
下巴指人，它多表示骄横。

4. 鼻子

以鼻子显示的表情常见的有以下五种：
挺鼻，它多表示倔犟或自大；
缩鼻，它多表示拒绝或厌弃；
皱鼻，它多表示好奇或吃惊；
抬鼻，它多表示轻视或歧视；
摸鼻，它多表示亲切或重视。

5. 耳朵

常见的以耳朵所显示的表情有：
侧耳，它多表示关注；
耸耳，它多表示吃惊；
捂耳，它多表示拒绝；
摸耳，它多表示亲密。

综合表情：

1. 表示快乐

眼会睁大，嘴巴会张开，眉毛常向上扬。

2. 表示兴奋

眼会睁大，眉毛上扬，嘴角微微上翘。

3. 表示兴趣

嘴角上扬，鼻孔正常开合，眉毛上扬，眼睛轻轻一瞥。

4. 表示爱慕

嘴角上扬，眉毛轻扬，瞳孔放大，瞥视对方时间较长。

5. 表示敌意

嘴角拉平或向下，皱眉毛皱鼻，稍稍一瞥。

6. 表示发怒

嘴角向两侧一拉，眉毛倒竖，眼睛大睁。

7. 表示严肃

嘴角抿紧，眉毛拉平，眼睛多注视对方。

8. 表示安静

嘴角、眉毛、鼻子皆取平位，平视。此即所谓“喜怒不形于色”。

服装礼仪

服装礼仪是仪表的重要组成部分，是人际交往中的重要视觉对象之一。

一、TPO着装原则

TPO是西方人提出的服饰穿戴原则，分别是英文中时间、地点、场合三个单词的缩写。要求人们在着装时以时间、地点、场合三项因素为准。

1. 时间原则

时间即指每天的早上、中午、晚上三个时间段，也包括春夏秋冬的季节的更换，以及人生不同年龄阶段的时间原则要求。通常，早晨人们在家中，或进行户外活动时，着装应方便、随意，可以选择运动服、便装、休闲服。

工作时间的着装，应根据工作的特点和性质，以服务于工作为原则。

晚间，宴请、舞会、音乐会之类的社交活动居多，人们的交往距离渐渐缩短，服饰给人们视觉和心理上的感受程度相对增强，因此晚间穿着应讲究些，以晚礼服为宜。

服饰应当随一年四季的变化而更替变换，不宜标新立异，打破常规。

夏季以凉爽、轻柔、简洁为着装格调，应在使自己凉爽舒适的同时，让服装色彩与款式给予他人视觉和心理上的良好感受。

冬季应以保暖、轻便着装为原则，避免臃肿不堪，也要避免只要风度不要温度，为形体美观而着装太单薄。应该注意，即使同是裙装，在夏天要选择的面料应是轻薄的，冬天要穿面料厚的裙装，春秋两季可选择的范围更大更多些。

2. 地点原则

地点原则要求地方、场所、位置不同，着装应有所区别，特定的环境应配置与之相适应、相协调的服饰，才能获得视觉和心理上的和谐美感。穿着只有在正式的工作环境才适合的职业正装去娱乐、休闲、购物、观光，或者穿牛仔装、网球裙、运动衣、休闲服进入办公场所，都是与环境不和谐的表现。

3. 场合原则

不同的场合有不同的服饰要求，只有与特定场合的气氛相一致、融洽的服饰，才能产生和谐的审美效果。

在庄重场合，比如参加会议、庄严仪式、正式宴会、会见外宾等隆重庄严的活动，服饰应当力求庄重、典雅。凡是请柬上规定穿礼服的，应按规定着装。在国外，按礼仪规范，有一般礼服、社交礼服、晨礼服、晚礼服、大礼服、小礼服的区别。在我国，一般用中山装套装、西服套装、旗袍等作为礼服。庄重场合一般不宜穿夹克、牛仔服，更不能穿短裤或背心。

正式场合的衣着应当严格符合穿着规范。男子穿西装，一定要系领带。西服应熨平整，裤子要熨出裤线，衣领、袖口要干净。女子不宜赤脚穿凉鞋。

在欢度节日或纪念日、结婚典礼、生日纪念、联欢晚会、舞会等喜庆场合，服饰可以鲜艳明快、潇洒时尚一些。一般来说，在正式的喜庆场合，男性服装均以深色为主，单色、条纹、暗小格都可以，女性不论在什么场合都可以选择适合自己穿着的色彩鲜艳的服装。

二、形体、肤色与服装的搭配

人的身材有高矮之分，肤色有深浅之分，这是上天赋予的，我们不能选择；但我们可以选择服装的质地、图案、色彩、工艺，达到美化自己的效果。

1. 色彩的象征意义

服装的色彩在人际知觉中是最领先、最敏感的。在人们认知能力、

审美意识以及服装文化的发展过程中，各种不同的色彩被赋予了许多社会含义，人们对色彩的情感、礼仪等心理效应有了共同的认识，并通过教育、传统习惯等方式代代相传。青年人只有按照这种共同的认识标准去选择适当的色彩和搭配方式，才能适应和满足公众的审美要求，才算符合着装的礼仪标准。

不同的色彩有不同的象征意义。一般来讲,各种色彩的象征意义如下：

红色:象征兴奋、热情、快乐。在感觉上给人以十分强烈的刺激作用，显示着浪漫、活泼与热烈。因此，红色的服装更显朝气和青春活力。

黄色：象征华贵、明快。但它是一种过渡色，能使兴奋的人更兴奋，活跃的人更活跃；同时也能使焦虑和抑郁的情绪更明显。

蓝色：象征宁静、智慧和深远。是一种比较柔和的颜色，它能使人联想到天空和海洋，给人以高远、深邃的感觉。

橙色：象征活力与温暖。是一种明快、富丽的色彩，能引起人的兴奋与欲求，使人联想到阳光。

绿色：象征生命与和平。是一种清爽宁静的色彩，能使人想到青春、活力与朝气。

黑色：既可象征深刻、沉着、庄重与高雅，也可以代表哀伤、恐怖、黯淡与恫吓。是一种庄重、肃穆的色彩，它能使人们产生凝重、威严、阴森等不同感觉。

紫色：象征高贵和财富，给人以富丽堂皇、高雅脱俗的感觉。是一种华贵、充盈的色彩。

白色：象征纯洁、高尚、坦荡。是一种纯净、祥和、朴实的色彩，给人以明快、无华的感觉。

灰色：象征朴实、庄重、大方和可靠。是一种柔弱、平和的色彩，给人以平易、脱俗、大方的感觉。

2. 服饰配色

选择服装时不但要注意服装颜色的内涵，还要注意服装颜色搭配的协调。服装配色包括同类配色和衬托配色，同类配色是指相同的颜色进行组合搭配，一般是上浅下深、内浅外深，或者相反。

色彩要与体型协调。体胖者宜深不宜浅，体瘦者则相反，宜浅不宜深。

色彩要与肤色协调。肤色苍白者，宜选暖色调；肤色较黑者，宜选柔和明快的中性色调。

色彩要与个性协调。热情活泼者宜选浓艳活跃的色系；内向文静的可以选温雅平和的色系；老成稳重者则首选蓝灰基调的色彩。

色彩要与环境协调。衣色与所处的自然环境、社会环境都要协调。比如参加葬礼时不可着大红大紫等艳色服装等。

3. 根据体型着装

人的体型差异很大，过胖、过瘦或腿短、臀宽等体型，在礼仪活动中都可能成为自身的不利因素。但若能了解自己的体型缺陷，根据体型的特点选择、设计自己的服装，就能扬长避短，掩盖体型上的不足，顺利地完成礼仪活动。

体型较好的，即躯干挺拔、身体各部位的骨骼匀称的人，对服装款式的选择范围较大，着装时只要考虑服装与肤色、气质、身份、场合等的协调就可以了。

体型较胖的人最好着上下一色的深色套装。裤子的长度应略长一些，裤腿略瘦些，但衣裤不应过于紧窄，以免不适或意外出丑。女士忌穿连衣裙，忌用单调的横条纹。

体型较瘦的人，应尽量减少露在外面的部分，穿长袖衬衫、长袖连衫裙或褶裙、喇叭裙都较合适。女士应在胸前做些点缀，或打些褶。

肩窄臀宽的人，应该注意使用垫肩，使肩部看上去宽些，也可以在肩部打褶以增加宽度，还可以选择束腰的服装以衬托肩部的宽大。忌穿束肩上衣、宽大的外套夹克衫、无袖上装、紧袖长上装、下摆有横条纹的衣裙。

体型瘦小的人，为了使看上去高大些，应选择简单而直线型的服装。如合身的外套或夹克，有条纹的裤子。

腰粗的人应选肩部较宽的衣服，以产生肩宽腰细的效果，女士不宜穿腰间打褶的裙，不宜把衬衫扎进裙子或裤腰中。

腿较短的人，可以选择上衣较短、裤稍长的服装。

腿较粗的人，宜穿上下同宽的深色直筒裤或过膝的直筒裙，不宜穿太紧的裤或太短的裙。

还可以通过领的变化，遮盖颈的缺陷。颈长的人，适合穿领较高的服装；颈短的人可选择无领或低领的款式。

服装的面料及质地不同、花型不同，会造成大小形象上的不同感觉。像粗呢、厚毛料、宽条绒等面料如使用不当，会使胖人看上去更胖，增加笨重感。发亮的料子，比如绸缎和一些化纤面料，使人看上去丰满，因此胖人穿上也会显得更胖，而瘦人穿则刚好。大花型的面料有扩张的效果，它使瘦人看上去丰满些，丰满的人看上去更丰满。小花型的面料能使丰满的人看上去苗条些，苗条的人看上去更苗条。花色面料还可以适当地修饰体型有缺陷的部分。比如女士腿型不美，可穿花裙，上身着素色衣；上身不美的，可以穿花衣，下身着素色裙。

三、男装的类别

男士的服装可分为礼服和休闲服。

1. 男士礼服

男士礼服一般有三种：晨礼服、小礼服和大礼服。

晨礼服，又名常礼服，是白天参加典礼、婚礼等活动的正式礼服。通常穿黑色、灰色上衣，带条纹的黑、灰色裤子。穿白衬衫并系黑、白条纹或驼色、灰色领带。穿黑色袜子和黑色羊、牛皮鞋。

小礼服，也称晚餐礼服或便礼服。这种礼服一般在晚上参加音乐会、宴会、观看戏剧演出时穿。小礼服为白色或黑色或蓝色，配有缎带、裤腿外侧有黑丝带或丝腰带的黑裤。

大礼服，又称燕尾服，在极其庄重的场合穿戴。上装为黑色或深蓝色，前摆齐腰剪平，后摆剪成燕尾状。下装为黑色或蓝色，配有缎带、裤腿外侧有黑丝带的长裤。系白领结，穿黑皮鞋、黑丝袜，戴白手套。

2. 男士休闲服

休闲服，是各国人士一般场合的穿着。在工作之余，穿夹克衫、运动服、牛仔服以及羊毛衫都是可以的，但不要过于随便或追求式样的花哨，应考虑不同场合、年龄与身份。

职业便装常用于会议、研讨会、公司组织的高尔夫球赛或在办公室“非正式着装日”等场合。职业便装虽然可以随便些，但它仍反映了你的形象和职业素质，因此应尽量做到形象优美、干净合体。

对于男士来说，可以穿上长裤配衬衫、有领的棉T恤衫或毛衣，可以穿平底便鞋和无扣便鞋。不要穿破破烂烂的、“似乎很有风格”的牛仔裤。

四、如何穿好西装

1. 穿好衬衣。穿西装应穿长袖衬衣，不要穿短袖衬衫。衬衣最好不要过旧，领子一定要硬扎、挺括，外露部要保持平整干净。衬衣下摆掖在裤子里，领子不要翻在西装外，衣袖的长度通常要伸出西装衣袖约一英寸。

2. 打好领带。在比较正式的社交场合，穿西装应系领带。领带有温莎式、半温莎式和四合一几种打法。领带的长度要适当，以达到皮带下缘为宜。如果穿毛衣或毛背心，应将领带下部放在毛衣领内。系领带时，衬衣的第一个纽扣要扣好，如果佩带领带夹，一般在衬衣的第四五个纽扣之间。

3. 内衣不宜过多。衬衣内除了背心之外，最好不要再穿其他的内衣，如棉毛衫之类，如果穿的话，内衣的领圈和袖口也一定不要显露出来。如果天气较冷，衬衣外面还可以穿上一件毛衣或毛背心，但毛衣一定要紧身，不要过于宽松，以免穿上显得过于臃肿，破坏西服的线条美。

4. 扣好纽扣。西装上衣的纽扣在站着时应该扣上，坐下时可以解开。西装的纽扣有单排和双排之分。单排扣有1粒、2粒、3粒或者更多粒；双排扣有4粒和6粒。单排扣1粒的扣与不扣都无所谓，2粒的应扣住上

面那一粒，3粒纽扣可以都扣上或者只扣中间那粒。西方人认为，衣服上纽扣的数目必须永远保持单数。双排扣的西装要把纽扣都扣上。

5. 穿西装一定要穿皮鞋，不能穿旅游鞋、便鞋或凉鞋，否则不伦不类，让人啼笑皆非。皮鞋还应擦亮，不能蒙满灰尘。穿皮鞋还得配上合适的袜子，颜色要比西装稍深一些，千万不要穿白色或透明的袜子。

6. 西装上衣口袋只做装饰，不要放东西，必要时只装折好花式的手帕。一般来说，深色西服宜配浅色手帕，浅色西服宜用深色手帕，广泛使用的是白色手帕。西装的左胸内侧衣兜、裤子后兜可以装手机、零用钱等。

7. 领带夹在穿着时起固定和修饰作用。应该根据衬衫和领带来选择领带夹。如果穿衬衫系素雅的领带，就应该用镶嵌宝石或小宝石的领带夹。

五、女装的类别

女士的社交服装同样分为礼服和便服。

1. 传统礼服

传统的女士礼服可以分为三种：

常礼服，上衣和裙子的质地和颜色相同，可以戴帽子与手套。

小礼服，是露背、长到脚并且拖地的单色连衣裙式服装。

大礼服，是一种袒胸露背的单色拖地式或不拖地式的连衣裙式服装，可以配戴相同颜色的帽子、长纱手套及各种头饰、耳环、项链等首饰。

在我国，女士在正式的社交场合的礼服是旗袍。夏季旗袍可用棉布、丝绸、麻纱等做面料，在秋季可采用棉丝绒、五彩缎制作。穿旗袍时，鞋子、饰物要配套，应当佩戴金、银、珍珠、玛瑙等精致的项链、耳坠、胸花等。宜穿与旗袍颜色相同或相近的高跟或半高跟皮鞋。裘皮大衣、毛呢大衣、短小西装、开襟小毛衣和各种方形毛披肩，可以与旗袍配套穿着。

2. 职业便装

女性的职业便装包括衬衫裙子、套裙或合体的长裙、衬衫配夹克等。一般情况下应穿平底鞋，不要穿运动鞋或凉鞋，除了参加体育运动以外。女性的职业装有三种基本类型：西服套裙、夹克衫或不成型的上衣，以及连衣裙或两件套裙。

佩戴饰物的礼仪

一、佩戴手套的礼仪

手套不仅御寒，而且还是衣服的重要饰件。

手套颜色应与衣服的颜色相一致。穿深色大衣，适宜戴黑色手套，女性穿西服套装或夏令时装时，可以挑选薄纱的手套、网眼手套和涤纶手套。

握手时男士必须除下手套。进入室内，男士须脱去手套，而女士则不必，但当喝茶、吃东西时，应提前脱下手套。女士在舞会上戴长手套时，不要把戒指、手镯、手表等戴在手套外面，穿短袖或无袖上衣参加舞会，一定不要戴短手套。

二、佩戴围巾的礼仪

围巾指围在脖子上保暖、保护衣领或用作装饰的针织品或纺织品，其装饰作用越来越突出。从外观上看，有长巾、方巾、三角巾和领围之分。

女性偏爱轻柔飘逸的丝织围巾，可以根据场合、服装和当天的化妆、发型来选配丝巾的色泽和款式。身高者，丝巾要宽大些，花型小一些，色彩柔和一些；体型纤弱者，丝巾应短一些，花色可繁杂艳丽些；新潮的服装可以素雅围巾陪衬。丝巾的扎法各种各样，如蝴蝶结，显得婉约典雅；披肩式，体现轻松自然，俏丽或有动态轻快的感觉。

三、佩戴皮包的礼仪

手提包的颜色要与季节、场合、气氛相协调。在严肃的社交场合，

可使用颜色较暗、形状较方正的提包；参加舞会或宴会，可使用颜色鲜艳的羊皮小包或缎面小包。女性穿银灰、奶白色的套装，提包的色彩以白、黄、棕色为宜；穿黑、咖啡色等套装，以棕色、灰色提包为宜；日常上下班可选用草编、草制或绒布提包。

四、佩戴首饰的原则

首饰泛指耳环、项链、戒指、手镯、手链、胸针等，它是女性最典型、最重要的饰物，关于它的礼仪规范也较多。

与服装相协调。从款式上看，艳丽的服装与色彩淡雅的首饰相配，深沉单色的服装可配一些色彩明亮、款式精巧的首饰。编织毛衣可选配玛瑙、紫晶等制成的项链；穿真丝衬衫或裙装时，一条金项链已足够。

与形体相貌相协调。选择首饰要考虑年龄、体型、发式等各个特点，否则会不伦不类，甚至显得多余。比如，脖子粗短者不宜戴多串式项链，而应戴长项链，使脖子显得稍长。圆脸或戴眼镜的女士，要少戴大耳环和圆形的耳环。年纪大的女士要戴一些贵重的、精致的首饰，年轻女士应选择质好、色好、款式新潮的时装首饰。

首饰之间协调。佩戴首饰要少而精，力戒繁杂。戴一种以上的首饰时，颜色、外形、风格要协调起来，最好配套一致。一般说来，颜色不能超过三种。

与环境协调。佩戴首饰得分季节和场合。年轻的女性在夏季可戴鲜艳的工艺仿制品，冬季则可戴一些珍珠、宝石、金银饰品。上班时少戴首饰为好，可选淡雅简朴的胸针、耳环、项链等。参加晚会或外出参加重要社交活动，可佩戴大型胸针、项链和带坠子的耳环等闪光饰品。

1. 如何佩戴戒指

戒指的种类繁多，常见的有线戒、嵌宝戒、钻戒、方板戒、银戒等。

购买时，须选配与手指形状、肤色相配的戒指。手指多肉者，宜佩戴一些没有花纹的戒指，如镶有大蝴蝶或宝石的戒指。手指短小者，最好佩戴不粗不大的指环，手指过长者可戴有花纹或两枚重叠形戒指。褐色皮肤的手，戴上金戒指比较协调，有高雅感，手背肤色偏黑，可选暗褐色或黑色宝石戒指。

戒指一般戴在左手上，不要多于两个，但当代人戴在右手上也可以。戴两个戒指要左右对称，或在左手上连着戴。

戒指的佩戴已经具有了约定俗成的意义：戴在食指上，表示无偶或寻求恋爱对象；戴在中指上，表示已在恋爱中；戴在无名指上，表示已经订婚或结婚；戴在小拇指上，表示独身或者终身不嫁或不娶。

2. 如何佩戴项链

项链，是佩戴时间长、佩戴范围广泛的重要首饰，种类十分繁多，不胜枚举。

比较常见的有三种：

一是金银项链，它是项链家族中最主要的成员。金项链有 24K、18K、14K 三种，含金量与 K 数成正比，银项链一般是 92.5%的成色。

二是珠宝项链，主要由钻石、珍珠、玛瑙、翡翠、玉石等天然名贵材料制成。珠光宝气，雍容华贵。

三是仿制项链，是在金属或塑料制成的项链上镀上一层金或钛或者采用多色有机玻璃仿珠宝项链。款式多样，价位低廉，很受年轻人欢迎。

戴项链时，要与服装、颈部和肤色相协调。

夏天因衣着单薄，佩戴金、银、珠宝项链都很美。浅色的毛衫要佩戴深色或艳一些的宝石类项链；深色的毛衫可配紫晶或红玛瑙项链。脖子较粗的人应选择较细的项链，脖子较细的人则应选宽一些的。一般来说，老年人宜选质地上乘、工艺精细的项链，青年人可以选择质地颜色好、款式新颖的项链。

3. 如何佩戴手镯和手链

手镯很久以来就是女性的装饰物，也是男女之间相互馈赠的信物和定情首饰。手镯有传统的金手镯、银手镯、翡翠手镯、琳琅手镯、嵌宝手镯等。手链主要有表式手链、花式手链、多用式手链等。

戴手镯和手链很有讲究。手镯一般戴在右臂上，表明佩戴者是自由而不受约束的；如果戴在左臂上，表明已经结婚。一般来讲，一只手上不宜同时戴两只或两只以上的手镯、手链，也不要一只手腕既戴手表又戴手镯。

手链多用金、银及镀金、包金编花丝制成。纤丽精巧，很受现代女性青睐。

如果戴手镯、手链和耳环等装饰品时，一般可以省去项链，或只戴短项链为宜，以免三者争辉，影响美感。

4. 如何佩戴耳环

耳环也叫耳坠，是女性耳垂的特殊饰物，种类繁多。主要有有穗式和无穗式两大类。有穗式分单穗和双穗，无穗式又有大圆、小圆、椭圆、葡萄等花样。

佩戴耳环，首先要依据脸形。长脸形宜佩戴大耳环、贴耳式或短坠耳环。方脸形不宜佩戴圆形耳环，可以选择心形、椭圆形、花形的贴耳式耳环。圆脸形适宜戴有坠耳环，利用人的视觉原理，对比耳环的纵长度，改变圆脸的轮廓。三角形脸可佩戴星点状的贴耳式耳环。

其次要根据服装，与服装的样式、面料、色彩相配合。

丝绸、轻缎等轻薄面料，应配以贵重、精致的耳环；像羊绒、呢料等厚重型面料，应配以高贵的金银珠宝耳环。与旅游服、休闲服、运动

服搭配时，可以随便些。

第三要根据发型。梳长直发型的女性，宜佩戴长链子形的耳环，显得柔和婀娜；梳辫式发型的女性，宜佩戴悬垂式的钻石耳环。

5. 如何佩戴胸花与胸针

选用胸花，应根据服装的色彩、面料、款式。红色衣裙配以黄色、本色胸花，形成暖调的和谐美；白色衣裙配上天蓝色或翠绿色胸花，形成冷调的协调美。

胸针可别在胸前，也可别在领口、襟头等位置。胸针的选择要以质地、造型、做工精良为标准。胸针式样要注意与脸形协调。长脸形宜配圆形的胸针；圆脸形应配以长方形胸针；如果是方脸形，适宜用圆形胸针。

社交礼仪

礼仪是交往的规矩，是用来维护自我形象、对他人表示尊重友好的惯例与形式。商务活动中，如果双方表现出较高的礼仪素养，对于营造有利气氛、沟通感情，形成相互的尊重、信任有很大的帮助。

社交介绍礼仪

一、自我介绍礼仪

根据社交礼仪的具体规范，进行自我介绍，应注意自我介绍的时机、自我介绍的内容、自我介绍的分寸等方面的问题。

1. 自我介绍的时机

应当何时进行自我介绍，这个问题比较复杂，它涉及时间、地点、当事人、旁观者、现场气氛等多种因素。不过一般认为，在下述时机，如有可能，有必要进行适当的自我介绍。

(1) 在社交场合，与不相识者相处时。

(2) 在社交场合，有不相识者表现出对自己感兴趣时。

(3) 在社交场合，有不相识者请求自己做自我介绍时。

(4) 在公共聚会上，与身边的陌生人共处时。

(5) 在公共聚会上，打算介入陌生人组成的交际圈时。

(6) 有求于人，而对方对自己不甚了解，或一无所知时。

(7) 交际对象因为健忘而记不清自己，或担心这种情况有可能出现时。

(8) 在出差、旅行途中，与他人不期而遇，并且有必要与人建立临时接触时。

(9) 初次前往他人居所、办公室，进行登门造访时。

(10) 拜访熟人遇到不相识者挡驾，或是对方不在，而需要请不相识者代为转告时。

(11) 初次利用大众传媒，如报纸、杂志、广播、电视、电影、标语、传单，向社会公众进行自我推介、自我宣传时。

(12) 利用社会媒介，如信函、电话、电报、传真、电子信函等与其他不相识者进行联络时。

(13) 前往陌生单位，进行业务联系时。

(14) 因业务需要，在公共场合进行业务推广时。

(15) 应聘求职时。

(16) 应试求学时。

凡此以上种种，又可以归纳为三种情况，一是本人希望结识他人；二是他人希望结识本人；三是本人认为有必要令他人了解或认识本人。

2. 自我介绍的内容

限于需要进行自我介绍的时机多有不同，因而进行自我介绍时表述方法便有所不同。自我介绍的内容，指的是自我介绍时所表述的主体部分，即在自我介绍时表述的具体型式。

确定自我介绍的具体内容，应兼顾实际需要、所处场景，并应具有鲜明的针对性。

依照自我介绍时表述内容的不同，自我介绍可以分为下述五种具体型式。

(1) 应酬式

应酬式的自我介绍，适用

于各种公共场合和一般的社交场合，如旅行途中、宴会厅里、舞场之上、通电话时。它的对象，主要是进行一般接触的交往对象。对介绍者而言，对方属于泛泛之交，或者早已熟悉，进行自我介绍只不过是为了确认身份而已，故此种自我介绍内容要少而精。

应酬式的自我介绍内容最为简洁，往往只包括姓名一项即可。

(2) 工作式

工作式的自我介绍，主要适用于工作中。它是以工作为自我介绍的中心，因工作而交际，因工作而交友。有时，它又叫公务式的自我介绍。

工作式的自我介绍的内容，应当包括本人姓名、供职的单位及其部门、担负的职务或从事的具体工作共三项。这三要素通常缺一不可。其中，第一项姓名，应当一口气报出，不可有姓无名，或有名无姓。第二项供职单位及其部门，有可能最好全部报出，具体工作部门有时也可以暂不报出。第三项担负的职务或从事的具体工作，有职务最好报出职务，职务较低或者无职务，则可报出目前所从事的具体工作。

(3) 交流式

交流式的自我介绍，主要适用于社交活动中，是一种可以寻求与交往对象进一步交流与沟通，希望对方认识自己、了解自己，与自己建立关系的自我介绍。有时，它也叫社交式自我介绍或沟通式自我介绍。

交流式的自我介绍的内容，大体应当包括介绍者的姓名、工作、籍贯、学历、兴趣以及与交往对象的某些熟人的关系，等等。它们不一定非要面面俱到，而应依照具体情况而定。

(4) 礼仪式

礼仪式自我介绍，适用于讲座、报告、演出、庆典、仪式等一些正规而隆重的场合，它是一种意在表示对交往对象友好、敬意的自我介绍。

礼仪式的自我介绍的内容，亦包含姓名、单位、职务等项，但是还应多加入一些适当的谦辞、敬语，以示自己礼待交往对象。

(5) 问答式

问答式的自我介绍，一般适用于应试、应聘和公务交往。在普遍性交际应酬场合，它也时有所见。

问答式的自我介绍内容，讲究问什么答什么，有问有答。

3. 自我介绍的分寸

进行自我介绍之时，对下述几方面的问题必须予以重视，方能使自

我介绍恰到好处、不失分寸。

(1) 注意时间

在进行自我介绍时注意时间，具有双重含义。

其一，要求进行自我介绍一定要力求简洁，尽可能地节省时间。虽说各种形式的自我介绍所用的时间长度不可笼统地等量齐观，但总的原则，还是所用时间愈短愈好，以半分钟左右为佳，如无特殊情况最好不要长于 1 分钟。

在初次见面做自我介绍时，指望交往对象仅凭自己的自我介绍，就对自己“一目了然”是不现实的。在自我介绍时，借题发挥、信口开河，对自己而言是失态，对对方而言是失敬，都是出力不讨好的。

为了节省时间，在做自我介绍时，还可利用名片、介绍信加以辅助。若使用了名片、介绍信，则其上所列出的内容应尽量不予重复。

其二，要求自我介绍应在适当的时间进行，不应在不适当的时间进行。进行自我介绍的适当时间指：一是对方有兴趣时，二是对方有空闲时，三是对方情绪好时，四是对方干扰少时，五是对方有要求时。进行自我介绍时的不适当时间，是对方无兴趣、无要求、工作忙、干扰大、心情坏、休息用餐或正忙于私人交往之时。

(2) 讲究态度

进行自我介绍，态度务必要自然、友善、亲切、随和。届时，应显得落落大方、笑容可掬。既不要小里小气、畏首畏尾，又不要虚张声势、轻浮夸张、矫揉造作。

在做自我介绍时，要充满信心和勇气。千万不要妄自菲薄、心怀怯意，临场发挥失常。在进行自我介绍时，一定要做到敢于正视对方的双眼，显得胸有成竹、不慌不忙。这样做，将有助于进行自我放松，并使对方对自己产生好感。

在自我介绍的过程之中，语气要自然，语速要正常，语音要清晰，这对自我介绍的成功将大有好处。一定要力戒语气生硬冷漠、语速过快或过慢、语音含糊不清，它们其实都是缺少经验、缺乏自信的表现。

(3) 力求真实

进行自我介绍时所表述的各项内容，一定要实事求是、真实可信。没有必要过分谦虚，一味贬低自己去讨好别人，但也不可自吹自擂，夸大其词，在自我介绍时大掺水分，定会得不偿失。

二、他人介绍礼仪

他人介绍，又称第三者介绍，它是经第三者为彼此不相识的双方引见介绍的一种介绍方式。

在他人介绍之中，为他人做介绍的第三者系介绍者，而被介绍者所介绍的双方则是被介绍者。

他人的介绍，通常都是双向的，即将被介绍双方均做一介绍。有时，也可进行单向的他人介绍，即只将被介绍者中的某一方介绍给另一方，其前提是前者了解后者，而后者不了解前者。

1. 他人介绍的时机

遇到下述情况，通常有必要他人介绍。

(1) 在家中，接待彼此不相识的客人。

(2) 在办公地点，接待彼此不相识的来访者。

(3) 与家人外出，路遇家人不相识的同事或朋友。

(4) 陪同亲友前去拜会亲友不相识者。

(5) 本人的接待对象是不相识的人士，而对方又跟他们打了招呼。

(6) 陪同上司、长者、来宾时，遇见了其不相识者，而对方又跟他们打了招呼。

(7) 打算推荐某人加入某一交际圈。

(8) 受到为他人做介绍的邀请。

2. 他人介绍的顺序

在为他人做介绍时，先介绍谁、后介绍谁，是一个比较敏感的礼仪问题。根据规范，处理这一问题，必须遵守“尊者优先了解情况”的规则。它的含义是：在为他人做介绍前，先要确定双方地位的尊卑，后介绍尊者，这样做，可以使位尊者优先了解位卑者的情况，以便见机行事，在交际应酬中掌握主动权。这一规则，有时又称“后来居上”规则。它所指的是后被介绍者，应较之先被介绍者地位为上。二者从不同角度，阐明了同一个问题。

根据这些规则，为他人做介绍时的顺序大致有如下几种情况：

(1) 介绍年长者与年幼者认识时，应先介绍年幼者，后介绍年长者。

(2) 介绍长辈与晚辈认识时，应先介绍晚辈，后介绍长辈。

(3) 介绍老师与学生认识时，应先介绍学生，后介绍老师。

(4) 介绍女士与男士认识时，应先介绍男士，后介绍女士。

(5) 介绍已婚者与未婚者认识时，应先介绍未婚者，后介绍已婚者。

(6) 介绍同事、朋友与家人认识时，应先介绍家人，后介绍同事、朋友。

(7) 介绍来宾与主人认识时，应先介绍主人，后介绍来宾。

(8) 介绍社交场合的先至者与后来者认识时，应先介绍后来者，后介绍先至者。

(9) 介绍上级与下级认识时，应先介绍下级，后介绍上级。

(10) 介绍职位、身份高者与职位、身份低者认识时，应先介绍职位、身份低者，后介绍职位、身份高者。

3. 他人介绍的内容

在为他人做介绍时，介绍者对介绍的内容应当字斟句酌，慎之又慎。倘若对此掉以轻心、词不达意、敷衍了事，很容易给被介绍者留下不良印象。

根据实际需要的不同，为他人做介绍时的内容也会有所不同。通常，有以下六种形式可供借鉴。

(1) 标准式

它适用于正式场合，内容以双方的姓名、单位、职务等为主。

(2) 简介式

它适用于一般的社交场合，其内容往往只有双方姓名一项，甚至可以只提到双方姓氏为止。接下来，则要由被介绍者见机行事。

(3) 强调式

它适用于各种交际场合，其内容除被介绍者的姓名外，往往还会刻意强调一下其中某位被介绍者与介绍者之间的特殊关系，以便引起另一位被介绍者的重视。

(4) 引见式

它适用于普通的社交场合。做这种介绍时，介绍者所要做的是将被介绍者双方引导到一起，而不需要表达任何具有实质性的内容。

(5) 推荐式

它适用于比较正规的场合，多是介绍者有备而来，有意要将某人举荐给某人，因此在内容方面，通常会对前者的优点加以重点介绍。

(6) 礼仪式

它适用于正式场合，是一种最为正规的他人介绍。其内容略同于标准式，但语气、表达、称呼上都更为礼貌、谦恭。

4. 他人介绍的应对

在进行他人介绍时，介绍者与被介绍者都要注意自己的表达、态度与反应。此即所谓他人介绍的应对问题。

介绍者为被介绍者做介绍之前，不仅要尽量征求一下被介绍者双方的意见，而且在开始介绍时还应再打一下招呼，切勿开口即讲，显得突如其来，让被介绍者措手不及。

被介绍者在介绍者询问自己是否有意认识某人时，一般不应加以拒绝或扭扭捏捏，而应欣然表示接受。实在不愿意时，则应说明缘由。

当介绍者走上前来，开始为被介绍者进行介绍时，被介绍者双方均应起身站立，面含微笑，大大方方地目视介绍者或对方，神态庄重、专注。

当介绍者介绍完毕后，被介绍者双方应依照合乎礼仪的顺序进行握手，并且彼此问候对方。此时的常用语有："你好""很高兴认识你""久仰大名""认识你非常荣幸""幸会，幸会"，等等。必要时，还可做进一步的自我介绍。

不要在此时此刻有意拿腔拿调、硬端架子，显得瞧不起对方，或是心不在焉、疲于应付；也不要奴颜婢膝、低三下四、阿谀奉承、成心讨好对方。

社交握手礼仪

握手礼起源于西方人类半野蛮半文明时期。在战争和狩猎时，人们手上经常拿着石块或棍棒等防御武器。当他们遇见陌生人时，如果大家都无恶意，就要放下手中的东西，并伸出手掌让对方摸摸手心，表示自己手中没有藏着什么武器，以证实自己的友好，并表示乐意接受对方的友谊。几个世纪以后，在人类的进化中，这种习惯逐渐演变成今天见面和告辞时的"握手"礼节，并被大多数国家所采用。不过在有些国家，握手仅限于特定的场合和范围。如在美国只有被第三者介绍后，两人才

可握手；在日本见面时的一般礼节是相互鞠躬致意；在东欧一些国家，见面礼节是相互拥抱，而不是握手。而在我国，握手礼不但在见面和告辞时使用，而且还作为一种祝贺、感谢或相互鼓励的表示。

一、握手的形式

1. 三种标准的握手方式

(1) 平等式握手（单手握）：这是最为普通的握手方式，即施礼双方各自伸出右手，手掌均呈垂直状态，四指并拢，拇指张开，肘关节微屈并抬至腰部，上身稍微前倾，目视对方，与之右手相握，可以适当上下抖动以示亲热。它是礼节性的、为了表达友好而进行的握手方式，一般适用于与初次见面或交往不深的人。这样做双方均不卑不亢，一般可收到理想的交际效果。

(2) 手扣手式握手：主动握手者用右手握住对方的右手，再用左手握住对方右手的手背。这种形式的握手在西方国家被称为“政治家的握手”。用这种形式握手的人，可以让被握者感到他热情真挚、诚实可靠。在朋友和同事之间，很可能会达到预想的结果。然而，如果与初次见面的人这样相握，则可能导致相反的效果，因为，接受者可能怀疑主动者的动机。

(3) 双握式握手：用双手握手的人，目的是想向对方传递出一种真挚、深厚的友好感情。这种形式的握手有两个组成部分：第一，主动握手者的右手与对方的右手相握，他的左手移向对方的右臂。这样，他伸出的右手和左臂就可以一齐向接受者传递出更多的感情。比如，握住对方的胳膊肘，要比握手腕表达的情感更多，用手握住对方的肩膀又要比握胳膊肘上方显得更热情友好。第二，主动握手者左手进入对方的亲密区域，这样他的左手和左臂就给对方增加了额外的温暖。应该注意的是，这种方式只有在情投意合、极为密切的人之间才适合使用。

2. 三种不标准的握手方式

(1) 木棍式握手：握手时，相距很远就伸出一只挺直僵硬、木棍似的胳膊。其主要目的，一是想同对方保持一定的间隔距离，防止对方侵入他的空间范围圈；二是握手人害怕侵犯对方的空间范围圈。

(2) 抓指尖式握手：运用这种握手方式，即使主动伸手，表面上显得热情亲切，也会给对方一种十分冷淡的感觉，其目的也是在保持同对方的距离间隔。

(3) 伸臂式握手：将接受握手者的手拉过来与自己的手相握，这种握手者可能意味着，主动握手者属于“胆怯型”，只有在他的个人区域内，他才会感到安全。这种握手会有令人不舒服的感觉。

二、握手的时机

针对我国的国情，握手的时机有下列几种：

1. 在被介绍与人相识时，应与对方握手致意，表示为相识而高兴。

2. 对久别重逢的友人或多日未见的同学，相见时应热情握手，以示问候、关切和高兴。

3. 当对方获得新成绩、得到奖励或有其他喜事时，可以与之握手，表示庆贺。

4. 领取奖品时，一定要与授予者握手，以表示感谢。

5. 当拜托别人办某件事并准备告辞时，应以握手表示感激和殷切之情。

6. 当别人为自己做了某件好事时，应握手致谢。

7. 在参加宴会后告辞时，应和主人握手表示感谢。

8. 在拜访友人、同事或上司之后告辞时，应以握手表示再见之意。

9. 邀请客人参加活动，告别时，主人应与所有的客人一一握手，以感谢其光临、给予支持之意。

10. 参加友人、同事或上下级的家属追悼会，离别时应和其主要的亲属握手，表示劝慰之意。

三、握手须注意的问题

1. 握手的掌势

握手之时，若掌心向下显得傲慢，似乎处于高人一等的地位，表现了一种支配欲和驾驭感。显然，下级对上级、晚辈对长辈、学生对老师使用这一手势是失礼的；若掌心向上，是谦恭和顺从的象征；若双方手掌均呈垂直状态，则意为地位平等。

2. 握手的要点

通常年长者、女士、职位高者、上级、老师先伸手，然后年轻者、男士、职位低者、下级、学生及时与之呼应。当遇到上级或长辈时，不要忙着伸手，因为主动权在对方，他们会做出该不该握手的决定。当对方伸出手时，你再伸手也不迟。在跟上级或长辈握手时，应该意识到这是情谊笃厚或颇受器重的意思。所以这时应主动把另一只手也伸过去，双手握住对方的手，直到对方松开。当对方是下级或晚辈时，你就成了上级或长辈，你应主动热情地把手伸过去，以示关怀和平易近人。来访时主人先伸手，以表示热烈欢迎；告辞时待客人先伸手后，主人再伸手与之相握，才合乎礼仪，否则有逐客的嫌疑。而朋友和平辈之间谁先伸手不作计较，一般是谁手快，谁就更为有礼。

一定要注意，男士和女士之间，决不能男士先伸手，这样不但失礼，而且还有占人便宜的嫌疑。但男士如果先伸出手来，女士一般不要拒绝，以免造成尴尬的局面。

握手之前要选择恰当时机，应审时度势，听其言观其行，留意握手信号，避免几次伸手欲握均不成功的窘迫情形出现。

3. 握手的时长

握手时间的控制可根据握手双方的亲密程度灵活掌握。初次见面者，握一两下即可，一般控制在 3 秒钟之内，切忌握住异性的手久久不放。握住同性的手时间也不宜过长，以免对方欲罢不能。

4. 握手的力度

握手力度一般不超过两千克，以不握疼对方的手为限度。有人觉得与初次见面或交往不深者握手时下大力气，甚至握得对方龇牙咧嘴是热情、友好的表示，但实际上有故意示威之嫌。当然，完全不用力或柔软无力的手握在对方的手上，给人的感觉则是缺乏热忱没有朝气，也要避免。

不过遇到老同事、老朋友、老同学时，则应该远远地把手伸出，把对方的手紧紧握在手中，即使握得对方隐隐发疼，也只会换来一片欢笑之声，为这不期而遇的亲切、热诚增添了乐趣。

男士握女士的手应轻一些，不要握满全手，只握其手指部位即可。如果下级或晚辈与自己紧紧相握，一般也应报以相同的力度。这会使晚辈或下级对自己产生强烈的信任感，也可以使你的威望、感召力在晚辈或下级心目中得到提高。

四、握手的禁忌

1. 握手时如果有几个人，而你只同一个人握手，对其他人视而不见，这是极不礼貌的。与多人握手时，与每个人握手的时间应大致相等，若握手的时间明显过长或过短，也是失礼的。

2. 握手时忌嘴巴紧闭，一言不发，一副不情愿的样子。应当寒暄几句，如“你好”“很高兴见到你”，等等。并且握手时应专心致志，切忌心不在焉，或东张西望寻找第三者，而冷落对方。

3. 与客人见面或告辞时，不能跨门槛握手，即一脚门里，一脚门外。要么在屋内握手要么出门后握手。

4. 握手双方除非是年老体弱或者身体残疾的人，否则应站着而不能坐着握手。

5. 进行平等式握手时，伸出右手与之相握，左手应自然下垂，不能插在口袋里。

6. 忌用左手同他人握手，除非是右手有疾或太脏了，特殊情况时应说明原因并道歉。

7. 双手抱握一般仅限于年轻者对年长者、身份低者对身份高者、学

生对教师或同性之间握手时施用。男士对女士一般不用此种方式握手。

8. 男士勿戴帽子和手套与他人握手，但军人不必脱帽，而应先行军礼，然后再握手。在社交场合女士戴薄纱手套或网眼手套亦可不摘；但在商务活动中只讲男女平等，女士亦应摘手套，且男士仍不为先。

9. 握手时不要抢握，亦不可交叉相握。有的国家视交叉握手后形成的“十字架”为凶兆的象征，认为必定会招来不幸。

10. 握手后，不要立即当着对方的面擦手，以免造成误会。

社交名片礼仪

欲使名片在人际交往中正常地发挥作用，还须在交换名片时做得得法。

一、交换名片的时机

1. 遇到以下几种情况，需要将自己的名片递交他人，或与对方交换名片。

(1) 希望认识对方。

(2) 表示自己重视对方。

(3) 被介绍给对方。

(4) 对方提议交换名片。

(5) 对方向自己索要名片。

(6) 初次登门拜访对方。

(7) 通知对方自己的变更情况。

(8) 打算获得对方的名片。

2. 碰上以下几种情况，则不必把自己的名片递给对方，或与对方交换名片。

(1) 对方是陌生人。

(2) 不想认识对方。

(3) 不愿与对方深交。

(4) 对方对自己并无兴趣。

(5) 经常与对方见面。

(6) 双方之间地位、身份、年龄差别悬殊。

二、交换名片的礼仪

1. 递上自己的名片

递名片给他人时，应郑重其事。最好是起身站立，走上前去，使用双手或者右手，将名片正面面对对方，交予对方。切勿以左手递交名片，不要将名片背面面对对方或是颠倒着面对对方，不要将名片举得高于胸部，不要以手指夹着名片给人。若对方是少数民族或外宾，则最好将名片上印有对方认得的文字的那一面面对对方。

将名片递给他人时，口头应有所表示。可以说“请多指教”“多多关照”“今后保持联系”“我们认识一下吧”，或是先做一下自我介绍。

与多人交换名片，应讲究先后次序，或由近而远，或由尊而卑，一定要依次进行。切勿挑三拣四，采用“跳跃式”。当然，也没有必要广为滥发自己的名片。双方交换名片时，最正规的做法，是位卑者应当首先把名片递给位尊者。不过，在一般情况下，也不必过分拘泥于这一规定。

2. 接受他人的名片

当他人表示要递名片给自己或交换名片时，应立即停止手中所做的一切事情，起身站立，面含微笑，目视对方。接受名片时，宜双手捧接，或以右手接过，切勿单用左手接过。

“接过名片，首先要看”，这一点至为重要。具体而言，就是接过名

片后，当即要用半分钟左右的时间，从头至尾将其认真默读一遍。若有疑问，则可当场向对方请教。此举意在表示重视对方。若接过他人名片后看也不看，或手头把玩，或弃之桌上，或装入衣袋，或交予他人，都算失礼。

接受他人名片时，应口头道谢，或重复对方所使用的谦辞敬语，如“请您多关照”，“请您多指教”，不可一言不发。

若需要当场将自己的名片递过去，最好在收好对方名片后再递，不要左右开弓，一来一往同时进行。

三、索取名片的礼仪

如果没有必要，最好不要强索他人的名片。若索取他人的名片，则不宜直言相告，而应采用以下几种方法之一。

1. 向对方提议交换名片。

2. 主动递上本人名片，此所谓“将欲取之，必先予之”。

3. 询问对方：“今后如何向您请教？”此法适于向尊长索取名片。

4. 询问对方：“以后怎样与您联系？”此法适于向平辈或晚辈索要名片。

四、婉拒他人索取名片的礼仪

当他人索取本人名片，而不想给对方时，不宜直截了当，而应以委婉的方法表达此意。可以说“对不起，我忘了带名片”，或者“抱歉，我的名片用完了”。不过若手中正拿着自己的名片，又被对方看见了，这样讲显然不合适。

若本人没有名片，而又不想明说的，也可以上述方法委婉地表述。

如果自己名片真的没有带或是用完了，自然也可以这么说，不过不要忘了加上一句“改日一定补上”，并且一定要言出必行，付诸行动。否则会被对方理解为自己没有名片，或成心不想给对方名片。

五、名片的存放

要使名片的交换合乎礼仪，并且使其在人际交往中充分发挥作用，还应注意如下两个问题。

1. 名片的放置

在参加交际应酬之前，要像准备修饰化妆一样，提前准备好名片，并进行必要的检查。

随身所带的名片，最好放在专用的名片包、名片夹里，此外也可以放在上衣口袋之内。不要把它放在裤袋、裙兜、提包、钱夹里，那样做既不正式，又显得杂乱无章，在自己的公文包以及办公桌抽屉里，也应经常备有名片，以便随时使用。

在交际场合，如感到要用名片，则应将其预备好，不要在使用时再去瞎翻乱找。

接过他人的名片看过之后，应将其精心放入自己的名片包、名片夹或上衣口袋内，切勿放在其他地方。

2. 名片的收藏

参加过交际应酬以后，应立即对所收到的他人的名片加以整理收藏，以便今后利用方便。不要将它随意夹在书刊、材料中，压在玻璃板下，或是扔在抽屉里面。

存放名片的方法大体上有四种，它们还可以交叉使用：

按姓名的外文字母或汉语拼音顺序分类；

按姓名的汉字笔画的多少分类；

按专业或部门分类；

按国别或地区分类。

六、名片的利用

随着人际交往的不断深入，还可在收藏的他人名片上随手记下可供本人参考的资料，使其充当社交的记事簿。在收藏的他人名片上可记的有利于人际交往的资料有：

1. 收到名片时的具体情况。包括收到名片的地点、时间，以及是否与对方亲自交换，等等。在国外有一种做法，即把名片的右上角向下折，然后再使其恢复原状，它表示该名片是对方亲自与自己交换的。

2. 交换名片者个人的资料。例如性别、年龄、籍贯、学历、专长、嗜好，

等等。这既可备忘，也可充做资料。

3. 交换名片者在交换名片后变化的情况，例如单位、部门的变化，职业的变动调任，职务、学衔的升降，联络方式的改变，等等。

社交角色礼仪

一、准确把握自我交际角色

在交际中，如能根据交际的情境、氛围、场合、对象，对自己应扮演的角色迅速及时准确定位，无疑就会在纷繁多变、千差万别的交际活动中如鱼得水，游刃有余。

1. 扮演主角。一些交际场合，主角非你莫属。既然天降大任，便毋需迟疑，更不必畏缩，而应当仁不让，有舍我其谁的气派。如果在该表现自己的时候畏畏缩缩、卑琐窝囊，便会让人小瞧，自己也觉得别扭。如果生活中把自己推到主角的位置，就不必顾忌，尽其所能，施展才华，方能让人佩服。

2. 甘做配角。无论你地位多高，都会有成为配角的时候。既为配角，只是陪衬红花的绿叶。此时，便要甘为人梯，为主角修桥铺路，切忌喧宾夺主。不难发现，该做配角而越俎代庖、喧宾夺主，是一种交际中不识大体的表现，也是一种自我贬损的行为。一旦在生活中做配角，就应时时坚守自己的配角地位，起到绿叶配红花的作用。

3. 若处中介。交际活动中，诸如月下老、经纪人、传递信息的人、穿针引线的人，地位比较特殊。天下婚姻许多靠月下老人成就，交易市场由经纪人中间说项以促成交易。这些中介身份的人要明白自己非当事人，因而，对事情本身如何进展可以起催化作用，但却忌讳忘记了自己的角色，贸然对事情做出决断。中介人对自己角色有了明确认识，准确定位，才会成就好事，令人赞叹。

二、推销自我的礼仪

在市场经济条件下，选择职业、朋友与自我价值的实现，首先面对的是推销自我的问题。在各种机遇面前，采用何种方式才更有利于把自己推销给对方呢？

1. 虚实相间——把握你的智慧。如果你要择业，面对招聘人员表达自己的观点看法，最好不要过分实在，应适当有所保留，关键之处可避实就虚，概括应答，给对方遐想的空间，因为不同的人有不同的喜好，万一你的观念不合对方胃口，你就彻底失败了。虚实相间的应对，既能游刃有余，又可展现你的魅力。

2. 展示个性——珍重你的人格。没有一位在事业上有所作为而却没有个性的人，而且有个性的人才容易得到别人的尊重。在择业应聘中，招聘者喜欢有个性专长的人；在朋友交往中，人们也往往看重有个性的人，有个性才能给人留下深刻的印象。迎合与顺从，往往给人听话而无创见的印象。

3. 锲而不舍——显示你的韧性。从某种意义上讲，推销自我是一场心理战。人们的一面之交、短时间的交谈，很难深入地了解一个人，难以认清一个人的全貌。这样，在有些情况下，谁有耐心谁有韧劲儿，谁不放弃最后百分之一的努力，谁就能获得理想的职位，取得值得交往的朋友的友谊。在没能展现自己真正的才能的时候，更需要这种锲而不舍的精神。

三、保持自信心

在人际交往中，具有高度自信的积极心态，是获得成功的条件之一。人与人之间，确实存在着许许多多的差别，有些差别还是难以改变的，比如性别、年龄、容貌等，有些差别是能够改变和缩小的。俗语说“人比人得死，货比货得扔”，这话的积极方面是说明人与人之间的可比性不大，不要机械地对比。若从消极方面理解，则是一种典型的心理障碍，实质上是缺乏自信心的表现。要想让面对面沟通得以顺利进行，就要铲除不想交往、不敢交往、不会交往等心理障碍。

首先，要克服自卑心理。在现实生活中，确实存在着许多职务比你高、收入比你多、能力比你强、学问比你大、事业比你顺的人，与之相比，容易产生自愧不如、丧失信心的自卑心理和胆怯行为。

自卑属于性格上的缺点，是过低的自我评价，是交际成功的心理障碍。造成自卑心理的原因很多，最主要的是不能正确认识自己和对待自己，往往是把别人看成一朵花，把自己看成豆腐渣。事实上，人无完人，别人不会一切都好，自己也不会一切都不好，而且好和不好也是相对的、可变的。闻名世界的成人教育家卡耐基，幼年时表现平平，青年时也无惊人之举，但他经过多年的刻苦学习和实践，竟成为举世瞩目的公共关系专家、人际交往大师。他所以成长、成熟、成名，是必胜的信心帮助了他。要想事业获得成功，除了要具备足够的条件、时间、环境等多种因素之外，最基本的一个条件就是要有信心，要有积极的心态。否则，莫说事业成功，就是正常的交往接触都难以进行。

其次，要克服恐惧的心理。社会是个万花筒，既存在着无数赏心悦目的好事，也存在着不少丑恶奇怪的坏事。中国传统文化留下的“人情冷暖,世态炎凉”等警世格言还有一定的市场。由于曾受过“朋友”欺骗、玩弄甚至出卖，有一些人产生了社交恐惧症，觉得与人交往，耗费时间与精力，弄不好会带来威胁自己的后患，所以，时时抱着高度戒备的心理为人处世。与人交往之前，做好一定的心理准备是应该的，这也是使交往顺利进行的前提，但不能心中如临大敌，好像与对方接触就是赴“鸿门宴”一样。应该掌握的一个基本常识是:人有好人有坏人,但还是好人多。说到底，我们还是需要有“我能行”、“我想和你交流”的积极心态。

最后，要克服畏难心理。说人际交往不太容易体现在两个方面：一是不易了解对方心理，俗话说“人心隔肚皮”，我们往往需要经过一定的观察思考，才能真正了解对方的需求；二是不容易控制社会舆论，比如，与比你强的人交往,有攀高附贵之嫌;与领导、上司交往,有溜须拍马之嫌;与异性谈笑风生，又可能有“轻浮”、“居心不良”的微词。对此，有三条解决办法：明确交往动机，自信、自尊、自强，把交往当做增长才干、丰富人生的良机；适应外界刺激，从刺激中激发勇气，提高观察、解决问题的能力；去掉虚荣心，脚正不怕鞋歪，落落大方，心怀坦荡，走自己的路。世界上任何国家或地区，任何一个时代，任何一个行业，都有成功者，如果仔细观察，我们就会发现成功者都有一个不容置疑的特点，那就是自信、有抱负。不少元帅是从士兵开始的，不少经理、董事长也有过做推销员的经历。既然别人都能去干、能干好，你就不想试试吗？

增加自信，往往以良好的印象为开始，要努力在交往时保持良好的心态和习惯。心理学家指出，以下行为有助于克服交往中的心理自卑，加强自信心：

注视着对方的眼睛，主动和其握手。

先主动开口，直接介绍自己。

面带笑容，满脸诚实。

说话声音要简洁清晰。

参加经营洽谈，不要忘记带名片。

不要把名片随随便便甩给别人。

不要接过别人的名片随便乱放。

不要忘记客户的姓名。

要分析这笔交易本身有无成功的可能性，不要根据对对方的简单印象来确定是否成交。

四、不容忽视的社交形象

每天我们都置身于不同的场合，作为社交一分子，我们要做的就是让自己的动作与场合和身份相称。偶尔的疏忽，看似小事，实则关系到社交形象的维护。这个时候你不妨检查一下自己有什么不妥当。

宴会席上，谁也免不了有需要剔牙的时候，既然这小动作不能避免，就得注意剔牙的时候不要露出牙齿，而且不要把碎屑乱吐一气，要不然是很失礼的。最好用左手掩住嘴巴，头略向侧偏，吐出碎屑时用手巾接住。

有些头皮屑较多的人，在社交场合忍耐不住皮屑刺激的瘙痒，而搔起头皮来。这必然使得头皮屑随风纷飞，不仅难看，而且会令旁人大感不快。

有时候，由于不拘小节形成不良习惯，也会破坏自己的形象，因此必须注意：

手——最易出毛病的地方是手。有的人两只手总是忙个不停，显出很不安稳的样子，如用手掩住鼻子、不停地抚摸头发、使手关节发出声音、玩弄接过来的名片等。

脚——有的人一坐下来，脚就神经质地不住摇动，或往前伸出脚，或紧张时撑起脚后跟等等，不仅制造紧张的气氛，而且也相当不礼貌。参加会议时更不要抖动双腿。这种小动作虽然无伤大雅，但由于双腿颤动不停，会令对方视线觉得不舒服，而且也给人以情绪不安定的感觉，这是失礼的。同样，让跷起的腿钟摆似的耍秋千也是相当难看的姿态。

背——老年人驼背是正常的事，如果二三十岁的年轻人也驼背的话，可就不太好了。

眼睛——目光惊慌，在该正视时却把眼光移开，这种人要么缺乏自信心，要么隐藏着不可告人的秘密，容易使人反感。然而若直盯着对方的话，又难免给人压迫感，使别人不满。因此只要能安详地注视对方眼睛附近的部位就可以了。

表情——毫无表情，或者死板的、不悦的、冷漠的、无生气的表情，会给对方留下坏的印象。我们应尽量不让自己的脸上有这种表情。为使说话时能吸引对方，最好能有生动活泼的表情。

动作——手足无措、动作慌张，表示缺乏自信心。动作迟钝、不知所措，会使人觉得没劲儿，而且让人觉得他愚不可及。昂首阔步、动作敏捷、有生气的交谈会使气氛变得活跃。

五、怎样给人留下好印象

俗话说 ："雁过留声，人过留名。" 怎样才能给人留下一个好印象呢 ?

1. 亮相要好。我们开始对别人的判断只在几秒钟内就完成，并且许多交流是不言而喻的。如果你运用了好的品质，如外表、精力、口才、音调、音色、激情和姿态、眼神、吸引他人注意力的能力等，人们会因此而留下深刻的印象。

2. 发挥自己的长处。如果你发挥了自己的长处，别人就会喜欢跟你在一起，并愿意同你合作。一个人要首先了解、把握自己的特点，如外貌、精力、说话速度、声音的高低和语气、动作、手势、神情以及其他引人注意的能力等。要知道，别人正是根据这些特点来形成对你的认识的。所以，与人交往，要充满自信，并尽可能发挥自己的长处。

3. 保持自己的本色。最懂得与人交往的人，永远不会因场合不同而改变自己的性格，保持真我，保持自我的最佳状态是给人留下美好印象的秘诀。无论是与人亲密地倾谈，还是发表演说，都要保持自己的本色不变，不要给人造成言行不一的不诚实的感觉。

4. 善于使用眼神、目光。不管是跟一个人还是一百个人说话，一定要记住用眼睛望着对方。进入坐满人的房间时，应自然地举目四顾，微笑着用目光照顾到所有的人。不要避开众人的目光。笑容也很重要，最好的笑容和目光接触都是温和、自然的，不是勉强做出来的。

5. 说之前先听。当你出席会议、舞会或面试时，别马上抛出你的观点，停几秒钟，"吸收" 一下事态的发展情况。别人的心情怎样——情绪低落、高昂、快乐，还是期待 ? 如果你能感觉出别人的状态，你便能更好地与之交流。

6. 先听后行。参加会议、宴会或面试时，切勿急于发表意见。要稍微等一会儿，先了解一下当时的情形，看看会场气氛如何，别人的情绪怎样，是高涨还是低落，他们是渴望聆听你的意见，还是露出厌烦的神色。你只有洞察到别人的情绪，才能比较容易接触他们。

7. 集中精力。怎样集中精力？一位专家说："我在跟别人见面之时，通常会静静地坐下来，集中思想，然后深呼吸一下，我会思考这次见面的目的——我的目的和对方的目的，有时候我步行几分钟，使心跳加速。这样踏进大门时，就不会再想着自己。我把注意力全集中到那人身上，尝试找出他值得我喜欢的地方。"

8. 态度肯定。肯定的态度很重要。我们常常看到有些人说起话来声音越来越小，甚至用手捂住自己的嘴巴。没有人愿意跟一个态度迟疑的人打交道。冷静是必要的，小心谨慎也是可行的，但切勿迟疑不决。

9. 放松心情。要使别人感到轻松自在，你自己就必须表现得轻松自在。不管遇到什么严重的事情，心情上都要尽量放松。学点儿幽默，不要总是神色严峻，做出一副永远苦闷的样子。你应该把心情放松一下，否则家人、朋友和同事会对你感到厌倦。

10. 不要突然改变自己的性格，不要摆出虚假的姿态。只要保持真我——最佳状态的真我——你就有了给别人留下良好印象的神奇力量，因为没有人能比你把你自己表现得更出色。

六、提升自我魅力值

不要忽略礼貌，常说"请"和"谢谢"。

善用自嘲，可增强你的魅力。

要对别人有兴趣，谁都觉得，只关心自己的人很乏味。

与对方的目光相接，表示你沉稳、自信，同时表示你对对方感兴趣。

多读报纸杂志，及时掌握当前的热门话题，能够变得健谈起来。

向你的偶像学习，模仿你所崇拜的偶像的某一积极方面，然后融入实际生活。

不要小气。例如邻居很喜欢你培植的玫瑰花，不妨送一朵给他。

不过于在意自己的相貌。很少有人能拥有完美的外表，何况美丽的外表不见得比优雅的谈吐、亲切的微笑更来得让人喜爱。

注意自己的身姿，抬头挺胸，让大家知道你充满自信。

不要吝啬赞美的话，如果你对谁有好感，就该向他（她）说出来。

注意休息，过于疲劳的你哪里还顾得上有没有魅力！

善待自己，偶尔放纵一下，上好饭店吃一餐，或者为自己添一件高级服饰。

懂得幽默。以轻松的心态处世，人生将充满光明，也会使与你接触的人受到感染。

同意别人的观点。这并不是说要表露自己的观点，而是要注意从别人的看法中找出你们的共同点，求同存异。

时常微笑。笑容会使你显得和蔼可亲、平易近人。

注意你的声音。讲话语调开朗、镇定、平稳的人最受人喜爱。

适当触碰对方。刚见面时握手，谈话中找时机轻拍一下对方的肩，都是热情的表现。

不要急于求成。懂得保持一定的距离，懂得怎样适可而止，才更有吸引力。例如，参加宴会不做第一个到和第一个走的人，给朋友打电话不要不知道结束。

把自己当主人。因为你觉得害怕，所以才会害羞。但如果你把自己当做主人而非客人，主动招呼、照顾别人，就会使人觉得愉快，效果自然不同。

自己给自己起个好听的绰号。绰号使你显得与众不同,因而更具魅力。

兴趣广泛、关心时事，这样才有丰富的谈话资料。难以想象有谁对每天只知道上班、下班、吃饭、睡觉的人有兴趣。

学会一种特长。如下棋、钓鱼、修理电器等等。最好是深入钻研一下，甚至有能力与这方面的专家进行交谈，若能达到这种境界，别人自然觉得你有魅力。

勇于参加讨论，发表意见。通常人们都很佩服那些勇于站出来发表自己看法的人。另外，被认为很有魅力的人一般都很主动、很活跃，不会当旁观者。

学会处理生活上大大小小的事。只会处理办公桌上的事，不会成为很有魅力的人。

要有自己的原则。让人知道你也会生气，也会对某些事看不惯，不是一个“好好先生”。

穿自己喜欢的衣服。选择衣服时要看自己满不满意，不要过于考虑别人喜欢。只有自己满意,你才会觉得愉快、自信,这才是吸引人的地方。

不要动不动就发脾气。常发脾气只能让人对你多加提防。

能相信别人。爱猜疑的人不会给人以温暖和关怀，而温暖和关怀是魅力不可或缺的要素。

不刻意隐瞒自己的情感。对什么事都不动声色,别人会觉得你很冷漠。

有事找朋友帮忙。这不是无能的表现，而是有活力的象征。你请朋友帮忙，只会在他们心目中更添平易近人的魅力。

社交活动礼仪

一、社交的五大原则

1. 诚恳，不虚伪。诚恳是人际交往中金子般的品质，诚恳的人对待别人是公开的,而诡诈、欺骗朋友,是得不到友谊的。越是无话不谈的朋友,越是会将自己的隐私、过错和盘托出在对方的面前；对彼此发生的误会,会耐心地解释、诚恳地认错，这样的交友对自己也是一个提高。

同在一个单位，竞争时是对手，胜负之后仍然是朋友，这是应该大力提倡的现代青年的优良品质。与领导共事，同样要做到以诚相待，坦陈己见。有些人认为要得到领导的器重就要阿谀逢迎、曲意奉承，这是极其错误的。培根有句名言："成功与美德是衡量人生事业的两把尺子，同时具备这两者的人，是幸福的。"

2. 随和，不固执。有的人爱将随和理解为讨好别人，将固执孤傲看作不同流合污。其实，这恰恰是固执的表现。固执的人只相信个人的内心体验，缺乏广阔的社会空间概念，他们在自己与大众之间筑起一道隔离的屏障，其结果是拒己于众人之外。随和是为人亲和、宽容，是热爱生活的表现。随和的人有人生的快乐，有众多的朋友，对领导不拘束不苛求，容易让领导了解自己的品格与才华。庄子有言："水至清则无鱼，人至察则无朋。"这可以成为人们社交的信条。

3. 自信，不自卑。自卑的浅层表现是认为别人看不起自己，而深层的体验是看不起自己，即缺乏自信。自卑的人并不一定能力差，第一个发现脱氧核酸的科学家弗兰克林，在遇到权威挑战的国际会议上，竟违心地承认自己的发现是错误的，将应该获得的诺贝尔奖拱手让给了别人。弗兰克林的悲剧在于他缺乏自信，使良好的机遇白白流逝了。存在主义心理学认为，相信自己是社会进步的动力，最值得依赖的是自己的智慧和潜能，而不是别人。

4. 热情，不冷漠。热情主要有两个方面，即热爱自己的工作和热情地关心帮助别人。勇于实现自我的人，工作不仅是谋生的手段，也是心理和人生的追求，是人生欢乐的一个组成部分。要学会"爱"人，你对周围人的爱是无私的，周围的人也一定会回报你以热情，热情的人在任何环境中都会很快受到欢迎。

5. 宽容，不苛求。朋友间是平等的，要想得到别人的重视，必须在朋友面前塑造自己的形象。通过交友你会体会到关心、宽厚是取得别人信任的要素。有时候朋友间更多的是倾诉各自的人生感受，你们要理解各自的处境，并学会用劝慰、鼓励去帮助好友。在这种相互影响之下，朋友就能携手向前。

二、社交活动的情绪控制

情感的外在表现一般称为情绪。良好的情绪状态，是保证社会交往活动正常进行的必要条件，举止得体、情绪稳定，让人感到易于接近、

感情容易沟通；否则，喜怒无常，则成为正常交往的障碍。

1. 切勿急躁冲动。在日常的社会交往活动中，会遇到千奇百怪的事情，出现各种各样的矛盾、各种各样的问题。遇到问题以后，要善于控制情绪，如果失去控制，矛盾会更尖锐。一般情况下，你以什么态度对待对方，对方会以相同的态度反击你，这不利于问题的解决；另一方面，急躁冲动容易打乱人的正常思维，不利于正确地解决问题。所以不管遇到多恼火的事，情绪都要冷静、镇定，这样才能处理好矛盾。

2. 切勿故作深沉。人际交往，是一种思想交流活动，如果与人相处，不露心迹，守口如瓶，故作深沉，那么会让人觉得你不可捉摸、不可思议，无形中拉远了彼此间的心理距离。朋友相遇，本该真诚相待，畅所欲言，如果这时却深藏不露，会叫人觉得有点道貌岸然。

3. 切勿喜形于色。与人交往，应保持一种平常心态，不能面无表情，但也不能取得成绩或有高兴的事时，沾沾自喜，得意忘形。表情上眉飞色舞、洋洋自得，还对别人的事评评点点、指手画脚，这只会引起别人的反感，损害自己的形象和威信。

总之，遇到任何事都要保持一种正常心态，要表现自己的喜怒哀乐，但又不能喜怒无常，要很好地体验在不同的场合如何把握好分寸。

三、调整好社交中的“期望值”

1. 所谓“期望值”是指人们希望自己所想做或所做的事情达到成功的一种比值。成功“期望值”越大，一旦事情不成功，失落感就越强，心理上越不平衡，影响工作、学习，贻害无穷。因此，人们在社会交往中，最好要将自己的“期望值”调整在最恰当的位置。

2. 对自己要有正确的评价。古人云：知己知彼，百战不殆。你对自己没有正确的、客观的认识，连自己的“底”都不清楚，盲目瞎撞，不可能获得成功。

3. 对自己所想或所做的事以及与人相关的方方面面也须有全面、客观分析。例如，有人爱上了一个姑娘，然而姑娘是否也爱他呢？这就得从双方的自身条件、家庭及与对方接触的过程中去客观估计了。

4. 事前要有成功与不成功两种思想准备。无论结交他人，还是办事情，都有成功与不成功两种可能。只想成功不想失败是不客观不现实的。不因事情受挫而悲伤失望，也不因事情顺利而沾沾自喜，才是健康正常的心理。

5. 可事先将不利因素估计得严重一点。俗话讲“先难后易”，是说宁可事前估计困难充分一点，也不要事后找麻烦。因为事前尚有应变、回旋的余地，事后“生米煮成熟饭”，想挽救也来不及了。

四、有效社交的“关键”

有些人为了实现成功交际，可谓殚精竭虑，但效果却不尽如人意。如果我们能抓住交际的“关键”，就能出现事半功倍的效果。

1. 抓住关键场合。在任何交际圈中，都有中心场合。这些场合，有的是关键部门，有的是人群聚集地。它之所以关键，一是因为那是你亮相最多的地方，这种场合最能反映出你的真实为人；二是因为那是对你进行认定和评价的最关键场所。中心场合对你的认定是最有权威性、最有影响的。

2. 抓住关键人物。在交际圈中有些人是交际的关键人物，他不仅主宰着交际走向，而且对每一个交际者都会施加着他的影响。这些人物可能是领导或德高望重的权威人士，也可能是那些交际面广和交际能量大的活跃分子。前者一言九鼎，对你往往起着一锤定音的作用；后者见多识广，既能让恶言流传，也能使良语广布。当然对待这些人物，我们不是要刻意求宠，而是要充分显示自己，以让他们对你有最确切的认定和把握。

3. 抓住关键事件。人际交往中，总要经历那些影响大、受关注、最能反映人的交际本质面貌的事儿，这些事儿是应很好把握的。谁也没有精力和心思什么都去精雕细刻，但在关键事件中要充分展现自己。比如：当人处在危急困难的时候，当人处在尴尬不堪的境遇中，在一些比较重要的公众关注的事件上等等，都需要我们用心对待，显出自己的交际魅力。

五、选择社交的最佳地点

任何社交活动，都必须与一定的社交地点相联系，而所有的社交又或多或少地受到交际地点环境的影响。所以明智者，在参加社交活动前对地点的选择都十分慎重。

1. 选择自己所熟悉的地方。实验证明，许多人在自己的客厅里谈话，比在别人的客厅里更能说服对方。这就表明人们在自己所熟悉的地方与人交往容易无拘无束，取得优势，时常可以灵活主动地展现或推销自己，有利于社交的成功。倘若在别人熟悉而自己不熟悉的地方交往，则容易引起莫名其妙的不安和恐惧，难于洒脱自如，自然处于劣势。

2. “我可以往，彼可以来”的地方。《孙子兵法》将“我可以往，彼可以来”的地方称为“通形”，即四通八达的地形。这种地方“我得则利，彼得亦利”。从社交友好互利的角度来看，显然要“己所不欲，勿施于人”，所以，为人为己选择“通形”才是最佳地利，彼此在社交心理和技巧的发挥上也才是平等的。

3. 要因人、因事、因时而选择地点。最佳地利是有条件的、辩证的、可以变化的。在自己熟悉的地方交往，在一般情况下是有利的。但若对方是老人、长者、女士等，让他们也屈身就己，恐怕于情于理都说不过去。反之，倘若听凭他们的选择，自己肯于前往他们的地盘，则更能体现对他们的照顾、体谅和尊重，这样做的本身就极有利于社交的成功。同样的道理，不同的事、不同的时间，最佳地点也不尽相同。

六、把握社交的最佳时间

交际与时间有着密切的联系，这不仅是因为任何交往都必须在一定时间内进行，而且因为能否恰当掌握交际时间对交往效果有着重要的影响。

交际时间对交往的影响表现在对时间是否守信。因为这不仅是个人是否讲信用的品质问题，而且表现在是否尊重对方，并直接影响到交往的情绪、气氛。时间对交往的重要性还表现在二者的矛盾上。在现代社会，人们的交往量日趋增加，对交际时间的需求也相应地增多，而每天的时间是有限的，既不能租借预支，又不能购买贮存。这就要求提高交际效率。如何做到这一点呢？

1. 周密安排，提高交往质量。做好交往前的准备，按时参加交往活动。

交往时，问候寒暄是必要的，但不要过多，而应及时转入正题。还要掌握交际时间的最佳度，一定时间范围内，人们的头脑清晰，注意力集中，反应灵活，效率高。此外还要及时结束交际活动，不必为了显示热情而拼命挽留对方。

2. 运用同时与多人交际的技巧，浓缩交往活动。把交往目的、内容相同的交往对象聚在一起，容易使气氛活跃，话题广泛，有利于节省时间，提高效率。

3. 充分利用现代交往工具。在现有的条件下，通过打电话就能完成交际目的，就不必亲临现场，节省了往返时间。此外还可以利用传真、电脑等。即使必须出行，利用不同的交通工具也可达到节约时间的目的。

七、与不同性情的人相处的艺术

在日常生活和社会交往中，常有因性情不同而“不合群”，甚至“不相容”的情形。一般情况下，“朋友”我们可以选择，但在生活和工作中要和不同性情的人打交道，这却是不能选择的，也就是说，我们必须掌握一点与不同性情的人打交道的技巧。

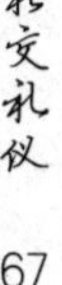

1. 学会对别人关心和关注。不论什么性情的人，都需要别人的关心和帮助，也都愿意关心和帮助友好待己的人。关注他人的工作和生活，取得成绩的时候予以肯定和称赞；遇到麻烦时，表示一下关心，即使帮不上忙，也令人感到温暖。

2. 善于理解和尊重他人。理解和尊重是相互的，你理解别人、尊重别人，他也才会尊重你、了解你、理解你。尊重他人，首先要尊重别人的意见，要善于听取别人的意见，有则改之，无则加勉；其次要尊重别人的生活习惯，不能因为与自己不一致而看不惯，甚至横加指责。

3. 设法强化共同的“兴奋点”。人们存在性情上的差异，并不意味着没有一点相同之处，比如在兴趣爱好、目标志向、生活习惯等方面可能是有相同之处的。通过交谈、活动等方式强化相同的意识，从而产生心理上的“共鸣”，增进了解，增强认同感。因此在其他活动中，避免排斥心理，取得观点认识的一致。

八、获得别人尊重的社交方式

若想获得别人的尊重，你不但要表露自己的观点，更重要的是采用正确的行为方式，以便在别人的心目中确立你的威信。

1. 不要减弱你的要求。如：“本来我是星期五需要这个报告，但是到下个星期也行，如果顺利的话，甚至到……”去掉所有的“如果”、“但是”，简短而明确地说明完成报告的具体时间要求。

2. 不要马上提供借口。如：“你今天晚了。但我知道，早晨这么早谁也不想起床。”这样他就会认为，他晚的理由是充足的。此外，你还被看作是软弱的和没有坚持自己观点的能力。

3. 不要为合理的要求不安。如：“请原谅我用这种腔调，但你知道，我实在是受不了你的所作所为……”事后辩解一般意味着有愧疚感或者害怕。这样收回明确的要求就会失去尊严。

4. 选好论点，直接明了。首先应仔细选择好论点，这样会有更大的影响力和达到积极的结果。然后直接说清楚你的观点，你要干什么。不能想象别人会自动了解你对他们有什么期望。

5. 深思熟虑后立即着手。计划好你想做什么、怎么做，事前考虑周全能更理智、更迅速地达到目的。立即着手，有利于解决问题，且从开始就能清楚地表明你的立场。

6. 放弃空洞的威胁。为了让人对你信任，你必须提出合理的要求，并且要在不能满足时指出后果，而且对此一直坚持到最后。当他们知道你恪守诺言时，才会尊敬你。这可能破坏与一些熟人的关系，但不能因此放弃自尊，且当你表明你对他的态度时，健康的关系还可以发展。

解决社交难题的礼仪

一、社交中怎样重修旧好

交往中难免出现摩擦、冲突，再加上一时感情冲动，致使长期的友谊闹僵，甚至翻脸。

如何修复因暂时的冲突而造成翻脸的关系呢？以下方法可供选择：

1. 补救过失法。翻脸，虽然责任有大有小，但往往双方都有过失，都应自我检讨。如果你发现自己确有过失，应当积极加以补救，以求得对方谅解。“补救”既能将过失化解，又能得到对方认可，但也不要过分自责。

2. 婉言道歉法。矛盾冲突后希望和缓，但说不出责任原因，不好意思当面赔礼，见面后有话又难以启齿时，此法比较合适。

3. 负荆请罪法。矛盾冲突到难以饶恕的地步，请求原谅的一方直言赔礼已不奏效，只有效仿廉颇“负荆请罪”，亲自向受害方请求惩罚自己，勇敢承担一切责任，负责一切后果。

4. 事后分析法。此为矛盾冲突中对方错误而自己正确的情况下运用的方式。时过境迁再将事情冷静分析，心平气和分析给对方，可能会赢取对方的主动道歉。

5. 平静说理法。冲突双方处于“冷战”的僵持状态，己方应高姿态找对方说清原委，寻找分歧原因，自我批评，话顺理明，理明气顺。

6. 旧事不提法。双方本来关系很好，因为一件小事闹翻了，两人都有重归于好的愿望。这种情况，两人最好你我依旧，就当没那回事。旧事就让它淡忘，孰是孰非，也不深究，过去的事就让它过去。这样也就忘记了不愉快。

7. 请人调解法。当面赔礼怕碰钉子，负荆请罪碍于面子，物色双方信赖的中间人调解是常见的最有效的方法。

8. 容忍理解法。出现翻脸，对方可能没有责任，也可能是无意的，即使有责任，己方也要容忍、理解。容忍对方过失，善解对方行为，保持良好心态，努力实现与对方关系的重建，对方更容易被你的人格所折服。

9. 书信说明法。此为朋友、恋人发生纠葛后常用的方法，有无限表达和想象的空间。

10. 主动示好法。主动示好需要选择好的时机，这样才会让对方有更深切的体会，也更容易为对方接受。比如对方有困难时你有分寸地帮他一把，对方生病住院你随大伙一同看望他。这样的示好方式都会让对方欣然接受。

二、社交中怎样应对过分的玩笑

玩笑，本是人际交往中的一种黏合剂，但生活交往中总有人有意或无意使开的玩笑过分。如何使自己从紧张、尴尬的氛围中解围，不妨试试下列技巧：

1. 以嘲解嘲，自我解脱。有时候，开玩笑的人并无意伤害别人，但由于玩笑的场合、时机、内容不合适，从而使人处于尴尬的境地。既然没有恶意，你也不必太认真，不妨以笑话对笑话的方式来处置，以免破坏双方的友好关系。

2. 顺水推舟，因势利导。有时被开玩笑的一方，处于进退维谷的困境，这时可以把话题顺势引向别的方向，把人们的注意力转移开。

3. 针锋相对，主动突围。有时候，有的开玩笑的人心术不正、心存恶念，这时你就应针锋相对，积极反击。

三、社交中怎样消除误会

人生中，被人误会是一件很寻常但又十分恼人的事。因为误会痛失好友者有之，酿成灾难者亦有之。那么，在交际中如何消除误会的困扰呢？

1. 不等闲视之，以一颗无私的心让误会消逝于无形。我们身边经常发生误会，但误会多了，或较严重的误解，就容易引起各种关系发生根本改变，本来是好朋友可能关系疏远，甚至反目成仇。不等闲视之，并不等于看得比什么都重要。对经常发生的小误会，没必要都做解释，这要靠一个人的人格力量，心底无私、乐于助人的品质去化解。

2. 不急于辩解，以一颗平常心坦然处之。有时候，你越是表白你是不幸的、无辜的，越是说得头头是道、比真理还要真理，比任何人都要真诚，对方越是认为你心虚胆怯。要选准时机，才能让对方看清你的真相。

3. 不耿耿于怀，以一颗忍辱负重的心赢得高尚的友谊。对待别人的误解，不能耿耿于怀，需要以一颗忍辱负重心，乐观旷达地接受它，将误会融化在自己忍辱负重的胸怀里。只要一如既往地付出爱心，总会使对方翻然醒悟，而且一定被你感动，你从他那里将得到真诚的友谊。

4. 不急躁鲁莽，以一颗细致的心唤起对方猛省。生活中，某些人喜欢转动自私的轴心，在朋友之间、上下级之间煽阴风点鬼火，制造误会、挑拨离间，达到满足私欲的目的。所以遇到误会，千万不能急躁鲁莽，要平心静气、细心思索、及时沟通，使对方从蒙蔽之中醒来。

四、社交中怎样面对诋毁

在生活中，总有那么一些人喜欢自以为是，对他人横挑鼻子竖挑眼，动不动就将别人的学识、能力或全盘或局部地加以否定，有的甚至当面贬低别人。有人当面诋毁你时该怎么办呢？

1. 糊涂一点，一笑了之。有人当面贬低了你，又立即当面补救，造成先贬后褒的形势，这就不必计较，糊涂一点，一笑了之。

2. 温和一点，轻轻推回。如果你碰上了难处之事或难处之人，则应该“处难处之事愈宜宽，处难处之人愈宜厚”，这样，对当面贬低你的人也是一种柔绵却很有力的警示和鞭策。

3. 幽默一点，强硬反击。如果他人当面贬低你时，涉及了同你交往的其他人或公众，你就不能太大度、太软弱，要奋起自卫、强硬反击，以维护你自己和公众的声誉。对这种人太客气，就是对无知的容忍，不能置若罔闻，应该针锋相对。但要注意：强硬不等于蛮横，要懂得适可而止、有理有节。

4. 谦和一点，善结人缘。谦虚和气是人缘好的基本原因，俗话说“伸手不打笑脸人”。换个说法叫：开口不贬谦和人。有些人被他人当面贬低，往往是自己造成的，如狂妄自大，常在人前吹嘘、炫耀自己，这实际上就是在当面贬低别人。一旦有了机会，人家就对你不客气了，一两句尖刻之词，就将你推入尴尬境地，出你洋相。所以，聪明人往往大智若愚，即使行高于众，也无人诽之。这说明：默默无闻地工作、谦虚和气地待人，就会得到公众的喜爱和认可。试问，有谁愿意当面贬低这样的人呢？

五、社交中怎样增加人情味

人生在世，在你来我往的交际中，会逐渐形成一种独特的感情因素。但在当前，有些人的意识中“交往是为了相互利用”、“用过即扔”的观念过重，偏离了人际交往的本意。那如何增加交往中的人情味呢？

1. 朋友来了有好酒：要增加自己感情的先期投入。在人际交往中，与彼此认知同时进行的是感情的交流。感情是人际交往行为最重要的动力和基础，是人际交往行为和过程的稳定性、深度和亲密程度的主要调节器。交往双方相互之间的好感、喜爱和吸引，可以使彼此缩短心理距离。

朋友来了，不能先从对方是否有可利用的价值来审视对方，而应真诚相待。人们交往，相互帮助是一种副产品，感情才是真谛。

2. 小事常自主，大事有尺度：朋友求助要把握好分寸。人际交往的过程是双方相互作用、相互影响的过程。双方都是交往的主体，如果一方无视另一方的意向、目标和要求，不尊重对方的个性尊严，自恃有一定的感情基础，而要求对方屈从自己，使对方纯粹付出，大事小事一味求取对方的帮助，这样就违背了交往中情感交流的原则，会造成感情隔膜。

3. 莫道前路无知己，天下谁人不识君：营造“人情”的可持续发展氛围。在某些“实用型”交际人物的眼中，所谓“人情”就是你送我一包烟，我给你办一件事。我们应杜绝这种“人情”的一次性使用。要营造一种感情长期发展的氛围，这种感情才最深厚、最真挚，在关键时刻才能给你最有力的帮助。

六、社交中怎样向别人解释

解释，经常出现在人们交际活动的各种场合：上班迟到了，需要向领导解释原因；别人对自己产生误解了，又需要解释本来的动机，等等。而要使解释这种口语活动获得预期效果，就必须掌握一定的原则。

1. 言有理据。这是解释的首要原则。解释的主要功能在于解疑释难，澄清事实。当对方对自己提出的观点或言行的动机不甚明了、疑惑不解时，人们常常要说明真相，把事情的原因解释清楚。出于这样的目的，解释必须有理有据，如实地陈述事情的本来状况，只有这样，解释才能令人信服。

2. 表述清晰。这是解释的重要原则。由解释的性质和功能所决定，解释必须清楚明白。经过及时的开诚布公的解释，说明事情的原因或过程，对方才会相信，并依据解释做出合乎实际的判断。

3. 语态谦恭。由于误解或疑惑不解，对方心中本来就有怨气，如果觉得自己被误会而心情急躁，不但不利于弄清问题，还有可能使矛盾激化。解释时语态谦恭，双方情感就能融洽，解释的话就会入耳入心，就越能使人信服。特别是当双方的处境、心情并不完全一样，彼此还存在一定心理距离时，就更需要在解释前沟通心理、融洽情感，给对方以“自己人”的感觉。

七、社交中怎样让别人记住你

在社交场合，要使对方或周围的人尽快记住你，你就必须是引人注目的。美国夏威夷医科大学精神病学院教授达尼鲁·潘斯曾说过：“引人注目不仅仅是让别人注意你，而且意味着让别人记住你。”他认为，只要遵循下列几项建议，就可能给人留下深刻的好印象：

1. 穿戴色彩动人的服饰。如果你是一位男士，不妨系一条鲜艳的红领带，配上灰西服；如果你是一位女士，则可以系一条艳丽的绿松石色围巾，穿上黑底色服装。

2. 选择一种你常使用的特别香水。因为人们几乎总是下意识地对香气产生反应，而且人的嗅觉十分神奇，外来的一点点香气，都会留下持久的印象。

3. 佩戴一件令人感兴趣而且不俗的装饰品。比如，女士可以选择一对手工制作的风格独特的耳环。

4. 振奋精神。许多人常常精神委靡不振，对比之下，人们容易记住精神抖擞的姿势。身体直立就不会产生无精打采的倦怠感觉，而且会显得精力充沛。

5. 创造略微神秘的气氛。你可以凭借自己的个性或你过去经历的某些有趣的事情做出暗示，造成悬念。例如，若你是一位厨师，你可能会把话题引到烹调方面，但千万不要宣称你就是厨师。不过早和盘托出，能让别人产生追根问底的想法，加强对你的注意。

6. 培养一种有趣的爱好，或掌握某方面的知识。比如，如果你对历史上某一时期或某位人物的“野史”了解甚多，或者会修理汽车，都会让别人对你感兴趣。

7. 吐字清楚且直截了当。特别是在工作场所，不要拐弯抹角，含糊其辞，也不要每句话前都加上“这个、那个”之类的口头禅。

八、社交中怎样实话实说

人们往往把实话实说理解成实话直说。其实，实话只是交流的前提，实言相告，实事求是，无可争议，但实说应当怎么说，怎么让真诚得到恰当的表达、收到预期的效果，其中可就大有文章了。

1. 急话缓说。有些实话急于要说出的，往往带着明显的主观情绪，声音抬高、语气加重，免不了带上怨责或训人的口气。这样即使浑身是理、理直气壮，也会因为态度不好，把事情弄僵。如果忍一忍、缓一缓，平静一下心绪再说，情形就截然不同。

2. 直话曲说。生活中曾有这么一个动人的故事：一个女生在日记中写她心中有了一位白马王子，但一直没有向他表白。某男生无意中看到日记，笑问那幸运的马儿是谁。女生没有直说，给了男生一只小盒子，说祝你生日快乐。男生打开盒子一看，是一面镜子，正照出自己的青春风貌，于是喜上心头：原来是我呀！夸张的神态更令少女钟情不已。实话曲说，曲则生姿，可获得不可言喻的情韵。

3. 怨话趣说。怨言本身总是包含一定的情绪。若把埋怨、指责的成分减少到最低限度，就须讲求表情达意的艺术性。

4. 硬话柔说。有时候实话实说会显得生硬、不近情理，像扔给人一块石头，不好接受。若用一种柔软的方式说出来，则像海绵球打人，架势好像在打，感觉却“恰似你的温柔”。

九、社交中怎样寻找借口

所谓借口，是指人们在交际中为了达到某种目的而提出的假托的理由。在必要的时候，如果你能借助美丽的借口，促使交际获得良好的结局，那反而是一件令人高兴的事。

1. 隐蔽本意的借口。在交际中，有时不想把自己的真正意图暴露给

对方，常常需要为自己的行为找一个美丽的借口，即找一个合理的事情来为自己打掩护。这种借口，既可推动交际成功，又不授人以柄，具有保护自尊的作用。

2. 成全他人的借口。在交际过程中，如果发现自己继续在场是多余的，会妨碍他人正常交际时，就应找一个借口适时地退出现场，为别人创造一个理想的交际环境。

3. 拒绝他人的借口。有时，自己不想参与某事，就需要找一个借口加以拒绝，这既不失礼，又达到了目的。

4. 回避难堪。当自己不想在某种交际场合待下去时，也可以找一个合适的借口离开。运用这类借口时必须注意，说出来的理由一定要比对方挽留的理由更充分、更不好拒绝，才能达到目的。

5. 争取时间的借口。在交际过程中，当自己处于不利态势，为了寻找转机，加强己方的立场，也需要找借口暂时离开现场，想对策。在谈判中，人们常常以“去卫生间”或打电话为借口。

如果迫不得已而善意地说谎，引起别人的疑心，你可以再编一个故事来应付。但你要给自己留条退路，别编那种一辈子只能发生一次的故事，故事的情节别太复杂了，因为故事越复杂，越费脑筋，最后可能无法自圆其说，甚至自己都记不清自己是怎么说的了。还要事先堵好漏洞。

十、社交中怎样赢得好人缘

在人际交往中，谁都想给他人留下一个好印象，有个好人缘。一个人的人缘好坏，直接反映出他（她）在处理人际关系时的能力和水平。那么，怎样才能赢得好人缘呢？

1. 诚实待人。为人处世应保持诚实的美德，与他人交往尤其要以诚相待。虚伪、表里不一的行为只会被人疏远。诚实是你赢得好人缘的第一原则。

2. 始终守信用。守信用是一种令人敬佩的美德，人们常以守信用来表达对别人的尊敬。言而无信的人历来受到人们的指责。如果确实发生了意想不到的事情，比如突然生病了，或临时加班等，都要想方设法通知对方，取消约会或推迟一下。跟人约好或答应的事，务必要守信。

3. 不要在别人背后说三道四。不要传播是非、挑拨离间。

4. 为人正派。做事出于公心，多为别人考虑，不要凡事先替自己打算，更不能为了实现个人目的而不择手段。

5. 谨慎交友。别人对你的印象，在很大程度上是通过对你所交往的朋友的了解而产生的。俗话说“鱼找鱼、虾找虾”，什么人喜欢交什么人。如果别人看到你的朋友个个都很正派、有本事，自然不敢小瞧你。相反，假如你交往的圈子中全是些没法恭维的人，恐怕别人对你的印象也就不会太好了。

6. 待人热情，富有人情味，乐于助人。当别人有困难时，你要尽力而为，帮助他人。

7. 切忌炫耀自己。在社交场合，要注意谦虚待人，不要把自己的长处常常挂在嘴边，老在人前炫耀自己的成绩。如果一有机会就说自己的长处，无形之中就贬低了别人，抬高了自己，结果反被人看不起。

8. 切忌夸夸其谈。有些人在与别人交往中，为了显示自己“能说会道”，便喋喋不休，没完没了地长篇大论，这种人会给人以不够稳重的印象。

9. 力避憨言直语。用词要委婉，要融合各方意见，不要只凭自己的主观愿望，说出不近人情的话，那样是得不到别人的好感和赞同的。只有言辞婉转贴切，才有利于融洽感情，给人留下难忘的印象。

10. 不要处处显露出有恩于别人。同事、亲朋之间总会有互相帮助的地方，你可能对别人的帮助比较多、比较大。但是，切不可摆出一副有恩于他人的姿态，那样会使对方难堪。

11. 不要说穿他（她）的秘密。特别是一些个人“隐私”，知道的不要说，不知道的不要问。因为是于你无益而使他（她）人受损的事。

12. 注重自己的声誉。要争取自己有个好名声并设法保持下去，不要因眼前的利益而败坏自己的荣誉和名声。

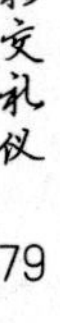

语言礼仪

交谈是人与人之间最迅速、最直接的一种沟通方式，在增进了解、加深友谊方面起着十分重要的作用。

交谈须知

一、交谈礼仪的基本要求

交谈的基本要求大致有以下几个方面：

1. 和气。和人交谈要尊重对方，态度和蔼。语调语气要温柔平和，文雅得体。时刻注意您的语言是否柔和悦耳，注意避免使用令人难堪的字眼，避免语调粗野。谁都愿意与和蔼、随和的人交谈，听这样的人讲话，心里会感到很舒服。

2. 真诚。矫揉造作，弄虚作假，无中生有，是品格不好的一种表现。真诚，首先要超越自我，不卑不亢，言必由衷。真诚的态度，应该是平易、稳重、热情和坦诚的态度，而不是傲慢、轻浮、冷淡和虚假的态度。真诚是言谈的基础，只有诚心待人，才能换取对方的信任和好感，才能为进一步的交谈创造融洽的气氛。

3. 简洁。说话的目的是清楚地表达自己的意思，切不可东拉西扯，絮絮叨叨，词不达意。

4. 深刻。“语不惊人死不休”，即使不能每句都如此，也应说话深刻有力，不鸣则已，鸣必惊人，能够在对方意识里留下长久的好印象。

5. 文明。语言文明是言谈的最基本的规则，它要求语言不但礼貌、

规范，而且要准确、得体。

6. 风趣。风趣来自活泼的语言，来自妙言成趣的幽默。人们愿意听风趣的语言，哪里有风趣，哪里就有活跃的气氛。

7. 流畅。半天吐不出一个字儿，语无伦次，不能不令人遗憾。有抑扬顿挫之势，又有音乐节奏之美，声声入耳、句句撼心，方为上乘。

8. 谨慎。与人交谈要注意节奏与分寸，特别对陌生人。打断别人谈话不礼貌，要善于限制、隐藏自我，让他人随意表现。不要轻易否定别人，在众人面前，即使对方真的错了，也不要那样做。

9. 大方。讲话时应当表现得泰然自若、落落大方，这样容易引起别人对自己的重视，人们往往觉得这样的人很有能力。

10. 专注。讲话时眼睛要注视着对方的眼睛，这表明你在认真讲，并想对方也在认真听，而且注视对方有助于调动听者的注意力。讲话时切忌左顾右盼，这种心不在焉的样子会使对方感到不高兴，因为听者会觉得你轻视了他。言谈中，出于对他人的尊重，有必要对自己的神态加以约束，特别是要注意自己的眼神和手势。

11. 微笑。微笑的表情是交谈制胜的法宝。微笑能够缩短人与人之间的距离，能够使人感到轻松愉快。面带微笑与人交谈，你会体验到令人愉快的情感，也会赢得更多的知音。

二、与不同人交谈的礼仪

1. 与年长者交谈的礼仪

人到老年，各种生理机能衰退，思维迟缓，行动不便，甚至说话不清。不仅如此，而且心理上也发生了很大的变化，如：讨分相信自己的经验，固执己见，难接受新事物，爱唠叨，喜欢回忆往事，爱听颂扬之词，怕听批评意见等。有的老人，甚至还有一些怪癖。因此，与老年人交谈，就必须根据他们特殊的心理、生理状况，运用得体、合适的语言来达到沟通的目的。总的要求是：以尊重为前提，以关心体贴为钥匙。要把握以下几个原则：第一，青年人要主动关心老年人，以礼相待，取得老年人的好感；第二，青年人要虚心向老年人请教，既在知识上获益，又使上辈人感受到尊重；第三，适应、宽容老年人的不同习惯和一些缺点，关心老年人的生活，交流感情，上辈人就会产生爱惜之心。

(1) 满足其怀旧心理。激发并聆听老者关于自己过去的历史的谈话，从而满足其怀旧心理。老人由于有较长的经历，有数不完的人生往事，有丰富的生活、工作经验，他们总喜欢回忆自己光辉的历史，把它们一件一件如数家珍似的诉说给年轻一代听，以期待儿孙辈对他们一生经历的肯定，并希望后代能继承他们的品德和业绩，发扬光大。

(2) 满足其自信心理。称赞和鼓励年老者的身体、精力和意志，从而满足其自信心理。老年人体弱力衰，有的还耳聋、牙缺、气喘。生理机能的衰退，使老人常常有一种对自然规律的“畏惧感”，有的甚至很悲观，认为自己成了“生活的累赘”，是大自然的“弱者”，对生活失去信心。作为晚辈，应当用古今中外寿星的故事去鼓舞和激励老人与衰老、病痛抗争，还应用科学的保健知识去指导他们。所以在你与一个老年人谈话的时候，你先不必直接提起他的年纪，你只提起他所干的事情，而这些事情丝毫不涉及到他的年纪，这样你的话语就能温暖他的心，而使他觉得你是一个非常可爱的人了。

(3) 消解其孤独心理。关怀和抚慰年长者的生活起居和感情，从而消解其孤独心理。许多老人，尤其是鳏夫寡妇，常常有一种孤独感和寂寞感。每当他们看见晚辈们男欢女爱的场面，或看到影视中男女恋爱的画面，就勾起他们对青壮年时代爱情婚姻生活的回忆，想到自己如今人老体衰无人陪伴的处境，内心不免产生深深的惆怅和悲哀。晚辈们应当了解年长者的感情需要，倘若老人要找伴侣，晚辈们应当给予理解和支持。应当多和老人谈心，沟通思想，不断增进了解。

(4) 满足其自尊心理。规劝和说服年长者时应委婉含蓄，从而满足其自尊心理。在家庭中，几乎每个青年人都可能遇到自己的意见被长辈否定的情形。在这种情况下，通常有两种选择：一是对长辈的态度不予理

睬，坚持自己的意见，一意孤行；二是善于说服，用自己的智慧和口才得体地阐明自己的思想，使长辈理解并同意自己的选择，站到自己的一边，成为自己的后盾。后者显然是理想的选择。然而，从实际情况看，说服长辈并不是一件十分容易的事情。长辈在为人处世上有丰富的经验，见多识广，再加上年龄上的差异，接触事物的不同，这就很容易造成看问题的角度与年轻人存在差异。所以，年轻人说服长辈必然有一定的难度。但是，从另一方面看，说服长辈又是可能的。做长辈的一般对晚辈都有责任感，且是非分明，有较强的识别力，只要你讲得有道理，你能拿出足够的证据使他们相信，他们就会改变主意，转而接受你的意见。而最好的方法就是利用年长者自己的经历和言行来说服他们。一般情况下，做父辈的都有自己认为辉煌的过去，他们免不了要以这些为资本对子女进行教育，要他们效法。而作为成年的子女，如果你要干一番事业但受到长辈的阻挠时，就可以拿长辈的事实作为论据，进行类比，这种方式有很强的说服力。

另外，父辈对子辈的未来都寄以厚望，望子成龙是他们梦寐以求的，而且在日常生活中常常教导子女要敢闯敢干，将来要做一个有作为有成就的人。在说服时只要你提出的意见与他们说的目标相一致，就可以抓起这面旗帜，拿起这件有力的武器，为己所用。一般说来，长辈们是很注意自身尊严的，对过去说过的话是不会轻易食言的，而且会立即兑现，所以，晚辈们在说服时就可以适当地利用他们的这种心理，用他们的话做自己的旗帜，是很容易成功的。

2. 与年长者交谈的禁忌

与年长者交谈，除了以上介绍的基本原则和方法外，还应注意以下几点：

(1) 不要动辄言死。死是人生之大劫，它如阴影一般时常笼罩在老年人的心头。故而，老年人最忌讳年轻人跟自己谈论死亡，特别是怕别人言及自己的寿限。如不注意，而大谈人家死后的情况，便会使老年人不悦甚至恼怒。

(2) 不要乱开玩笑。同龄人相见开开玩笑，相互戏谑，能给生活增添乐趣，即使荤素兼行，亦无伤大雅。但跟老年人却不要乱开玩笑，弄不好就会触怒老年人。

(3) 不要直指其错。老年人虽人生经验丰富，知识涵养也较高，但是，

并非老年人一定就比年轻人强，总会有智者之失。年轻人发现后不应直接指出，以免损害老年人的自尊心。

(4) 不要显能炫耀。年轻人跟老年人交往，尊重老人为第一要务，谦虚恭谨是起码的要求。在老人面前显能炫耀，既是一种不恭的表现，也是一种失礼的行为。

老年人一般比较爱唠叨。回忆起往事，或提到自己得意的事，便没完没了。因此，跟老年人交往就要有耐性。倘若老人谈得津津有味，而你却左顾右盼，显得不耐烦，必然会给老人一种不好的印象。

3. 与年幼者交谈的礼仪

长幼之间由于年龄、资历、身份等多方面的原因，在交谈中很容易造成一种不和谐、不舒畅的现象。尤其是作为谈话主体方面的长者与幼者谈话时，往往因为所面对的是比自己小、比自己资历浅的小字辈，就更容易无所顾忌，不讲方式方法，使交谈发生阻滞，引起不良的后果。那么，年长者与年幼者交谈有哪些方法呢？

(1)“明”话“暗”说。这时最关键的是尊重年幼者的人格，相信晚辈的自制力。年幼者也是有头脑的人，而不是只凭年长者语言指令而动作的机器人。长辈的暗示会成为他们一生中的滋养，有助于他们成为一个是非分明的人。长辈的谈话不仅要达到一时的效果，而且要思虑到长远的影响，这就不能不注意“明”话“暗”说的艺术。

(2)“硬”话“软”说。长幼之间在谈论一些人生意义、道德规范等

重要问题而且同实际作为相联系的时候，也不是没有艺术可讲的。越是问题的性质重大，越是需要讲究交谈艺术，讲究“硬”话“软”说的艺术。年长者不是法官，不能使用法官在法庭上面对罪犯所使用的语言同年幼者谈话。如果这样，只会适得其反，起不到规劝的效果。

(3)“急”话“缓”说。生活中有大事，有小事；有急事，有缓事，长幼之间性格也有急有缓，所以从这个角度来说，也需要注意谈话的艺术，要注意“急”话“缓”说。心理学证明，年轻人正在气头上，头脑不清楚，往往会歪曲现实。两个人一吵起来，就只看对方的问题，揭对方的疮疤，看不到人家的优点。如果能及时地摆出对方对自己的“贡献”，特别是最令人动情那一幕的话，美好的回忆会帮助双方恢复理智。这也是“急”话“缓”说的应有之义。

(4)“长”话“短”说。有些时候没有必要或者不方便把事情向年轻的子女讲清楚，就可“长”话“短”说，用几句最简洁而精练的话把很麻烦的事情解释开，或者转换一个话题。尤其在父母与年幼子女之间，有一些话题比较敏感，更适合用此法。

4. 与异性交谈的礼仪

与异性谈话，是极其微妙的，但又不同于与恋人之间的谈话和夫妻之间的谈话。由于性格的敏感性，在同异性谈话时，人们特别容易感到性别的差异，因而自觉或不自觉地抑制自己的情感，从而影响自己的口才和谈话能力。

(1) 谈论趣事。聪明的人，在与异性谈话时恰到好处地选择那些生活中的趣事做话题，既可以消除彼此间的距离，更容易产生共鸣，增加亲切成分。比如选择一些比较轻松、大众化的话题：如影视圈里的绯闻轶事、音乐界的排行夺魁、校园生活的诗情画意等。这些话题不仅外延广，内涵深，而且可以激起彼此的谈话兴趣。

(2) 随机应变。和异性交谈，要比你和同性谈话更加留心才是。因为你对他(她)所知甚少，加之性别的缘故，彼此之间的话题就显得特别谨慎敏感。所以你应重视任何可以得到的线索和暗示，随机应变地调整你的语言。

(3) 善用激将。与异性交谈，有时会遇到特别矜持的异性(女性居多)。当男子首先向她说话的时候，她像惜话如金似的仅用“是”与“不是”等简单作答。有一定社交经验的异性遇到这种情况，会耐心交谈下去，因为时间能慢慢地使陌生变得熟悉起来，甚至引出她最有兴趣的话题，逐步改变“话不投机”的局面。与异性交谈时，切不可过分热情。否则，可能会让对方误会。对已婚异性更要注意这个问题。

总之，当代的青年男女只有积极消除彼此存在的言语及心理障碍，运用多种多样恰当得体的交谈方式，因人制宜，因境制宜，才能在异性之间架起一座沟通思想感情的桥梁。

三、交谈方式的礼仪

1. 双向共感

交谈，究其实质乃是一种合作。因此在交谈中，切不可一味宣泄个人的情感，而不考虑对方的反应。

社交礼仪规定，在交谈中应遵循双向共感规则。这一规则具有两重含义：第一，它要求人们在交谈中，要注意双向交流，并且在可能的前提下，要尽量使对方多谈，不要妄自尊大，忽略对方的存在。第二，它要求在交谈中谈论的内容，应使彼此各方皆感兴趣，并能够愉快地接受、积极地参与，不能只顾自己，而不看对方的反应。以上第一点强调的是交谈的双向问题，第二点强调的则是交谈的共感问题。遵守这两条规则，是交谈取得成功的关键。

2. 措辞委婉

在交谈中，不应直接陈述令对方不快、反感之事，更不能因此伤害其自尊心。必要时，在说法上应当力求含蓄、婉转、动听，并留有余地，善解人意，这就是所谓措辞委婉。

在交谈中，运用委婉言语可采用旁敲侧击、比喻暗示、间接提示、先肯定再否定，多用设问句、不用祈使句、表达留有余地等多种形式。

3. 礼让对方

在交谈之中，务必要争取以对方为中心，处处礼让对方、尊重对方，尤其是要避免出现以下几种失礼的情况：

(1) 不要独白。既然交谈讲究双向沟通，那么在交谈中就要目中有人、礼让他人，要多给对方发言的机会，让大家都有交流的机会。不要一人独白，侃侃而谈，“独霸天下”，只管自己尽兴，而始终不给他人张嘴的

机会。

(2) 不要冷场。不允许在交谈中走向另一反面，即从头到尾保持沉默，不置一词，从而使交谈变相冷场，破坏现场的气氛。不论交谈的主题与自己是否有关、自己是否有兴趣，都应热情投入、积极合作。万一交谈中因他人之故冷场“暂停”，切勿“闭嘴”不理，而应努力“救场”。可转移旧话题，引出新话题，使交谈“畅行无阻”。

(3) 不要插嘴。出于对他人的尊重，在他人讲话时，尽量不要在中途予以打断，突如其来、不经允许地上去插上一嘴。这种做法不仅干扰了对方的思绪、破坏了交谈的效果，而且会给人以自以为是、喧宾夺主之感。确需发表个人意见或进行补充，应待对方把话讲完，或是在对方首肯后再讲。不过，插话次数不宜多、时间不宜长，跟陌生人的交谈则绝对不允许打断或插话。

(4) 不要抬杠。抬杠是指喜欢与人争辩，固执己见，爱强词夺理。在一般性的交谈中，应允许各抒己见，言论自由，不做结论；重在集思广益，活跃气氛，取长补短。若以“杠头”自诩，自以为一贯正确，无理辩三分，得理不让人，非要争个面红耳赤，你死我活，大伤和气，是有悖交谈主旨的。

(5) 不要否定。在交谈之中，要善于聆听他人的意见，若对方所述无伤大雅，无关大是大非，一般不宜当面否定，让对方下不了台。社交礼仪有一条重要的原则，叫做“不得纠正”。它的含义是：对交往对象的所作所为，应求大同、存小异，若其无关宏旨，不触犯法律，不违反伦理道德，不辱国格人格，不涉及安全，一般没有必要确认其对错，更没有必要当面加以否定。在交谈中不否定对方的见解，就是该原则的具体运用。

4. 适可而止

与其他形式的社交活动一样，交谈也受制于时间。虽然说亲朋好友之间的交谈往往“酒逢知己千杯少”，但是实际上它仍需要见好就收，适可而止。这样不仅可使下次交谈还有话可说，而且还会使每次交谈都令人回味。

5. 谈话气氛

开始交谈时，交谈者要善于创造一个融洽的谈话气氛。要达到这种效果，必须注意以下几点：

开始时，适当的寒暄还是必要的。如果是熟人、老友，可先谈谈各自的情况，如是初次见面，则不妨各自做一番简单介绍，等气氛融洽后，再“言归正传”。如一见面就谈正题，往往让人感到突然，势必影响交谈结果。

在交谈中，态度要诚恳。开诚布公、坦率的谈话态度，能使人感到亲切自然，意见也易被对方接受。如果虚情假意，言不由衷，夸夸其谈，盛气凌人，就会出现“话不投机半句多”的尴尬局面，使对方产生反感。

交谈时神态要专注，双方都应正视对方，以示尊重。切忌东张西望，似听非听，或翻阅书报，甚至自顾自处理一些与交谈无关的事情；也不要在交谈中随意打哈欠、伸懒腰，显出一副疲惫不堪的样子，或者不时看钟表，显得心不在焉。这些都是极不礼貌和轻慢对方的表现。

要有平等的谈话态度，即使自己对某一问题有精辟的见解，也不能以居高临下、不容置疑的口吻说话，那样会给人留下自以为是、高人一等的印象。相反，以平等态度说出自己的见解，并有意识地请对方谈谈有什么想法，这样，既便于深入讨论问题，又是对对方的尊重。

如何成为出色的交谈者

一、交谈语言的要求

在语言方面，交谈的总要求是：文明、礼貌、准确。语言是组织交

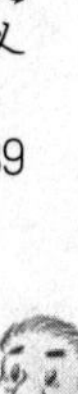

谈的载体，交谈者对它应当高度重视，精心斟酌，这是不言而喻的。

1. 优雅文明的语言

作为有文化、有知识、有教养的现代人，在交谈中，一定要使用文明优雅的语言。下述语言，绝对不宜在交谈之中采用：

(1) 脏话。讲脏话，即口带脏字，讲起话来骂骂咧咧，出口成“脏”。讲脏话的人，非但不文明，而且自我贬低，十分低级无聊。

(2) 黑话。黑话，即流行于黑社会的行话。讲黑话的人，往往自以为见过世面，可以吓唬人，实际上却显得匪气十足，令人反感厌恶，难以与他人进行真正的沟通和交流。

(3) 荤话。荤话，即说话者时刻把艳事、绯闻、色情、男女关系之事挂在口头，说话“带色”、“贩黄”。爱说荤话者，只不过证明自己品位不高，而且对交谈对象不尊重。

(4) 怪话。有些人说起话来，怪里怪气，或讥讽嘲弄，或怨天尤人，或黑白颠倒，或耸人听闻，成心要以自己的谈吐之“怪”而令人刮目相看，一鸣惊人。这就是所谓说怪话。爱讲怪话的人，难以令人产生好感。

(5) 气话。气话，即说话时闹意气，泄私愤，图报复，大发牢骚，指桑骂槐。在交谈中说气话，不仅无助于沟通，而且还容易伤害人、得罪人。

2. 五句十字礼貌语

在交谈中多使用礼貌用语，是博得他人好感与体谅的最为简单易行的做法。所谓礼貌用语，简称礼貌语，是指约定俗成的表示谦虚恭敬的专门用语。

在社交中，尤其有必要对下述五句十字礼貌语经常加以运用，并且多多益善。

(1) 您好。“您好”，是一句表示问候的礼貌语。遇到相识者与不相识者，不论是深入交谈，还是打个招呼，都应主动向对方先问一声“您好”。若对方先问候了自己，也要以此来回应。

(2) 请。“请”，是一句请托礼貌语。在要求他人做某件事情时，居高临下、颐指气使不合适，低声下气、百般乞求也没有必要。在此情况下，多用上一个“请”字，就可以逢山开路、遇水架桥，赢得主动，得到对方的照应。

(3) 谢谢。“谢谢”，是一句致谢的礼貌语。每逢获得理解、得到帮助、

承蒙关照、接受服务、受到礼遇之时，都应当立即向对方道一声“谢谢”。这样做，既是真诚地感激对方，又是对于对方的一种积极肯定。

(4) 对不起。“对不起”，是一句道歉的礼貌语。当打扰、妨碍、影响了别人，或是在人际交往中给他人造成不便，甚至给对方造成某种程度的损失、伤害时，务必要及时向对方说一声“对不起”。这将有助于大事化小、小事化了，并且有助于修复双方关系。

(5) 再见。“再见”,是一句道别的礼貌语。在交谈结束、与人作别之际，道上一句“再见”，可以表达惜别之意与恭敬之情。

3. 语言准确的五个标准

在交谈中，语言必须准确，否则不利于彼此沟通。要注意的问题主要有：

(1) 发音要准确。在交谈之中，要求发音标准，其含义有三：一是发音要标准，不能读错音、念错字，让人见笑或误会；二是发音要清晰，要让人听得一清二楚，而不是口齿不清、含含糊糊；三是音量要适中，过大令人震耳欲聋，过小则让人听着费劲，都不大合适。

(2) 语速要适度。语速，即讲话的速度。在讲话时，对其应加以控制，

使之保持匀速，快慢适中。在交谈中，语速过快、过慢或忽快忽慢，都会影响效果。

(3) 内容要简明。在交谈时，应力求言简意赅，简单明白，节省时间，少讲废话。不没话找话、短话长说、啰里啰嗦，这是交谈中不应忘记的重要一点。

(4) 土语要少用。交谈对象若非家人、乡亲，则最好在交谈之中别用对方有可能听不懂的方言、土语。硬要那么说，就是对对方的不尊重。在多方交谈中，即便有一个人听不懂，也不要采用方言交谈，以免使其产生被排挤、被冷落之感。

(5) 外语要慎用。在普通性质的交谈中，应当讲中文，讲普通话。若无外宾在场，则最好慎用外语。与国人交谈时使用外语，不能证明自己水平高，反而有卖弄之嫌。

二、交谈主题的宜与忌

交谈的主题，又叫交谈的话题，是交谈的中心内容。一般而论，交谈的主题多少可以不定，但在某一特定时刻宜少不宜多，最好只有一个。唯有话题少而集中，才有助于交谈的顺利进行。话题过多、过散，将会使其他人无所适从。

1. 交谈中适宜的主题

在交谈之中，以下五类话题是适宜选择的：

(1) 既定的主题。即交谈双方业已约定，或者其中一方先期准备好的主题。例如，求人帮助、征求意见、传递信息、讨论问题、研究工作一类的交谈，往往都属于主题既定的交谈。选择这类主题，最好双方商定，至少也要得到对方的认可。它适用于正式交谈。

(2) 高雅的主题。高雅的主题，即内容文明、优雅，格调高尚、脱俗的话题。例如，文学、艺术、哲学、历史、地理、建筑等，都是高雅的主题。但忌讳不懂装懂、班门弄斧。

(3) 轻松的主题。轻松的主题，即谈论起来令人轻松愉快、饶有情趣、不觉劳累厌烦的话题。例如，文艺演出、流行、时装、美容美发、体育比赛、电影电视、休闲娱乐、旅游观光、名胜古迹、风土人情、名人轶事、烹饪小吃、天气状况，等等。它适用于非正式交谈，允许各抒己见，任

意发挥。

(4) 时尚的主题。时尚的主题，即以此时、此刻、此地正在流行的事物作为谈论的中心。

(5) 擅长的主题。擅长的主题，指的是交谈双方，尤其是交谈对象有研究、有兴趣、有可谈之处的主题。例如：与医生交谈，宜谈健身祛病；与学者交谈，宜谈治学之道；与作家交谈，宜谈文学创作，等等。但忌讳以已之长对人之短，因为“话不投机半句多”。交谈意在交流，故不可只有谈话，没有交流。

2. 交谈中忌谈的主题

在各种交谈之中，有五类主题理应忌谈：

(1) 个人隐私的主题。个人隐私，即个人不希望他人了解之事。在交谈中，若双方是初交，则有关对方年龄、收入、婚恋、家庭、健康、经历这一类涉及个人隐私的主题，切勿加以谈论。

(2) 捉弄对方的主题。在交谈中，切不可以对交谈对象尖酸刻薄，油腔滑调，乱开玩笑，出口无忌，要么挖苦对方所短，要么调侃取笑对方，成心要让对方出丑，或是下不了台。俗话说：“伤人之言，重于刀枪剑戟。”以此类捉弄人的主题为中心展开交谈，定将损害双方关系。

(3) 非议旁人的主题。有人极喜在交谈之中传播闲言碎语，制造是非，无中生有，造谣生事，非议其他不在场的人士。其实，人们都知道“来

说是非者，必是是非人”。非议旁人，不证明自己待人体己，反倒证明自己是拨弄是非之人。

(4) 倾向错误的主题。在谈话之中，倾向错误的主题，例如，违背社会伦理道德、生活堕落、思想反动、政治错误、违法乱纪之类的主题，亦应避免。

(5) 令人反感的主题。有时，在交谈中因为不慎，会谈及一些令交谈对象感到伤感、不快的话题，以及令对方不感兴趣的话题，这就是所谓令人反感的主题。碰上这种情况不幸出现，应立即转移话题，必要时要向对方道歉，千万不要没有眼力价儿、将错就错、一意孤行。这类话题常见的有凶杀、惨案、灾祸、疾病、死亡、挫折，等等。

三、初次交谈应注意什么

初次交谈，一般是指与陌生人或新结识的朋友的交谈。这是社交中的一大难关。因为与陌生人相会，双方互不了解；即使了解也是浮光掠影、不深不透，就很难激发交谈的热情，也找不准交谈的话题，更缺少一种亲切自然热烈的气氛，弄不好很容易导致四目相对、局促无言，令人尴尬。那么，怎样才能使你的第一次交谈获得成功呢？

1. 判断谈话点

当你面对一个从未谋面的陌生人，你心中的第一个问题就是如何与他开始交谈。这个时候，话题的选择就十分重要。你可以从下列话题中选两三个，与他交谈：

衣食、嗜好、娱乐；令人感动、激动的事；家人、家庭、气候变化；称赞的话；无与伦比的事；旅行及有价值的话；利益及有关赚钱的事；新闻、时事问题；人生经验、人生经历；关于对方工作的话题……

另外，在话题的选择上，还有一些地方必须注意，例如不谈对方深以为憾的缺点和弱点；不说上司、同事以及朋友们的坏话，不谈人家的秘密；不谈不景气、手头紧之类的话；不谈一些荒诞离奇、黄色淫秽的事情；不询问妇女的年龄、婚否、家庭财产等；不诉说个人恩怨和牢骚；不说一些尚未明辨的隐衷是非；要避开令人不愉快的疾病详情；忌夸自己的成就和得意之处。

2. 寻找共同点

人与人之间有许多共同的地方，如：共同的兴趣、共同的爱好、共同的职业、共同的背景、共同的利益、共同的朋友等。初次交谈如果找到了对方与你的共同点，就可以消除陌生感、疏离感，彼此会打开话匣子，轻松自如地交谈，犹如相识已久。以下的五种方式，会帮你很快地找到“共同点”。

(1) 察言观色，寻找共同点。一个人的心理状态、精神追求、生活爱好等，都或多或少地在他们的表情、服饰、谈吐、举止等方面有所表现，只要你善于观察，就会发现他们的共同点。

(2) 以话试探，侦察共同点。两个陌生人对坐，为了打破这沉默的局面，开口讲话是首要的。有人以探问开场，询问对方籍贯、身份，从中获取信息；有人则听说话口音、言辞，侦察对方情况；有的以动作开场，边帮对方做某些急需帮助的事，边以话试探；有的靠借火吸烟，也可以发现对方的特点，打开交际的局面。

(3) 听人介绍，猜度共同点。你去朋友家串门，遇到有生人在座，作为对于二者都很熟悉的主人，会马上出面为双方介绍，说明对方与主人的关系、各自的身份、工作单位，甚至个性特点、爱好等，细心人从介绍中马上就可以发现对方与自己有什么共同之处。

(4) 揣摩谈话，探索共同点。为了发现陌生人同自己的共同点，可以在对方同别人谈话时留心分析、揣摩，也可以在对方和自己交谈时揣摩对方的话语，从中发现共同点。

(5) 步步深入，挖掘共同点。发现共同点是不太难的，但这只能是谈话的初级阶段所需要的。随着交谈内容的深入，共同点会越来越多。为了使交谈更有益于对方，必须一步步地挖掘深一层的共同点，才能如愿以偿。

寻找共同点的方法还很多，譬如面临的共同的生活环境、共同的工作任务、共同的行路方向、共同的生活习惯等。只要仔细发现，陌生人之间无话可讲的局面是不难打破的。

3. 发现相似点

人与人之间存在的相似点很多，有的是明显的，有的是隐蔽的。两个人初次见面，只要留心对方的举止言谈，就不难从中发现一些明显的相似点，及时捕捉，便成了初次交谈的共同话题。

常见的相似点有如下几个方面：

(1) 地域相似。这里的地域是指人们居住、工作的地方。小至一村一乡一个单位，大至一县一省一个行政区。有些人虽不相识，却或先或后地在同一个区域里居住、学习、工作过，这就是陌生人之间的地域相似点。这一地区的山水、人物、风情、世态……都是他们的共同话题。

(2) 经历相似。相似的社会经历，会使人产生相同或相近的切身感受，容易互相理解，引起感情上的共鸣。一方讲述的生活经历，能引起另一方对往事的回忆联想；一方吐露的心声，会成为双方共同的感慨。这样，就有了许多共同的语言，愈变愈亲近。

(3) 职业相似。俗话说“隔行如隔山，同行易相知”。初次见面，彼此之间不熟，但对共同从事的职业的性质、特点、作用、工作方法、内中甘苦，都了如指掌，谁也不会感到陌生，谈起来都有话可说。

(4) 年龄相似。发展心理学研究结果表明，同一年龄组的人具有相同或相近的心理特征，即在思想感情、行为方式、兴趣爱好等许多方面存在着相似点。初次见面，通过观察、自我介绍或询问，便可以知道对方的大概年龄。这时，年龄上的相似就可能成为他们的热门话题。

(5) 处境相似。如果说两个人未见面之前各不相干、境遇不同，一旦见面，便生活在同一环境里，这就有了共同关注的目标，共同感知的人物、事态，相同或相近的际遇。因此，对周围环境的第一印象上存在相似之处。

以上五个方面，是直接的相似点。初次相见，只要能及时地发现彼此之间的相似点，哪怕只是发现了其中的一个方面，也就有了共同感兴趣的话题。还可以利用间接的相似点，即对方与自己的亲戚、朋友、同学、同事、邻居等有哪些相似点，通过这个“第三者”搭起一道桥，彼此沟通，找到共同的话题。

4. 抓住兴奋点

兴奋点是指那些能够刺激人们的大脑神经中枢，激发人们的激情与兴趣、欲望的事情。陌生人之间初次交谈，如果能抓住对方的兴奋点，就可以迅速地引发对方的表达欲与兴奋感、亲近感，彼此达到一种不吐不快、非说不可的境界，双方的交流与沟通也就水到渠成了。

除了适合某个人或某些人的兴奋点以外，一个特定的历史时期或时间段几乎都有特定的焦点、热点话题，这些话题往往让大多数人兴奋，产生强烈的谈话欲。生活中能令人产生兴奋感、表达欲的话题有很多，如时事新闻、轶闻趣事、旅行见闻等，还有一些要针对不同的对象去发现和挖掘。

(1) 从对方感兴趣的事物谈起。一般说来，人们感兴趣的事物往往是最好的话题，或者叫最好的信息。这些话题大致包括：与自身利益密切相关的信息；特殊新奇的信息；以肯定形式出现的信息；权威性强的信息；与自己的职业兴趣、经验相关的信息；被社会和他人极力禁锢、保密的信息等。

谈对方感兴趣的话题，重要的是熟悉和把握交谈对方的具体情况，如：地位、阅历、素养、身份、职业、性格、习惯、年龄、爱好等，从而根据不同的人选择不同的令他感兴趣的话题。所以，谈对方感兴趣的话题除了注意话题本身以外，还要注意“对方”二字的分量。只有了解了对方，才会了解什么是对方感兴趣的，也才能谈出真正令对方感兴趣的话题。

(2) 从眼前的事物谈起。假如你在码头上碰见一个熟人，一时没有话说，可以从眼前双方都能看到、听到或感觉到的事物中找出几件来谈，码头上的巨幅广告、停靠的船舶和船员等。在对方身上也能找到话题，如衣着和面色等。假如你到了一个朋友家里：看到孩子照片，可以谈谈孩子；看见盆景，可以谈谈盆景；家中有老人，可以询问老人的健康，等等。这一类眼前的事物，容易引起人们的注意，如果发现对方对某一个话题感兴趣，谈话就有了发展的机会。从眼前的事物谈起，需要谈话者善于观察，善于发现眼前事物与你的交谈对象之间的内在联系，从而找到你以此发挥的话题。同时，也需要发挥“自由联想”的作用。当谈话中断的时候，不要心急，可以进行“自由联想”。比如，你看见了家具，由此联想起木材→木材涨价→森林→乱砍滥伐→生态平衡→植树造林；由家具还可以联想到家具店→新式样家具→浙江来的小木匠→小木匠的传闻，等等，瞬息之间，就有十几个话题可供选择。

交谈者需学会的六大本领

一、学会赞美

赞美，是对他人长处的一种肯定。通常每个人在心理上都有一种对赞扬的期待。交谈中若能适度地赞扬对方几句，就容易使对方产生亲和心理，这种亲和心理既可成为接受对方意见的起点，也可成为转变态度的开始，这一点在交谈中尤为重要。有位名人说得好，“人的天性就在于得到别人的赞美”。事实正是如此。每个人对他人都有一种心理期待，希望得到尊重，希望自己应有的地位和荣誉得到肯定和巩固，谁也不愿在人群中被冷落。如果上述愿望得不到满足，就会对周围的人产生隔膜感，

也就很难很好地合作了。试想，在现实生活中，有几个人不喜欢别人的赞美呢？

任何人都喜欢获得别人的赞美。听到夸奖，一整天的心情都会特别愉快。如果我们能多说一些令人快乐的事，生活不知道会变得多美好！可惜，我们很少能够每天都听到别人的赞美。人们要么因为害羞或担心别人说自己拍马屁而害怕赞美人；要么怀疑赞美的背后动机而无法欣然接受赞美。

这种认识未免有些片面。固然，有些人可能利用赞美来溜须拍马，以达到某种不可告人的目的。但更多的人却用它来协调人际关系，以表达自己对别人的尊重，增进友谊和了解。那么到底怎样才能学会赞美呢？以下几点值得注意：

1. 赞美别人，就要善于发现别人的长处和优点。每个人都各有所长，这是一个人引以为荣的事，常渴望得到别人较高的评价。生活中我们需要赞美别人，它具有无可替代的力量。真诚的赞美，是你送给别人的玫瑰花。对于别人，他的优点因你的赞美而更加光彩；对于你自己，在给予别人的同时，会使你活得更潇洒、自在而充实。

2. 赞美别人，可以表现原原本本的自我，可以打破一次谈话的僵局，可以消除紧张心理，可以给你带来远见卓识，让你拥有宽广的胸怀，不仅使你更健康，而且让你获得真挚的友谊和良好的人际关系。良好的人际关系是事业最成功的要素。成功学家卡耐基告诉我们，与人相处的一

大诀窍是给予真诚的赞赏。可以说，赞美别人加上你聪明的脑袋和实干的精神，你的事业就成功了一半。

3. 赞美别人是一种有效的情感投资，而且投入少，回报大，是一种非常符合经济原则的行为方式。对于领导的赞美，让领导更加赏识与重用你；对于同事的赞美，能够联络感情、愉快地合作；对下属的赞美，能赢得下属的忠诚，换得他们的工作热情和创造精神；对商业伙伴的赞美，能赢得更多的合作机会，赚得更多的钱；对妻子或丈夫的赞美，使夫妻更加恩爱；对朋友的赞美，能赢得崇高的友谊。

4. 赞美是把肯定和敬重献给别人，但是多数人只把目光倾注在自己身上，常常忽视别人的需要。男人与男人之间，女人与女人之间，由于相似点很多，就很难欣赏对方的优点，同行之间也是这样，不是说“同行是冤家，隔行如隔山”吗？再有，有的人不分场合，不能把握时机，都会使赞美变得很难。

5. 要赞美他引以为荣的事情。在一个人的人生道路之上，有无数让他引以为豪的事情。真诚地赞美这些事情，可以使你更好地与人相处，可以使他人容易接受你的建议，可以使他人感到幸福。对于一位老师，最希望别人称赞他教过的学生；对于一位默默无闻的母亲，你可以称赞她很有出息的孩子；对于一位老人，你可以赞颂他一生事业的成功之处。

6. 善于从小事赞美别人，不仅可以给人惊喜，而且可以树立你明察秋毫、体贴入微的形象。一位服装店的员工发现新上架的衣服有做工问题，及时把它移走。值班经理赞扬他为公司着想，决定给他加奖金。这位职员受宠若惊，到处称赞那位经理眼快心细，自己的工作很有价值。记住别人的闪光之处，哪怕微乎其微，经过你无“微”不至的赞美，小事就不小，其意义自然而然明显出来，对方就会有快乐的感觉。

二、学会幽默

1. 幽默的魅力

有人这样说：“没有幽默感的语言是一篇公文，没有幽默感的人是一尊雕像，没有幽默的家庭是一家旅店，而没有幽默感的社会是不可想象的。”生活中或社交场合，我们都喜欢幽默，因为其中蕴涵着无穷的力量。

幽默的人，首先他是一位热爱生活的人，他有智慧、有能力，并且很有气质和教养，对自身充满了无限的信心。在社会生活中，也许我们面对别人的飞黄腾达，感受到很大的精神压力；也许我们终日忧虑自己的年龄与外表，慨叹青春不再。而幽默的力量，可以让我们消除烦恼，解除紧张，无论是来自工作、年龄或金钱的烦恼。

在现代人际交往中，幽默感越来越重要，甚至被誉为“没有国籍的亲善大使”。无论你从事什么职业，幽默都能使你顺利地度过困难的处境，在社交场合建立起和谐的人际关系，使你成为一个能克服障碍、乐观的、能得到别人喜欢和信任的人。

2. 幽默的方法

我们都喜欢幽默的人，但并不是每个人都会使用幽默。相反，许多人认为幽默是上帝赋予的先天禀赋，后天无法获得。其实，幽默是可以后天获得的。

对生活丧失信心的人不可能再运用幽默的资源，整天垂头丧气的人也无法体会幽默的妙用。因此，能够幽默的人首先应该充满对生活的期望和热爱，自信地对己对人，即使身处逆境，也是快乐的。

幽默是可以学习的，因此为了开发自己的幽默资源，就必须先进行“投资”。多读些民间笑话、讽刺小说，多看一些喜剧，多听几段相声，

随时随地收集幽默笑话。你可以将幽默、有趣的文章剪贴，并加以分类归档。

幽默来源于两个世界，一个是你真诚的内心世界，一个是生活中周围的客观世界。当你用智慧把两个世界统一起来，并有足够的技巧和创造性的新意去表现你的幽默力量，你就会发现自己置身于趣味的世界中，人际关系也由此会顺畅起来，离成功也就不远了。

三、学会补救失言

在正式的交际场合发生口误导致失言，这是令每一个人都感到尴尬的事。失言不但可能引起误会和不快，还有可能被对方抓住把柄，丧失在交际中的主动地位。其实，失言虽然不可避免，但是也并没有想象的那么可怕，只要积累经验、掌握技巧，就能够在一定程度上挽回失言所带来的不好影响，甚至会产生出乎意料的特殊效果。为了使自己的错误能够及时得以补救、创造良好的人际关系和心境，最要紧的是掌握必要的纠错方法。

1. 借题发挥与自我解嘲

错话一经出口，在简单的致歉之后转移话题，有意借着错处加以发挥，以幽默风趣、机智灵活的话语改变场上的气氛，使听者随之进入新的情境中去。借题发挥，妙在一个“借”字，重在一个“发挥”上。借什么样的“题”如何发挥，这是关键所在。很显然，它并不是不动声色地续接错处，而是有意渲染和凸显错处，借机大做文章，为自己的错话寻找最佳的解释。

2. 曲意翻新与表白恭维

将一些现成的诗句、成语、俗语、歇后语、名言等有意曲解，翻出新意，以掩饰自己言语中的某些疏漏。在这种情况下，说错者不仅容易取得对方的谅解，而且会因幽默诙谐、机智风趣博得对方的好感。实际生活中，这种曲解翻新的情况还是较为常见的。这样既显得俏皮，又见出修养。但在曲解翻新时，切忌庸俗浅薄，也忌冗长拖沓，更不可“掉书袋”。

说错话之后，巧妙地通过恭维对方以达到自我解困的目的。俗话说“良言一句三冬暖，恶语伤人六月寒”。任何人都会反感恶语而绝不会拒绝赞美。适度的恭维既会令对方心生暖意，又会令自己摆脱语误的困境，何乐而不为呢？

3. 及时改口与转移话题

有时应对刚刚说出口的错话及时地改口。这种将说错的话加以掩饰的方法，在一定程度上起到了避免当面丢丑的作用，不失为补救失言的有效手段。只是，这里需要的是发现及时、改口巧妙的语言技巧，否则要想化解难堪也是困难的。

根据自己所说错的话的意思，将与此有关或无关的人或事物牵扯进去，以此来转移别人对自己失言的关注视线，减轻或淡化自己失言的严重性。

4. 顺势反驳与巧妙复位

在交际中发表言论时，如不慎发生口误把意思讲反或讲偏，就会直接影响我们真正本意的表达，使下文无法继续。此时，我们可迅速调整自己的情绪和立场，坚决果断地把讲错的意思推向自己的对立面，把它作为靶子加以批驳。这样做，不仅使错误得以纠正，使正确的意思得到重申的机会，而且还临时为自己的论点添加了一个论据，增强了论证的力量。

对于在数量、级别等方面发生的口误，可采用一增一减、一升一降的“复位法”，以巧妙诙谐的方式自圆其说。在数量、级别等方面发生口误是非常常见的失言形式，采用“复位法”是应付这一类失言较为有效的方法。

5. 谐音转换与半句道歉

即指汉语字、词的同音异义或同音多义现象，将“失言”中的关键字词替代、转换一下，变成另外一种意思。这是一种最便捷的补救失言方法。

“犹抱琵琶半遮面”之所以具有美感，是因为被琵琶遮掩的一半不为人所见，反倒给人留下了说不尽的朦胧与含蓄。同样，道歉的话也不必完全说出来，话留半句也会令自己摆脱难堪的窘境。用这种方式时，要切忌轻描淡写，切忌眼神游离，要显得真诚恳切，语言尽量迟缓，像

“对不起”这样道歉的话要语气稍重些，这样很容易冲淡那种浓浓的火药味，进而显出自己的诚意来。如果对方是老友，自然不忍见你那副面红耳赤、欲语还休的“尊容”，会很大度地一挥手：“算了！”如果对方是新相识，那也很容易因这残缺不全的半句话对你留下好印象，诸如老实、木讷、坦诚等。对一个如此老实的人，谁还会因为一句无关紧要的错话而计较前嫌呢！事实证明，在某些情况下，吞吞吐吐、话留半句的道歉与真诚坦率和盘托出的道歉一样，是一种切实有效的补救失言辞令。其巧妙就妙在一句“对不起”足以把你方才说的错话全部掩盖起来。同时，也会在一定程度上迅速地完成补救使命、摆脱失言带来的尴尬氛围，挽回面子。

6. 原话重复与将错就错

有时，一些莫名其妙的口误确实很难采用某种技巧来加以补救，这时还有一个最简单、最诚实的办法，那就是撇开口误，重说一遍。这样做虽然不一定有最好的效果，但这是没有选择的选择，况且修正了错误是首要的，而且对方见你态度诚恳，也会很容易理解和原谅你的。

将错就错就是在错话说出口之后，能巧妙地将错话衔接下去，最后达到纠错的目的。其高妙之处在于，能够不动声色地改变说话的情境，使听者不由自主地转移原先的思路，不自觉地顺着说话者的思维而思维，随着说话者的话语而调动情感。

四、学会拜访辞令

1. 如何说进门语

(1) 到了亲友家门口，要先轻轻地敲门，或者短促地按一下门铃。即使门开着，也应很有礼貌地问一声“×× 在家吗”或者“房间里有人吗”，不要贸然闯入。

(2) 同主人见面后，要立即打招呼，然后再跟着主人进房。

(3) 如果你是初访者，一般可以用这样的话打招呼：“啊！一直想来拜访，今天如愿以偿了！”“初次登门，就劳您久等，真不好意思！”关系比较密切的，可以随便一点说：“哦，原来你就住在这儿！”

(4) 如果你是重访者，打招呼就不必多礼，一般只需简单地说一句“好久没来看你了”即可，或者说“我们又见面了，我上次来，是一个月以前吧”，关系密切的，开个玩笑，也不乏幽默感：“我又来了，不讨厌吧？”

(5) 回访大多出于礼仪或答谢，打招呼时要考虑这个特点。通常你可以这样说：“上次劳您跑了一趟，我今天登门拜谢来了。”“你上次刚走，我就想，无论如何要到府上再谢谢您！”

(6) 礼仪性访晤大多与唁慰、祝贺、酬谢等有关，进门语每每要同有关的唁慰、祝贺、酬谢的内容联系起来，如说：“一直没有机会登门，今天给您拜年来啦”（初访），或者“好久不见，借你走马上任的东风，给老朋友贺喜了”（重访），“上次家父过世，劳您大远赶来，叫我一直于心不安”（回访）。

(7) 如果你去做事务性访晤，进门语就要从本次访晤目的上多考虑一点。如：“小方，无事不登三宝殿，求您帮忙来了！”或者：“小周，你要我办的事，有眉目了。”但初访一般不宜如此“开门见山”，进门语应多注重礼节，“己求人”或“人求己”的话语既不必过于谦恭，亦不可傲慢无礼。

(8) 随意性访晤一般无拘无束，双方关系又比较密切，所以进门语可有可无，想说什么就说什么。需要考虑的一点是，要讲的话在门外说好，还是进屋说好。

(9) 作为受访者，主人对访晤者的进门语，要热情地答应，或表示慰问、感谢。譬如，您可以说下面一类话：“我也一直想在家里同您聊聊，快请进！”“我也懒，好久没上你那儿去。”

(10) 如万不得已，做了不速之客，一见面就要说：“真抱歉，没打招

呼就跑来了。”

2. 如何说寒暄语

寒暄是人际交往中双方见面时叙谈家常的应酬语言，它有助于互相了解，应当体现出对他人的真诚的关切，不应是虚情假意的客套。一位人类学家说："寒暄是人际交往的起点。”这足以说明寒暄在人际交往中的重要作用。在交际中，正确地运用寒暄，必须遵循以诚相待、礼貌周到的基本原则。访晤中，双方坐定以后的寒暄语，要注意以下几个问题：

(1) 自然引出话题。寒暄的内容常为天气冷暖、工作忙闲、学习好坏、身体健恙、朋友过从、亲属今昔等。但是，寒暄时具体谈什么，要有所选择。访晤双方都要善于从贴近处挑选双方均有兴趣或均有鲜明感受的话题。譬如，天气特别冷，你可从低温谈起；对方近日获奖，你可从工作、学习谈起；身体有病，则从强身保健谈起……总之，话题须出于自然，包括墙上挂历、耳畔音乐等，都可引起寒暄语。

(2) 建立认同心理。所谓“建立认同心理”，就是双方要寻找共同话语，以求得心理上的接近趋向。这样，寒暄对整个访晤活动，就起到了桥梁的作用。

(3) 创造和谐气氛。创造和谐气氛，是寒暄的目的。访晤，如果缺乏一个和谐的气氛，就不是一次成功的访晤，甚至可以说失去了其应有的价值。所以，寒暄时，双方的语言要诚恳，而不可令人作呕；要坦率，而不可吞吞吐吐；要自然，而不可卖弄做作。特别是，要由衷地关注对方的苦乐，急人所急，爱人所爱，并以相应的语言表达自己的真情感受。这样，才有可能创造出越来越投机的和谐气氛。

寒暄辞令主要有以下几种形式：

(1) 询问式。在大多数场合，一句“你（您）好”，是最简单而实用的问候式寒暄，如果觉得一句“你（您）好”过于一般化，就可以从对方的年龄、职业、家庭等角度出发，把问候式寒暄讲得具体一些。如果你和问候的对象是比较亲密的同学、朋友、同事、家人等，那么寒暄的内容就更丰富了。此时如果能根据具体的人和事进行有针对性的问候，对于密切双方关系、增进彼此友情都能起到良好的作用。

(2) 夸赞式。抓住对方即时即地的“闪光点”，盛赞对方。

(3) 描述式。所谓描述式寒暄，是指针对具体的交际场景而发出的寒暄。对方正在做什么事、刚完成什么事或即将做什么事，都可以成为描述式寒暄的内容。

(4) 感受式。对周围环境中不同寻常的地方，发表自己的感受和看法。

3. 如何说晤谈语

晤谈，同一般交谈没有什么大的区别。由于现代家庭小型化，所以除了集体访晤，晤谈往往成为二三人之间的谈心，随意性访晤尤其如此。但是，如果访晤地点为受访者的家庭，你作为拜访者就要“嘴下留神”。凡是受访者不希望在家人面前交谈的内容，尤其是可能令受访者尴尬、不快的话，或令受访者家人担忧、生疑的话，注意音量，或者在主人送客时单独说。你如果有求于人，在双方寒暄时要尽量将话题引到与所求之事相近的话头上去。这样，顺水推舟，就可以相当自然地提出请求。假如双方关系密切，求人犹如求己，又当另作他论。因为在你们之间，常常不需要寒暄。或者说，这种情况下的寒暄与晤谈语，常常是合二为一的。当然，也不可因关系密切，言谈肆无忌惮，不顾效果。

至于礼仪性访晤，虽然访晤目的明确，但晤谈时的话题却往往如游龙飞鸟，不知东西。不过，你还要尽量“扣题”，即同本次访晤的目的扣得紧一些，不要给受访者造成一种不佳印象，好像拜访者的来访完全出于敷衍。

4. 如何说辞别语

辞别语，一要同进门语相照应；二要表示感谢，请主人“留步”；三要考虑邀请对方来自己家做客。譬如，你可以说：“今天初次拜访，十分感谢您为我们花了这么多时间！”“送客千里,终有一别,还是请回吧！”“老同学，我走了，你什么时候到我家坐坐！”这里，需要注意的是，邀请对方不可勉强，不可含有责怪对方不来拜访自己的意思，像“我一直到你这儿来，你什么时候来我家”这类的话，非知己不可说，免得给人“来得冤枉”的印象。

假如是事务性访晤，辞别时，你不妨再有意点一下：“这件事就拜托你了，非常感谢！”礼仪性访问，则不要忘记再次表示唁慰、祝贺或谢忱。如:“再见了，祝你在高校中展翅高飞！”至于主人，也要感谢来客的访晤，诚恳邀请客人下次再来。

五、学会聆听

交谈是一种双向的行为。无论是哪一种交谈,都离不开“说”与“听”的配合。注意听别人的谈话是建立良好人际关系的秘诀。在同他人进行交谈时,应时刻不忘克己敬人,在礼仪上尽量做得中规中矩,需要自己“说”时是如此，需要自己“听”时也是如此。那么，怎样才能学会聆听呢？

1. 当与别人谈话时，应目视对方，全神贯注。还可以通过点头、微笑及其他体态语言的运用,使对方感觉到这一点。对外界造成的种种干扰,要尽量做到视而不见、听而不闻。主观上产生的心理干扰，也要尽量控制。一个出色的聆听者，本身即具有一种强大的感染力，能够引起对方的谈话兴趣。

2. 倾听不是毫无反应地傻听，而应随着谈话者情感和思路的变化而呼应配合：当对方讲到精彩处时，可以击掌响应；当对方讲到幽默处时，可以以笑回之；当对方讲到紧张处时，要避免弄出声响；当交谈者所表达的观点与自己的观点一致时，还可以轻轻点头以示赞同。呼应配合在某种程度上可极大地调动说话人的情绪。在别人说话时要一边听一边点头或随声附和几句，要让对方觉得你在认真地听他说话，这是“会听”的一个秘诀。每个说话的人都是一边看着听者的表情，一边适时地改变话题或提高声音，让听者理解自己的主张和看法。因此，如果表现出认真听的态度和言行，说话的人会有一种心安的感觉。

3. 倾听对方谈话，弄清其意图是很重要的。要善于体味对方的话外之意，要注意听清对方话语的内在含义和主要思想观点，切不可自以为是，以免曲解或误会对方的本意。为使信息接受得更准确，对一些重要意见，最好能得到对方的认可，比如“你的意思是说……”“我理解你的意思是……”如果符合对方的意图，便会得到首肯；如果不符，对方会给你解释。如此，还会给对方留下一种你听得很认真的印象。

交谈中的语言礼仪

一、交谈中提问的礼仪

问，在交际活动中处于主动地位。一个“问”提出来，就决定了对方说不说、说什么、怎么说；也决定了双方的交谈程序和交际气氛。所以“问”具有一种控制能力，提问艺术也包括了这种控制技巧。

1. 控制谈话气氛

两人问答时，气氛是紧张还是融洽，对交际效果很有影响。交际气氛可由提问的问题和方式来控制。

2. 控制由提问到表达的过程

有时人们提问不是要对方解疑，而是要对方听自己表达。这就有个由自己提问到自己表达的转变过程。有两种方法可控制这个过程。一是诱导提问法，即用一个问句诱导对方说出自己要他说的话，然后接过话头，表达自己要表达的意思。另外一种是步步设问法，即不立刻说出自己的观点，而是连续设问，让对方顺着自己的思路做出肯定的答复，最后服从自己的思想。

3. 问话的选择

问什么，怎么问，话题的选择是一大关键。要使对方乐于答话，应选他擅长的来说，提问也是如此。

4. 词语的选择

如饮食店的服务员问顾客："您今天要些什么？"而不问："您要些什么？"加个"今天"，好像把顾客看成了老主顾，使顾客心里热乎乎的。

5. 句式的选择

问句按句式分为是非问、选择问、一般问、特殊问等类，这就有个选择问题。如有家咖啡店卖的可可里加鸡蛋，售货员就常问顾客："要加鸡蛋吗？"后来在一位人际关系专家的建议下改问："要加一个鸡蛋，还是加两个鸡蛋？"结果销售额大增。

二、交谈中打圆场的礼仪

打圆场，是指交际双方因为某种原因产生误解、不快、尴尬或即将引发不必要的争端时，第三者及时适宜地出面，把此事向好的、吉祥的、有利的、愉快的方面加以解释，以促进人际关系的和谐，把双方的矛盾"扼杀"在"摇篮"中的一种方法。

在交际活动中，由于交际双方彼此缺乏了解以及种种突发事件的影响，往往会导致尴尬或僵持场面的出现，这个时候如果没有人站出来打圆场，那么就很可能引起一方或双方的不快，干扰事情的正常推进，甚至影响到彼此的关系和友情。由此可见，在交际中把握对方的心理，审时度势，然后凭借恰到好处的解说来化解尴尬与僵局，这确实是一项值得重视的能力。

1. 制造幽默的气氛

在现实生活中，过于严肃和枯燥的东西往往不易为人接受，所以人们会想方设法把它变得灵活些、有趣些。在交际场合也是一样，如果某个较为严肃、敏感的问题搞得交际的双方都很尴尬，甚至于阻碍了正常交际的顺利进行时，我们同样可以通过幽默的解说将其诙谐化，利用它把原来被搞僵的场面激活，使交际活动得以顺利推进。

2. 强调事件的合理性

人们之所以在交际活动中陷入窘境，常常是因为在特定的场合做出了不合时宜、不合情理或有辱身份的举动，而旁人又往往不便直接指出这种举动的不合理性，于是进一步导致了整个局面的尴尬或僵持。在此情形下，最行之有效的打圆场方法莫过于找一个视角或借口，以合情合

理的依据来证明对方的举动在此时是正面的、无可厚非的。这样一来，个人的尴尬解除了，正常的局面也得以继续下去了。

3. 肯定各方的价值

当交际的各方因彼此不能满足对方的条件而争执不休时，作为调解者应理解争执各方此时的心理和心情，不要轻率地厚此薄彼，以免加深各方的不满情绪。正确的做法是只强调各方的差异（而非优劣），并对各自的优势和价值予以肯定，以此来在一定程度上满足他们的自我实现心理。

4. 把事件加以善意的曲解

在交际活动中，交际的双方或局外人由于彼此不甚了解，常常会做出一些让对方迷惑不解的举动，导致尴尬、紧张场面的出现。为了缓解此种局面我们可以采用故意曲解的策略，假装不明白尴尬举动的真实含义，而给出有利于局势好转的理解，进而一步步将局面朝有利的方向引导过去。

三、交谈中传达不幸的礼仪

我们在把不幸消息通知当事人时，应该讲究方式方法，尽可能地减轻或缓解对他们的刺激，避免发生不必要的麻烦。对许多人来说，负责传达不幸的消息可是一件困难的差事。在不幸的事实已经无法改变的前提之下，怎样采用委婉的表述方法减轻不幸消息的打击强度、帮助对方增强承受能力，这是许多人关心的问题。所以，学会和把握传达不幸的辞令就显得极为重要了。

1. 直言相告

对于那些性格刚强、有地位的人，如果他的亲属遇到不幸需要通知时，就可以直接说明，或以委婉语言说明，一般情况下他们是能顶得住的。

2. 委婉暗示

飞来之祸造成了不幸，而他们的亲属又承受力弱，或神经脆弱，或年迈多病，如果直言相告，就可能出问题，这时最好使用委婉方式传达不幸消息。要注意避免使用刺激性很强的词，可以用同义词替代词汇，

比如“他走了”、“他出远门了”、“我们没有留住他”等，把不幸消息传递过去，让对方意会，并承受这一不幸的事实。

3. 渐次渗透

当估计到不幸消息对于当事人可能造成致命打击的时候，就不宜一次性地通知对方，可以采取渐次渗透的方法，一次比一次多地把坏消息透露出去，在这样一个过程中使之增强承受力，当最后把实情说出时，对方就不会感到突然了。

4. 隐瞒自悟

对于神经十分脆弱、已经经不起刺激的人，对他们传达不幸消息还可以采取长时间回避真情的方式，让他们在时间的消磨中，习惯于失去这个亲人的生活，自己渐渐地悟出真相，以避免不幸的发生。

5. 蓄势导泄

蓄势，是指在通知不幸前让对方事先积累一定的情绪，有一定的心理铺垫；导泄，就是在告知不幸以后，用最通情达理的语言把不幸家属的悲痛之情引导释放出来。这种方法一般适用于领导者向下属传达不幸。

四、交谈中安慰他人的礼仪

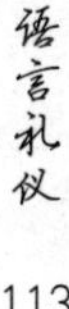

人生在世，免不了要遭遇挫折、失败和不幸。这时候，人最需要的

就是同情与安慰。恰到好处、适时适地的安慰话，无疑会成为抚平受创者心灵的一剂良药。

1. 宽慰之言

共同的话题是灵犀相通的纽带。安慰别人时，如果能把自己曾经的或类似的遭遇也摆进去，就容易产生同气相求、同声相应的效应了。这比就事论事、纯粹的同情好得多。

2. 互慰之言

类似的遭遇不是人人都有的，除此之外，必要时点明相互间唇齿相依、患难与共的特殊关系，表达出一种同舟共济的愿望，也能收到相互慰勉的作用。

3. 慰藉之言

心理学上有“言语暗示法”之说，认为如果一个人被别人视作病人，在这一看法的“暗示”下，他有可能真害上病。如果据此方法，在安慰别人时，能给予对方心灵补偿的话，就有可能促使情形向好的方向转化。

4. 醒慰之言

对于一个在伤痛泥潭中陷得很深的人来说，一般安慰未必奏效。这时，如果触及利害，大喝一声，促其从伤痛中翻然醒悟，也可以收到安慰之效。

5. 谑慰之言

如果以为安慰只是一本正经地表达某种同情的话，那就片面了。事实上，有时候安慰也可以是一种一笑了之的诙谐之语、戏谑之言。正如人们所知，幽默是一剂良药，它能够春风化雨似的解除对方心灵上的阴翳。

6. 勉慰之言

如果在安慰别人时，既能使对方平静下来，又能使之产生克服困难的勇气、产生希望，那便达到安慰的最佳境界了。

五、交谈中应答的礼仪

日常生活的交谈中有问就应有答，提问者所提的问题，对应答者的回答设置了一定的约束。而许多提问者正是想利用提问的约束，使谈话限定在对己有利的境地。应答者如何应对，才能摆脱制约、后发制人呢？

1. 冲破框框说本意

提问者常常有意无意地设置了无形的框框，如果顺着他设置的情况去思考问题，就落入了圈套。巧妙的应答就是要冲破给你设置的思维框框，照直表白自己的原意。比如卖东西的不问你："买不买？"而说："买几斤？"置你于"买"的境地，如果顺着他的思想应答，就考虑买多少。所以，你的思维要冲破框框，从本意出发思考问题的答案。

2. 避重就轻化解锋芒

有时提问者的目的，不在于问题的解答，而是另有意图。这时要避开那些具体、尖刻的实质性内容，淡化问题、化具体为抽象、化准确为模糊，看似对问题缺乏理解，实则避其锋芒。

3. 避实就虚答非所问

回答时故意避开提问者问题的"本意"而从问题"字面"含义的另

一个角度去回答提问者。某公司新闻发布会结束后，一位记者拉住经理问："为什么今晚要去鲁风宾馆呢？"经理随口答应："今晚不去，难道后半夜去吗？"问者问的是去的缘由，问有什么重要活动，但经理故意从另一个角度应答提问者，实际上是答非所问。对一些不好回答或不便透露的问题，以轻松的口气这样回答，既充满了诙谐、幽默的情趣，又不使别人感到难堪。

六、交谈中请求的礼仪

在日常生活和工作中，我们常常会有求于人，或求人办事，或求人给自己提供方便、机会等。人们不难发现，同样的请求内容，向同一个人请求，用不同的方法表述出来，所得到的结果常常会不一样。那么，如何开口才能取得好的效果呢？

首先，要做到诚恳、礼貌、不强加于人。所谓诚恳是指要让被请求者感觉你是发自内心地求助于他，从而重视你的请求。这是求人成功的先决条件。所谓礼貌是指应当尽量选用被请求者乐意接受的称呼。问路时，称对方为"老头"、"小孩子"等就不合适，若改用"老人家"、"小朋友"等，效果会截然不同。不强加于人是指不用命令、祈使的语气，而多用委婉、征询的口气，例如，尽可能地使用"麻烦……"、"劳驾……"、"可以……吗"这类句式。总之，要让对方感觉到你是在真心地请求他，既不是心不在焉，又不是要挟他，这样，求人成功就有了可靠的基础。

其次，对于比较重大或重要的事，把对人的请求融入动情的叙述中，使对方不忍无动于衷。或是予以"互利"的承诺，主要是指求人时向对方表示，愿意给予对方某种回报或将牢记对方所提供的好处。这种回报可以是物质的，也可以是精神的；可以是现时的，也可以是将来的。或是找些合适的"桥梁"，比如共同熟悉的某个人，有某种共同的兴趣、某种共同经历，取得感情共鸣，由此过渡到所请求的事项。

七、交谈中插话的礼仪

在一定的社交场合，要想对他人施加影响，提高自己的影响力，必须能以适当的方式接上他人的话茬，参与到他人谈论的话题中去，发表自己的观点。要想使你的插话不被讨厌，而被欢迎，需把握以下几点：

1. 适时发言

发言要善于见缝插针，首先要抓住交谈节拍。抓住节拍，插话就显得协调、合拍，就等于驾驭了交谈局面。其次要把握时机，插话不是争话，压住别人的话头硬发表“高见”，这样会令人反感。因此要等别人把话说完，在交谈的空隙处及时发话。同时要注意，当交谈进入你最熟悉最有真知灼见的内容时，千万不要失去机会，说就要说得别人心服口服，无关紧要的话不说也罢。

2. 恰当自然

交谈是多边的交流活动，作为谈话中的一员，谈话内容应服从于统一话题，不能岔开话题，兀自弹琴。插话可以从前面的谈话中抓住一点作为源头，将别人的话做一小结，然后发表己见，把话题推向实质性阶段。

3. 以商谈的口气

插话应以交换意见的语气进行，谈自己的认识还是多用些“我以为”、“我觉得”较好，可以增加交谈的探讨气氛，盛气凌人的气势只会把交谈推向争论。

4. 观点独到新颖

插话应根据交谈的特定语境，选择独特角度，发表独到见解，力求给人耳目一新的感觉。此言一出，大家听得入迷，能激起大家的谈兴，并把话题引向纵深，才能给人以深刻的印象。老调重谈、人云亦云很难吸引别人。

八、交谈中表达不满的礼仪

在日常生活、工作和社会交往中，人们总会遇到一些不合理的要求，一些不妥当的行为也令人不满。这种不满如能巧妙地表达出来，既能表明自己的态度，又能使对方有所领悟；若处理不好，就会破坏和谐的人际关系。

1. 幽默提醒

幽默是人际关系的润滑剂，有时利用幽默表达对对方的不满，是一种比较好的方法。有一则小幽默：一位爱挑剔的女士点了一份煎鸡蛋：“蛋白全熟，蛋黄要全生，还必须能流动。油不要多，盐要少放，加点胡椒。还有，一定要是一个乡下快活的母鸡生的新鲜蛋。”“请问一下，”侍者温柔地说，“是否必须在大医院产房里生的？”这里的侍者就采用了幽默的方法表达了对那位女士的不满。

2. 委婉点拨

即不直言相告，而是从侧面委婉地“点拨”对方，使其明白别人的不满，打消对方不当的念头。某单位的一个青年对一个同事说：“小李太顽固了，这种事何必这么认真，他对你这样太过分了……”这位同事听了很反感，说：“咱们俩都是君子，对别人的是非咱不背后评论，你说对吧？”这样当面表达不满就比较委婉。

3. 直言相告

即开门见山地指出对方言行的不当，直截了当地表达自己的不满。一般说来，这种方式过于直露，对双方关系的“影响力”比较大，应谨慎使用，且要注意对象。对于性格比较外向，或很不知趣的人，不妨可以用一用。

九、交谈中批评的礼仪

批评往往使对方产生一种对立情绪，降低了其作用。为了使批评之言贴切中听，我们有必要予批评以包装，使之达到春风化雨、润物无声的效果。没有人喜欢受到批评，涵养再高的人在内心里也是讨厌被批评的。正因为如此，如果批评的方式不得当的话，就很容易给双方的关系和工作带来消极的影响。真正做到恰到好处地批评无疑是一门学问，这要求批评者主要注意以下几点：一是拉近双方的心理距离，营造坦诚相见的良好气氛；二是批评的方式应尽量含蓄，不要直接揭露别人的疮疤，戳到别人的痛处；三是批评中应包含更多的肯定和鼓励，不要让对方感到自己一无是处；四是以身作则是最好的选择。

1. 自我批评法

在批评他人之前先谈一谈自己从前做过的类似的错事，一方面可以

为对方提供活生生的例证，让他从这例证中认识到犯错的严重后果；另一方面也可以带给对方一定程度的认同感，拉近彼此的心理距离，营造出心胸开阔、坦诚相见的良好的批评氛围，从而使对方更容易接受。

2. 表扬批评法

批评需要营造适宜的氛围，在冷冰冰的气氛里很难收到良好的批评效果。如果在批评之前先表示对对方某一长处的赞赏，肯定对方的价值，满足其某种心理需要，那么就能够制造出较好的气氛：一方面削弱批评本身让人难以接受的程度，另一方面也使被批评者不致产生逆反心理。

3. 委婉批评法

有时候，碍于所处的场合或评价对象的面子，批评者虽然胸怀块垒，不吐不快，但却不便以过于直露的方式进行表白。这时候，批评者可以不明确表明自己的态度，只把自己的表白作为个人感受的抒发，而将批评之意蕴藏在貌似中性的表白之中，既不破坏特定场合的气氛又能够使批评对象领会其批评的意图，并引起所有在场者的思考。

4. 鼓励批评法

一个人犯了错误受到批评，对当事人而言既是一段痛苦的经历，又是对信心的一次打击，很容易使他对错误耿耿于怀，对个人的能力产生怀疑。我们在批评犯错误者时，主要目的当然是指出错误令其改正，但同时注意不要挫伤对方的自信心和积极性；相反，我们在批评时还应恰到好处地指出对方的潜在优势，以此调动他的自信心和积极性，使其以积极的心态修正错误，继续前进。

5. 建议批评法

“意见”和“建议”两词的区别就在于前者是否定性的，而后者是建设性的。相形之下，人们更容易接受建议而不是意见。建议性的批评可以削弱批评中的否定因素，营造出良好的解决问题、改进工作的气氛。在这样的气氛中，被批评者既没有从批评中感受到太多不快，又自然地放弃了原先不正确的做法。

6. 幽默批评法

在批评中可以引入幽默，但如果把握不好往往会使批评掺杂上讽刺的意味，招人反感。但是，幽默并非只是与讽刺结缘，只要运用恰当，就一样能够用之于批评，并收到意想不到的效果。

7. 暗示批评法

当事人犯了错误，就像长出疮疤的病人，最忌讳别人津津乐道他的病处。批评者过多地纠缠于错误本身及其后果只会让他厌烦痛苦，丧失信心，甚至于怀着破罐子破摔的心态进行顶撞。既然错误已经发生，倒不如既往不咎，引导犯错者着眼未来，为做好明天的事情而吸取教训，细心准备。可以用潜台词指出对方的错误。许多人之所以做出错误的行动，并不是因为他不懂得这行动本身的违法、违规和不道德性，而是因为一时被种种不良的念头所驱使，导致自己做出了在理性状态下不太可能做出的错事。遇到这种情况时，批评者往往没有必要再去重申那人人皆知的大道理，只需采用含蓄的方式，暗示对方正在忽略最为基本的道德尺

度和法律法规，使之从贪婪的念头中惊醒过来，从而自觉地放弃错误的行动。

8. 联想批评法

在发现对方的某种错误之后，巧妙借助这种错误行为与某种物体的联系，用一个动作和拟人手法的有机结合带出批评的含义，寓批评于某种动作或意味深长的话语之中，促使人深思、自责。这种方法特别适用于那些天真幼稚、年龄较小的孩子。

十、交谈中表达不同意见的礼仪

如果我们与人交谈，对他人的每一句话都随声附和，不说一个“不”字，久而久之，不免会被人认为是滑头。那种到处随声附和而无主见者，也是没有人看得起的。

那么，怎样才能恳切地表达自己的意见而又不得罪人呢？

首先，我们应该明白，得罪人的不一定是我们的意见本身，而可能是我们对别人提出意见时的态度。如果我们细心地观察社会和人生，就会发现，只要我们的方法得体，尽管意见相左，也不会得罪他人，而且还可能大受欢迎，使人有“与君一席谈，胜读十年书”之感。相反，如果我们在表示不同意见时，把自己的意见视作绝对正确的，而把别人的意见视为愚蠢幼稚、荒诞无稽的，那就会严重伤害别人。

其次，我们在表达自己的意见的时候，要承认自己的意见也可能有错。我们不能强迫别人立刻接受和相信我们的意见，而要允许别人考虑我们的意见。若要别人也像我们自己一样相信我们的意见，我们就必须给对方充分的论据，使之有足够的理由相信我们的意见，既不盲从，也不武断。

再次，我们还要表示愿意考虑别人和我们不同的意见，请对方提出更多的说明、解释和证明。假使别人能够使我们相信他的意见，那我们就应表示立即抛弃自己原来的看法。这样，一方面老老实实地说出自己真正的看法，一方面又诚诚恳恳地尊重别人的思考能力，才是最理想的表达不同意见的方式。

不同的意见和观点往往是建立在否定他人意见之上的，如果方法不巧妙，很可能会使人处于尴尬境地，甚至得罪了人。这里介绍几种提出

不同意见的方法。

1. 两分法　用辩证的观点先肯定对方的意见有合理的因素，再提出自己的不同意见。比如“你刚才提出的意见有一定的道理，是一种办法，但我以为还是……更好”。接着，具体说明理由。这样可避免使人难堪。

2. 商量法　尽量用商讨或询问的口吻，不用命令或过于绝对的语气。比如：“你的意见是这样，我觉得是不是可以那样？说不定那样更好，你再想想。”或者“我们能不能换一个角度来考虑？你看那样行不行？”先商量，当对方仍坚持己见时，你再用坚定的语气也不迟。

3. 析弊法　肯定对方的观点是一个方法，然后由其推导出可能产生的不良后果，在此基础上，再提出自己的意见。当然分析对方意见的弊端要实事求是，有理有据。

4. 借助法　有时，自己直接说出不同意见比较为难，譬如面对的是老师、长辈或上级。可借助同类型的，对方也熟悉、或已明确了的事例来替代自己的意见，也即用事实说话。

十一、交谈中拒绝的礼仪

在社交活动中，常会发生这样的情况：当别人有求于你，而你出于各种原因，不能接受，又不好直说“不行”、“办不到”，怕伤害对方的自

尊心；当对方提出一些看法，你不同意，既不想讲违心之言，又不好直接顶撞对方；当你看不惯对方的行为，既想表露内心的真实想法，又不愿表达得太直露，以免刺激对方。为很好地应付上述各种情况，你就要学会拒绝，根据不同的情境巧妙地说“不”，让“不”有一副可亲的面孔。拒绝要讲究方法，主要有几下几种：

1. 使用敬语，扩大心理距离

大家都有这种体会：如果熟人、朋友在你面前客客气气、说话彬彬有礼，张口敬语闭口谦语，就会觉得双方的心理距离被一下子拉大了，从而产生一种陌生感。如果想拒绝别人，就多用敬语，这样既能表现出对对方的格外尊重，又能在对方的心理上产生一种“可敬不可近”的“距离”效应，使对方不好意思将要求和意愿提出来。这种方法对交往不太深的朋友比较适用。

2. 说明原因，取得理解

拒绝对方，往往总是有原因的，这些原因对方未必都清楚，在拒绝对方的同时，不妨将拒绝的理由及自己的难处一并陈述给对方，只要是真诚的，对方多半能予以理解和谅解。但同时也应主动理解对方，可对方的处境表示同情，也可帮对方想一些其他办法或提一些建议。这样的拒绝不仅不会伤和气，而且有可能促进双方关系的发展。这种方法对交往深或交往浅的人都可适用。

3. 答非所问，转移回避

商务活动比较复杂，有许多问题不便直接表态，必要时可来个答非所问，先行回避一下。比如当遇到某人提出一些棘手的问题或过分的要求时，既不能说“是”，也不好说“不是”，便可采用这种方式，来个“顾左右而言他”，避实就虚，将问题回避开。这种方法对于提出的问题不便作答又不想将关系搞僵的人比较适用。

4. 不说理由

在有些场合对某些人说明拒绝的理由，有可能会节外生枝，事与愿违；为了减少麻烦，可以不说理由。如遇到曾经借钱不还的人又来向你借钱，你就可以明确表态：“实在对不起，我恐怕帮不上您这个忙。”如果他继

续纠缠，就再重复一遍，他就会知难而退。

5. 诱导对方

这是通过巧妙的诱导使对方否认自己的观点，从而达到拒绝的目的。美国前总统罗斯福的做法就很值得仿效，当他被好朋友问及新建潜艇基地的情况时，他就问他的朋友：“你能保密吗？”回答是：“能。”于是，罗斯福笑着说：“我也能。”对方就不好再问了。

6. 妥协应付法

当别人提的要求使你心有余而力不足时，可以妥协应付说“这事不久以后就能解决”之类的话。

十二、闲谈的礼仪

闲谈，就是轻松的谈话或闲聊，具有很强的消闲性质。对于常常精神高度紧张的人士来说，轻松愉快的闲谈，可以松弛神经、解除疲劳，既利于身心健康，又利于放松紧绷的情绪，调整心境。

闲谈的话题包罗万象，但为能引起对方的兴趣和配合，人们一般还是有目的地来选择谈资。通常，闲谈的话题包括以下两类：一是大家都能谈的话题，它具有广泛性，比如文艺、体育、旅游、时尚、习俗等，这类话题谈起来轻松愉快，只要能找到“焦点”，就一定能产生共鸣，收

到较好的闲谈效果；二是闲谈对象感兴趣的话题，它具有针对性，比如专业、特长、爱好等，这是对方所擅长的话题，乐意交谈。要使闲谈在谈话中充分发挥作用，就要根据不同的对象选择不同的话题。一般而言，男士比较关心国际政治和体育，女士比较关心时尚与文艺，年轻人喜欢谈将来，老年人则常常怀旧。关系一般者，可顾及其爱好和兴趣，选择“中性”话题，保持恭敬之心；关系生疏者，可选择问候、寒暄等客套性话题，以缩短心理距离；关系相抵触者，可坦诚相见，以德报之，借闲谈消除误会，增进了解；关系敌对者，不妨主动上前问候，避重就轻地聊上几句，也是有益的。

如果在座的当中有人比较幽默风趣，让你特别想跟他聊天，你还是应当照顾到四周每位宾客，也和他们有一定的聊天时间，特别是酒席上，不要只把头转向一边，而冷落了另一边的宾客。如果出现冷场，就赶快找一位来宾要他谈谈自己，使气氛能一直热闹下去。

闲谈最重要的一点，就是保持轻松愉悦的气氛，让对方想继续聊下去。记住，谈话时如果始终笑容可掬，别人也会更专注。不要引经据典、说太斯文的话，那也许会令对方感到莫名其妙。

但是，闲谈不是胡谈、瞎谈、乱谈。所以在闲谈中，也要善于察言观色，发现话题“触礁”、气氛不对时，应及时调整，使闲谈在人际交往中真正发挥作用。

家庭礼仪

家庭礼仪，指的就是人们在长期的家庭生活中，用以沟通思想、交流信息、联络感情而逐渐形成的约定俗成的行为准则和礼节、仪式的总称。家庭礼仪在现代社会生活中发挥着重要的作用。简单地说，家庭礼仪能调节家庭成员之间的关系，家庭礼仪是维持家庭和谐与实现幸福的基础。

家庭成员礼仪

家庭成员是家庭活动的主体，也是家庭礼仪的具体操作者，其地位相当重要，可以说，家庭礼仪在某种程度上即成员礼仪。成员礼仪主要指成员之间的礼仪规范，如夫妻之间的礼仪、父母子女之间的礼仪、兄弟姐妹之间的礼仪等。

一、夫妻之间的礼仪

1. 夫妻礼仪的六大原则

(1) 互相平等。夫妻平等是我国《婚姻法》所确认的一项基本原则，也是现代伦理道德的基本要求。感情是夫妻关系的基础，平等是夫妻之间维系感情的前提。因此，夫妻间必须平等相待，决不可因为社会地位的不同或经济收入的多少等因素而相互歧视。这既是现代社会的人文精神，又是夫妻感情的基础。

(2) 互相尊重。尊重对方主要是尊重对方的人格、性格、爱好、隐私

及感情需求。在日常的家庭生活中，不能说有损对方自尊的话，不能出现有损对方尊严的举止，如拿自己妻子或丈夫的缺点跟别人的妻子或丈夫的优点比，或经常提及对方的缺点，或为了提高自己而贬低对方等。这些都是伤害对方自尊、有辱他人人格的行为，应予避免。

(3) 相互赞赏。在夫妻关系中，经常地赞美对方，特别是当对方取得了一定的成绩以后，适时地加以由衷的赞美，会令夫妻感情更深一步。另外，现代社会里人际交往日益频繁，在人际交往的过程中，恰当地将自己的配偶的特长、优点介绍给他人，会使自己的配偶产生一种荣誉感和自信心。有人说，聪明的人总是在公开场合赞美配偶的优点，尽管在枕边也严厉地指出配偶的小毛病；愚蠢的人总是在公开场合揭配偶的短处，尽管在枕边对自己的配偶也很满意。

(4) 互相关心。夫妻间的相互关心不仅体现在关心对方的事业、前途等大的问题上，更主要的是体现在日常生活中的细微之处。夫妻间朝夕相处，共同生活，细微之处的关心体贴往往是保持和增进夫妻感情的重要因素。日常生活中的许多看似鸡毛蒜皮的小事，都能表达出对对方的关心：如外出前说声“路上慢走”，“早点回家”；下班或出差归来，说一声“累不累”，“休息一下，喝点水”等都是必要的。

再比如出差归来不空手，外出办事，多日不归，回来时应给家人孩子捎点礼物。礼物不在价值大小，而在于它能表示对家人的关心和重视。特别是丈夫外出，更应注意给妻子买点礼物，因为女性一般比较看重自己在丈夫心目中的地位。而能否给她带来称心的礼物，无疑是一个很重要的衡量标准。满足了妻子的心愿，妻子往往会以加倍的关心和体贴回报丈夫。

此外，夫妻应尽力记住对方的生日和爱好，并在适当的时机，以恰当的方式表达自己的心意，这对加深夫妻感情是十分有益的。

(5) 相互宽容。金无足赤，人无完人，每个人都会有缺点和失误。夫妻长期在一起生活，为了和睦相处，必须对对方的缺点和失误大度一些，不能过分指责和挑剔。

(6) 相互支持。要相互支持、相互帮助，夫妻应共同承担家务事。夫妻在事业上更要相互帮助、相互支持，共同走向人生的辉煌。

2. 一个好丈夫必知的十条礼仪

(1) 一个模范丈夫，会经常主动帮妻子做些家务，特别是重体力劳动。

(2) 要尊重妻子的劳动，用过的东西要随手收拾妥当，不把麻烦留给妻子。

(3) 当妻子兴奋地和你说她认为有趣的事时，要认真倾听，不扫她的兴致。

(4) 跟朋友相聚要选择一般性的日子，节假日要留给妻子，不能在别人家团圆时冷落了妻子。

(5) 记得结婚纪念日、妻子生日以及一些有特殊意义的日子，并且送上一点礼物，表示你的心意。

(6) 如果把朋友带回家吃饭，一定要先告诉妻子，否则会使妻子措手不及。

(7) 如果需晚些回来或临时出门，一定要设法通知妻子。

(8) 女人容易妒忌，你的妻子也不例外，所以最好不要在她面前谈年轻漂亮的姑娘。

(9) 妻子的自尊跟你的面子一样重要，所以要避免当着别人的面指责妻子。

(10) 自己的父母与妻子的父母地位相等，节假日到底去谁家应妥当安排。

3. 一个好妻子必懂的十条礼仪

(1) 丈夫的事业就是自己的事业，要全力相助，与丈夫同甘共苦。如果眼里只有家务和孩子，不关心丈夫的事业，而丈夫又是一个文化层次高的人，那么这桩婚姻就容易产生危机。

(2) 在公共场合不揭丈夫的短处，给他留足面子；但在背后，可以拿出女人的温柔和宽厚用适当的方式劝丈夫。

(3) 多鼓励丈夫，用他的长处去克服他的短处；拿他的长处与别的男人比，越比越欣慰和幸福；反之，会越比越失望和烦恼。

(4) 绝不和丈夫不分场合地闹意见、发脾气，甚至不尊重丈夫，使丈夫难堪。

(5) 在和丈夫发生争执时，不做以下事情——不拼命吼叫，不逢人便讲；不把小夫妻争执的战火，殃及丈夫的亲属；不扩大矛盾到娘家，以免造成伤心的后果；不动不动就把财物搬回娘家；不一吵架就轻言离婚。

(6) 要尊重丈夫的亲属；瞧不起丈夫的血亲，等于瞧不起丈夫。

(7) 对丈夫不宜过于苛求，比如，嫌丈夫不是学者，不是处长、局长，

不是大款。须知，任何人在没有伟大之前，都是平凡的。要及时称赞丈夫的优点，不要吝啬你的赞美。

(8) 多称赞丈夫，不管他在不在身边。

(9) 如果丈夫兴致勃勃地谈球赛或其他你不感兴趣的话题时，别打断他，要试着与他共享。

(10) 如果丈夫在按照自己的计划做某件事时，那么做妻子的就要支持他、鼓励他。

二、子女对父母的礼仪

1. 子女要敬重父母

从总体上说，当今社会子女对父母的礼仪有日益简化的趋势，子女与父母的关系在向平等方向发展。

年轻人都希望自己有个良好的成长环境，很羡慕和谐的家庭气氛。其实，年轻人自身在家庭中的言行，对于营造温馨的家庭气氛有着极为重要的作用，只是一部分年轻人尚未意识到这一点。那么，作为子女对待父母，应该注意哪些礼仪呢？

子女对待父母，应当以敬重为先，认真做到言行一致、表里如一、一以贯之。与父母讲话、办事时，一定要讲礼貌、守规矩，时时刻刻按照礼仪规范行事。

对于父母的批评与指教，子女应洗耳恭听、认真接受。无论从哪方面讲，父母对子女的苦口婆心，都是父爱、母爱的具体表现。明白了这一点，即使言辞有些偏差，作子女的也应该理解父母，切不可强词夺理、当场顶撞，或是不屑一听、扬长而去。

不要过分夸大与父母的“代沟”，更不能一味认定父母“守旧”、“顽固”、“落伍”、“糊涂”。不懂得从父母的管教中取长补短，才是最愚蠢的。

2. 子女要孝顺父母

孝顺长辈，是人类共有的美德，是一个人应尽的义务之一。

一个人，不论是做什么工作的，对父母的养育之恩都要“反哺”相报。孝敬父母不仅是指物质上、生活上的帮助和照料，还包括精神上的慰藉。

父母晚年时可能身体欠佳，备感孤独，这种情况下更需要老少两代密切相处。代沟，是老少相处的主要问题，并已成为社会广泛关注的问题。

双方的相互理解和相互尊重，是解决代沟的前提。

老年人在生理和心理上都会产生一些变化，这些变化体现在：

(1) 孤独感。原来每天上班下班，生活内容比较丰富，退休后生活的内容减少了，于是就希望与人交往，尤其是希望子女们能够经常陪陪他们，而子女们就该抽出时间多和老人交流。

(2) 退化感。有些老年人记忆力衰退，办事反应迟钝，效率降低，在心理上希望得到子女的照顾。

(3) 自尊感。他们经历的事情多，又是长辈，常常喜欢用教训别人的方式来维护自己的尊严。所以不要顶撞他们。

(4) 怀旧感。老年人喜欢谈往事，爱感慨。对这种现象要理解，不要让老人觉得自己被人厌烦。

(5) 返老还童。有些老年人，情绪变化大，容易生气；但有时也容易高兴，在有些事情上很天真。不要嘲笑他们，要用行动表示你并不介意。

对以上的生理、心理变化，晚辈要理解长辈，子女才算尽到了义务和礼仪。老人也要理解子女，互相理解，矛盾才会减少。

三、家庭同辈之间的礼仪

1. 同辈间应宽容相处

这主要指兄弟姐妹之间以及表亲、堂亲同辈之间的关系和礼仪。

对于自己的同辈，在交往之中一定多加厚待。厚待同辈，不仅要真心实意，而且也要讲究方式方法。

对待同辈亲属一方面要宽厚，一方面要待人宽容。不要听不得对方的逆耳之言，见不得对方的逆己之事。尤为重要的是，不要听从他人的是非之言，并且要容忍同辈亲属无意之中对自己的冒犯。即便对方的确做了有负自己的事，也要看在“一家人”的面子上对其宽容处理。

与同辈亲属相交，不要事事争强好胜，进行不必要的竞争攀比。尤

为重要的是，不要在同辈亲属之间争风吃醋、挑拨离间。主动谦让于人，从形式上看，是退了一步，有时，还可能因此而给自己造成一定的损失。但是，从大的方面来看，这样做有助于促进自己与同辈亲属之间的团结，对上无愧于长辈，对下无愧于晚辈。

2. 同辈间应互爱互助

同辈亲属“本是同根生”，血统与姻亲的天然纽带将其联系在一起，因此应互爱互助。

对同辈亲属的爱护，首先应当是无条件、不图回报的。这种无私的爱护，既要体现在物质利益的支援方面，又要表现在精神情感的沟通方面。在力所能及的前提下，对于同辈亲属的爱护，尤其是对于其中急需之人的爱护，应当多多益善。

对于来自同辈的爱护要领情，不要将对方的爱护，尤其是出于爱护的目的所进行的批评、指责，视为一种负担。另外，还要知恩图报，不要认定对方天生就该“爱护”自己。

跟同辈亲属打交道，要提倡互助。同辈亲属之间的互助，不但是天经地义的，而且是绝对必要的。

同辈亲属之间的互助，第一，应该体现在生活上。在日常生活之中，大家要互帮互助、相互提携，共同创造美好幸福的生活。见到同辈亲属生活上有困难而置之不理，不合人之常情；第二，应该体现在工作上。在这个方面，要提倡能者多劳，弱者得助，尽力而为，共同发展；第三，应该体现在思想上。遇到对外人难以诉说的苦恼，不妨跟同辈亲属多聊一聊。对于同辈亲属在思想、情感方面的问题，要及时加以点拨。

需要强调的是，在帮助同辈亲属时，要倾注全力。而在寻求同辈亲属的帮助时，则不宜强求。另外，互助还需建立在合理、合法的基础上。徇私枉法，乃是同辈亲属互助之大忌。

四、婆媳相处的四大礼仪原则

1. 坦诚

婆媳是一种特殊的家庭关系，比之母子、夫妻等其他家庭成员的关系更难以处理。它既不像夫妻那样有亲密的姻缘关系，又不像母子那样有稳定的血缘关系，它缺乏天然的“内聚力”。成亲前，婆媳之间很少了解；成亲后，媳妇又觉得自己是“外人”，婆媳之间很容易互相猜忌。媳妇进了婆家的门，就和婆家的人打交道多了。聪明的儿媳待公婆会像对待自己的父母一样周到。公婆不喜欢冠冕堂皇、油嘴滑舌，他们需要的是坦诚。儿媳在公婆面前，不可能保证不出差错，而对这些差错，公婆往往又比较敏感，这就要求儿媳及时弥补过失。公婆能够真心实意把儿媳妇视为亲生女儿，以情换情，儿媳自然也会把婆婆当做亲生母亲。聪明知理的婆婆还要注意尊重媳妇的人格，讲究说话技巧，学会运用夸奖这一魅力无穷的艺术。当然，婆媳接触频繁，儿媳有欠缺之处，婆婆说几句也未

尝不可。但要记住：泄怒排恼的批评可能会触伤对方的感情，而情热语妙的批评却能感化对方，婆婆对儿媳不心存芥蒂，待媳之道便不难掌握。

2. 理解

婆媳间贵在相互理解，相互尊重。媳妇到婆家后，要克制自己，入乡随俗。有的婆婆长期在农村生活，当住在儿子家时，她的一些生活习惯与媳妇的就会有所不同。婆婆有些习惯不够讲究、不够卫生，儿媳不要嫌弃，要忍耐、宽容。要设身处地地想一想，婆婆大半辈子形成的生活习惯，怎么可能一说就改变了呢！做媳妇的还是不说为好。必要时，可让丈夫出面说一说，而且还要策略一些，否则婆婆就会多心了。相反，农村来的婆婆也会有对媳妇看不惯的地方。如媳妇爱穿戴，爱唱爱跳，爱花钱，早晨睡懒觉，儿子起来做饭等。实际上，在城市里这些情况到处皆是，婆婆根本用不着看不顺眼，不能要求媳妇按自己当年的所作所为办事，把她塑造成像自己一样的人。

有时，做媳妇的往往觉得，知识层次越高的婆婆，关系越不好处。实际上，婆婆懂得多，教养深，见得广，媳妇应多问，热情顺应，那么处好关系就不难。知识层次高的婆婆也应该注意，不要自以为是，指手画脚，多读几年书就一定能同儿媳相处好吗？其实未必。如果不注意自己的言行，对儿媳冷冷漠漠、居高临下，只能刺伤儿媳的自尊心。知识层次高的婆婆应该懂得，你和儿媳相处好的武器不是自己的专业，而是你对儿媳的爱心。

3. 宽松

婆媳相处，彼此间都应持一种宽松的心态，不要有见外心理。如果婆婆认为媳妇是外人，难以与之真心实意地相处；媳妇认为自己与丈夫过日子，婆婆是另外一层，这样处处设防，就会埋下矛盾冲突的导火线。由于种种原因，婆媳间总会存有一定的差异。婆媳双方都要对自己有所约束。婆婆不能要求媳妇完全按自己的一套行事，媳妇也不能奢望婆婆完全认同自己的意愿。互相不要强求，这样做可以避免不少矛盾和冲突。

婆媳间不要随意责怪。婆媳间遇事要多考虑对方的情况，不要责怪。如婆婆要媳妇去做的事，媳妇一时未能做到，婆婆就应该想到媳妇的难处，家务多，工作忙，一时办不过来，可以再等一段。媳妇上班，婆婆照看孩子，如果孩子碰伤了、闹病了，媳妇应体谅婆婆年事已高，精力有限，难免在带孩子时出现差错，不要为此埋怨婆婆。婆媳双方都能为对方考虑，许多矛盾就不会发生了。婆媳都要管住自己的嘴，不要背后议论对方。婆媳间难免发生一些不快之事，在这种情况下，双方都要克制。既要防止因一时之愤而当面争吵，又要避免背后说三道四，与街坊邻居议论婆婆长媳妇短，引发矛盾冲突。婆媳之间最好不要争吵，因为一旦见面如仇人，互不搭腔，甚至指桑骂槐，这样关系就不大好处了。

婆媳间不要横挑鼻子竖挑眼。婆婆年纪大，经历多，深知生活艰辛，往往对年轻媳妇大手大脚花钱、美容化妆、进出舞厅看不惯。媳妇则认为婆婆观念陈旧，思想保守，不懂得年轻人的生活情趣，不体谅现代人追求时尚的心情，对婆婆爱答不理。以宽松的心态相处，婆媳不必过多干涉对方的生活爱好，求同存异，多交流，取长补短，就能进一步融洽关系。

4. 互助

婆媳相处，双方都要有互助的意识，媳妇敬重婆婆，婆婆爱护媳妇，以心换心，婆媳才会相处得和睦融洽。作为小辈，媳妇要注意礼貌和分寸，跟婆婆说话要心平气和，态度诚恳，不可口是心非，出言不逊。遇事多与婆婆商量，在婆婆比较关注的事情上，尽可能与婆婆保持一致。媳妇上班前，要跟婆婆道别。有的人只顾和自己的丈夫、孩子打招呼，忽视了这个问题，婆婆嘴上不会说什么，但会觉得你心里没有她。下班后，先向婆婆问候，婆婆心里会很舒服。当媳妇的朋友来了，首先要把婆婆介绍给客人，使婆婆感到媳妇对她很尊重。媳妇对婆婆的称呼要亲切自然，不要以称“您”代替喊“妈”。媳妇的一声“妈”，可暖遍婆婆的全身，赢得婆婆的欢心。

逢年过节，莫忘给公婆做些可口饭菜。冬去春来，关心公婆的衣着穿戴；婆婆生日，送上一些心爱之物。当媳妇主管家务、掌握开支时，还应让公婆了解经济收入及开支情况，经济公开，减少误会。

婆婆上年纪了，干活吃力，媳妇下班回家后，尽量多承担些家务劳动，以减轻婆婆的劳累。如果与婆婆不住一起，也要抽空去帮婆婆干些家务。孩子是紧绷在婆媳头上的一根很敏感的弦。媳妇在婆婆面前少打骂孩子，更不要借打骂孩子发泄对婆婆的不满。

俗话说“树老根多，人老话多”。婆婆年老，行动不便，与外界接触少，与别人交流少，只能跟家人唠叨。做媳妇的应明白这一点，耐心听

婆婆唠叨，满足其倾诉的愿望，而不是一听就烦、一烦就顶。再说婆婆喜欢与媳妇唠叨，说明她把媳妇视为知心人，做媳妇的应该为此高兴。平时，要主动与婆婆聊天，多说一些关心婆婆的话。吃饭时，应先照顾公婆，好饭好菜先让公婆吃，不能只顾自己的孩子和丈夫。在婆婆身体不适或遇到不顺心的事的时候，要细心照料，亲切安慰。婆婆要关心儿媳，尤其要关心她的健康。儿媳怀孕期间，要多问寒问暖，别让她干重活；媳妇坐月子，要尽力伺候，多买些营养品；每逢儿媳的生日，可改善伙食，弄些媳妇喜欢的食品。这些看似小事，却最能使儿媳感动。

婆婆遇事要与媳妇商量，如添置家电、赠人礼品、招待亲友、教育孩子等，要协调一致，把事办好。特别是在对孩子的管教上，要与媳妇口径一致，不要在媳妇批评教育孩子时袒护孩子。

五、女婿与岳父母相处的礼仪

1. 善于夸奖妻子

女婿在岳父母面前要经常夸奖妻子，这是与岳父母和睦相处的需要，也是融洽夫妻关系的需要。你可以夸她心灵手巧，会织毛衣做家务；夸她心地善良，会待人处世；夸她孝顺贤惠，上尊父母，下和兄嫂；夸她治家有方，精打细算，会过日子。女婿夸奖妻子，说明小两口关系融洽，岳父母对女儿的未来就能放心、满意。在他们看来，女儿是自己一手抚养大的，女儿身上的优点都是自己培养教育的结果。女婿夸妻子就是在夸奖岳父母。女婿夸奖妻子，妻子高兴，岳父母更高兴。这种赞誉可以形成一种良好的家庭心理气氛，会引起家庭各个方面良好的连锁反应，增进家庭的和睦。

2. 孝敬岳父母

赡养父母，是法律赋予子女的义务。女儿有义务，女婿同样有义务。平时多到岳父母家看看老人，谈谈心，遇到节日、生日买点礼品去祝贺，让老人精神愉快；还可以把岳父母请到自己家中住几天，调剂一下生活。

人常说，女婿如半子。女婿应对岳父母如同自己的父母一样尊敬、孝顺。在各种场合都视岳父母为父亲（爸爸）、母亲（妈妈），而且要自然、亲切。做女婿的嘴甜，意味着亲近，能起到沟通感情、融化心理隔阂的作用，

也是亲情与亲密感的填充。长辈人走过的生活道路长、经验多，应该允许岳父母过问小家庭的生活，允许他们指责挑剔，欢迎他们帮助指教。

女婿对岳父母尊敬，妻子也会对公婆尽孝道。反之，一个不关心岳父母的人，其妻子同公婆的关系一定也会受到影响。

六、姑嫂之间相处的礼仪

1. 学会宽容互谅

一般来说，小姑子和嫂子的关系是家庭矛盾的“热点”，许多矛盾都由此产生。姑嫂心理要平衡，小姑子和嫂子同是女性，都具有女性的特点，但来自两个不同的家庭，因此构成姑嫂关系后，都应保持平和心态，以适应大家庭的生活。

姑嫂相处要相互尊重，善心善意互相帮助克服困难。要充分理解小姑子的个性特点是自己未到这个家之前形成的，不能在一日间改变，因而对其任性、偏执的行为和言语要谅解，千万不可针锋相对，非争个高下不可。对小姑子个人的隐私，注意保密，不能随便宣扬，以免引起小姑子的反感。当丈夫与婆婆、小姑子发生纠纷时，应严责丈夫，宽待婆婆、小姑，平息矛盾。小姑不能因嫂子是外姓人而歧视或不信任；也不要以

为自己迟早要出嫁，这个家将是哥嫂“一统天下”，因而放弃处理好家庭关系的责任，甚至认为关系再僵也无所谓。在父母及哥哥面前多说嫂子好话，而不要搬弄是非。当母亲与嫂子发生矛盾时，要多劝母亲，而不要火上浇油；当哥哥与嫂子发生矛盾时，要从中调解，切勿挑拨离间。

2. 尝试角色转换

做嫂子的要把小姑子看成自己的小妹，主动热情地帮助她、关心她。对正上学的小姑子，要在生活上、学习上多关心和指导。对参加工作的小姑子，要在生活和工作上当好她的参谋。如有人给小姑子介绍对象，要帮她分析和出主意。小姑子想买新衣服时，要帮她选择。

小姑应把嫂子当做大姐看待，甚至在父母故去的情况下，将嫂子视同母亲。宋代包拯就称其嫂子为“嫂娘”。做小姑的应主动亲近嫂子，热情帮助嫂子熟悉、适应家庭环境；在家务上，要替嫂子多干点活，主动帮嫂子照管孩子，以实际行动不断密切姑嫂之间的关系，做到不是亲姐妹胜似亲姐妹。

七、妯娌间相处的礼仪

1. 心胸放宽，眼光放远

妯娌是家庭中比较难处的一组关系。一个家庭常常因妯娌之间的矛盾，闹得全家不得安宁，弄得兄弟之间伤感情。怎样相处，才能使妯娌间的“戏”热而不闹呢？

妯娌是家庭的新成员，总愿意得到些关照，自己做事也想受到家里人赞扬，说自己是个能干的好媳妇，谁也不愿听别人说自己的坏话。因此，妯娌之间应多讲对方的长处和优点。你敬我一尺我敬你一丈，有什么不愉快的事也容易化解，切不能给对方拆台。不要传闲话，背后嘀咕，有时本来不大的事，这一嘀咕，把问题闹大了，就成了风波的导火线。

妯娌们原来的生活环境不同，家庭状况不同，个人经历不同，血缘关系不同，相互缺乏了解，只是因丈夫的关系成为一个家庭的成员。关系是脆弱的，有时因讲话不慎都容易引起矛盾。在生活中有一些矛盾，往往就是因为双方产生的一些误解越积越深导致的，妯娌之间更是如此。因为在大家庭里，上有公婆，下有孩子，还有兄弟之间的关系，难免发生这样那样的事情，应诚恳交谈，相互交流看法和意见。

2. 与她交朋友

妯娌们有空多在一起聊聊，谈谈自己的家庭、自己的生活经历等。谁也不要以为自己比别人高，特别是在那些当领导干部的和一般工人、农民的妯娌之间更是如此。通过相互交流思想，可以加深了解，增进感情，减少误会。

嫂子进门早，有一定的家庭生活经验，对弟媳不妨多加照顾；弟媳也应虚心请教嫂子，互帮互学，这样既加深了了解，也增进了感情。

妯娌相处，要多为别人着想，不能事事计较，算自己的小账，不要总想占便宜、占上风、不吃亏。有时公婆有偏爱，也要以情义为重。孩子们一块发生争吵打架，要先训诫自己的孩子，不能去责备别人的孩子。

妯娌间要防止攀比竞争，以免造成对立情绪。比如嫂子娘家条件好，资助多，小家庭很红火，不必以此傲视弟媳；弟媳有文凭，工作条件好，人又漂亮，也不必因此看不起嫂子。嫂子生了男孩，弟媳生了女孩，嫂子不应以此挖苦弟媳，弟媳也不应因此而妒忌嫂子。

妯娌间遇事应真心诚意地相互协商，统一看法，便于合作。俗话说"天有不测风云，人有旦夕祸福"，一个家庭不可能一帆风顺，总会遇到一些麻烦事，妯娌间应在困难中鼎力相助。患难中的情谊最宝贵、最深刻，如果一方有困难，另一方不伸手，这是很伤感情的事。

八、邻里之间的礼仪

1. 邻里关系的特点

(1) 关系密切。亲戚、朋友和同事间的交往是建立在血缘、婚姻和感情或工作关系上的，而邻里关系较多的是建立在家庭生活领域中的，并且涉及日常生活的各个领域。因此，邻里关系具有多方面性和琐碎性的特点，这种特点形成了邻里交际关系的密切性。

(2) 长远稳定。家庭之间虽然职业、兴趣和爱好等方面都有很大的不同，但是因为房子紧邻，仍然要居住在一起。邻里关系一般是随住所的迁移发生改变，这样，在客观上就增加了邻里关系的相对稳定性。因此，对每个家庭来说，不论生活习惯上的差异有多大，也不论处好处坏，邻里间客观存在的关系很难改变。这些都决定处理邻里关系时要审慎。

(3) 共同利益。家庭之间作为邻居生活在一个共同的空间之中，必然会存在着共同的利益。比如，环境卫生和院（楼道）内空间如何合理使用等。这些共同利益虽然不完全是某个家庭自身的事，但是如果处理不好，每个家庭都会感到不便，甚至会遇到麻烦，无法维持正常的生活秩序。

(4) 影响家庭内部。邻里关系其实是一个家庭与多个家庭间的关系，但由于邻里间交际关系的密切性，它也会直接影响到家庭内部的关系。如果与邻里相处融洽，一个家庭有了矛盾，邻里出面调解，那就有可能使矛盾得到较好的解决。

2. 与邻里交往的禁忌

(1) 忌搬弄是非。邻里之间常常见面，来友送客，吵架，欢笑，邻居都会有耳闻。有些人爱看热闹，谁家婆婆与儿媳有了小口角，他们就添油加醋地传播。邻里交际往往是广泛的交往，有些邻居会把今天赵家的矛盾告诉钱家，明天又把钱家的矛盾告诉孙家。如此传来传去，闹得邻里之间矛盾重重。要避免这种现象，就要不给搬弄是非者机会，自己也不去打听邻居家的私事。如有恶意中伤、毁人名誉的言行，应严肃制止，批评教育，严重的可诉诸法律。

(2) 忌针锋相对。引起邻里之间大矛盾的往往是一些小事。当事双方毫不相让，以牙还牙，针锋相对，矛盾就会升级。在邻里的交际中，应严于律己、宽以待人；同时，不要做损害他人利益的事。

3. 与邻里交往的原则

一个家庭要想处理好邻里关系，必须讲究原则。

(1) 善于交往。邻居之间交往少的原因大致有三个方面：一因为曾经闹过矛盾，从此井水不犯河水；二是工作忙，家务事多，来不及交往；三是性格内向。加强邻里之间的交往，了解对方，可以避免许多误会。所谓善于交往并不是说串门越多越好。人们的生活节奏正在加快，邻居可能很忙。在交往中，注意不要打扰对方正常的生活秩序。

(2) 以邻为亲。俗话说“远亲不如近邻”，在处理邻里关系中互相帮助，邻居有了困难要主动去帮助，被帮助者定会感激不尽。日后，一旦你有了困难，邻居也会鼎力相助。

(3) 遇事协商。协商，也是邻里间交往的基本方式之一。如果家里有些事情可能影响到邻居，那么在做之前就应该主动找邻居商量一下，看邻居有什么意见，或有什么更好的办法。这是既尊重邻居，又能避免发生矛盾的好办法。

家庭应酬礼仪

礼仪作为一种行为准则，不仅制约施动者一方，同时也要求另一方遵守规则和规范。在家庭礼仪中就涉及主人的待客与客人的应酬的问题。这一问题从其内容来说，因为涉及的大多是家庭生活，故属于家庭礼仪的研究范畴；从其形式来看，它也是与个人礼仪、社会礼节密切相关的。

一、家庭待客礼仪

1. 准备

当知道有客人来访，应提前做准备。主人的服饰要整洁，家庭布置要干净美观，孩子要妥善安排教育，水果、点心、饮料、烟酒、菜肴等要提前备好。如果是正式宴请，如婚礼、寿诞等，还要预先送请柬或电话邀请，确定宴请时间、场所，排好座次，遴选客人，落实宴请形式、规模、档次。

2. 迎接

客人在约定时间到达，应提前到门口迎接，不宜在房中静候，最好夫妇一同前往。如果有客人突然来到，要热情相待。若室内未清理，应致歉并适当收拾，但不宜立即打扫，因为打扫有逐客之意。见到客人，应热情招呼，女主人应主动伸手相握。如果客人手提物品，应主动帮忙，对长者或体弱者可上前搀扶，进入室内应把最佳位置让给客人坐。如果客人是初次来访，应向其他家人或客人做介绍。主人的表情要面带微笑，不能有心烦的样子。

3. 递烟、上茶

来客是男士，一落座主人一般都要马上敬烟。敬烟忌直接用手取，应打开烟盒弹出几支递给客人，请客人自取。敬烟不能忘了敬火。若主人也会吸，应先客后主。冲泡茶时首先要清洁茶具。“浅茶满酒”，敬茶应双手捧上放在客人的右手上方，尊长者先敬。

4. 陪客聊天

奉敬烟茶糖果之后，应及时与之交谈，话题内容可因实际而定。一般来说应谈一些客人熟悉的事情，若无法奉陪客人交谈，可安排身份相当者代陪或提供报纸杂志、打开电视供客人消遣，切不可出现主人只管自己忙，把客人晾在一旁的现象。

二、家庭宴请礼仪

家庭常见请客方式有正式宴会、便宴、家宴三种，前两种一般选在酒店餐厅举行，后者一般由主人亲自下厨料理，家人共同招待，规模较小，自然、随便。在一般情况下，家宴是由主人以某种名义，在自己的私人居所内举行的招待自己的亲朋好友的一种宴会。家宴最重要的是要

制造亲切、友好、温馨、自然的气氛，从而使赴宴的宾主双方轻松、自然、随意，彼此增进交流，加深了解，促进信任和友谊。

1. 餐具的使用礼仪

在一般情况下，家庭餐具分为主餐具与辅餐具两类。主餐具，是指进餐时主要使用的必不可少的餐具。通常用中餐时,要使用的主餐具有筷、匙、碗、盘等等。辅助餐具，指的是进餐时可有可无的餐具，主要在用餐时发挥辅助作用，最常见的中餐辅助餐具有水杯、牙签、湿巾等。

(1) 使用筷子的礼仪。使用筷子取菜用餐时，需要注意下列问题：

不品尝筷子。不论筷子上是否残留着食物，都不要去舔它，在取菜前切不可这样做，长时间把筷子含在嘴里也不合适。

不跨放筷子。当暂时不用筷子时，可将它放在筷子座上，或支放在自己所用的碗碟的边缘，不要把它直接放在餐桌上，更不要把它横放在碗盘上，尤其是公用的碗盘上，掉在地上的筷子不要再用。

不插放筷子。不用筷子时，将其插放在食物、菜肴之中尤其不可以，根据民俗，只有祭祀祖先时才可这么做。另外，也不要拿筷子当叉子用，以其去叉取食物。

不要舞动筷子。与人交谈时，应暂时放下筷子，切不可以其敲击碗、盘或指点对方，或者拿着筷子停在空中，好像迫不及待地要去夹取食物。

不滥用筷子。不要以筷子代劳他事，比如剔牙、挠痒、梳头或夹取食物以外的东西。

(2) 使用汤匙的礼仪。在一般情况下，尽量不要用勺子单独去取食物，用勺取食时，不宜过满，免得溢出来弄脏餐桌或衣服，必要时，可在舀取食物之后，在原处暂停片刻，待汤汁不再流时，再移向自己享用。使用勺子应注意以下四点：

暂且不用勺子时，应置于自己的食碟上，不要把它直接放在餐桌上，或是把它放在食物上。

用勺子取食物后，应立即食用，不要再次把食物放回原处。

若取用的食物过烫，不可用勺子折来折去，也不要用嘴对它吹来吹去。

食用勺子里的东西时，尽量不要把勺子完全放入口中，或反复吸吮它。

(3) 使用碗的礼仪。在正式的场合用餐时，用碗的礼仪主要有五点：

不要端起碗来进食，尤其是不要用双手端起碗来进食。

食用碗内盛放的食物时，应以筷、匙加以辅助，切勿直接下手，或不用任何餐具以嘴吸食。

若是碗内有剩余食物时，不可将其直接倒入口中，也不能用舌头去舔食。

暂且不用的碗内不要乱扔东西。

不能把碗倒扣过来放在桌上。

(4) 使用盘子的礼仪。稍小一些的盘子，则被称为碟子，盘子在中餐中主要用来盛放食物，其使用方面的讲究与碗略同。盘子在餐桌上一般不宜多个摞在一起。

需要着重加以介绍的是，一种用途较为特殊的被称为食碟的盘子。食碟的主要作用，是用来暂放从公用的菜盘里取来享用的菜肴，使用食碟时要注意以下几个问题：

不要一次取放的菜肴过多，看起来既烦乱不堪，又有欲壑难填之嫌。

不要将多种菜肴堆放在一起，也许它们会相克，相互串味，不仅不好看而且也不好吃。

不宜入口的残渣、骨、翅，不要吐在地上、桌上，注意不要让残渣与菜肴混杂，搞得杯盘狼藉。

(5) 使用牙签的礼仪。牙签主要用来剔牙，用餐时，尽量不要当众剔牙，非剔不可时，应以另一只手掩住口部，切勿大张口，剔除来的东西切勿当众欣赏，或再次放入口中，也不要随手乱弹，随口乱吐。剔牙之后，不要长时间叼着牙签，取食物时不要用牙签乱扎取。

2. 用餐时的礼仪

用餐时的礼仪，指的是在用餐期间的全部活动，它是用餐的核心之一。注意用餐时的表现，关键是要注重下列问题：

(1) 注重吃相。在用餐之时，注重吃相，是用餐礼仪的一大重点。倘若不重吃相，吃得摇头摆脑、宽衣解带、汁汤横流，不但失态欠雅，而且还会影响他人的食欲。

(2) 不乱夹菜。在用餐时，讲究“己所不欲，勿施于人”。主人可以劝客人多用些或是品尝一下某道菜肴，但切勿不由分说，擅自做主，主动为他人夹菜。且不说这样做不卫生，而且还会让人勉为其难。

(3) 不乱挑菜。客人在夹菜时，要稳、准、快，不要左顾右盼，翻来覆去；夹起菜来不合意，再次放回去，则更是失礼之举。

(4) 不清嗓子。用餐时，千万不要当众表演清嗓子、揩鼻涕、吐痰等，

不但有碍观瞻，而且倒人胃口。

(5) 不做修饰。在用餐之时，尽量不要进行修饰。例如，不要梳理头发、化妆补妆、宽衣解带、脱袜脱鞋等。

3. 饮酒礼仪

在常见的饮酒过程中，斟酒、祝酒、干杯应用最多。下面，分别对其各做一些说明。

(1) 斟酒。通常男主人为表示对来宾的敬重、友好，会亲自为其斟酒。在男主人亲自斟酒时，客人必须端起酒杯致谢，必要时还须起身站立，或欠身点头为礼。主人为来宾所斟的酒，应是最好的酒，并应当场启封。斟酒时要注意三点：其一，要面面俱到，一视同仁，不要有挑有拣，只为个别人斟酒。其次，要注意可以依顺时针方向，从自己所坐处开始斟酒。其三，斟酒需要适量。白酒与啤酒均可以斟满，而其他洋酒则无此讲究。

(2) 敬酒。敬酒，亦称祝酒。它具体所指的是，在宴会上，由男主人向来宾提议，为了某种事情而饮酒。在敬酒时，通常要讲一些祝福的话。因此，敬酒往往是酒宴上必不可少的一道程序。敬酒，可以随时在饮酒的过程中进行。频频举杯祝酒，会使现场氛围热烈而欢快。不过，要是致正式的祝酒词的话，则应在特定的时间进行。通常，致祝酒词最合适的时间是在宾主入席后、用餐前开始。不管是致正式的祝酒词，还是在普通情况下祝酒，均应内容愈短愈好，千万不要连篇累牍、长篇大论，让他人等候良久。在他人敬酒或致词时，其他人应停止用餐或饮酒，坐在座位上，面向对方认真恭听。

(3) 干杯。干杯，指的是在饮酒时，特别是在祝酒、敬酒时，以某种方式劝说他人饮酒，或是建议对方与自己同时饮酒。在干杯时，往往要喝干杯中之酒。有时候，干杯者相互之间还要碰一下酒杯，所以它又被叫做碰杯。

干杯，需要有人率先提议。提议干杯者可以是其中任何饮酒之人。提议干杯时，应起身站立，右手端起酒杯，或者用右手拿起酒杯后，再以左手托着杯底，面含笑意，目视他人，尤其是自己祝酒的对象，口颂祝酒之词。如祝对方健康、生活幸福、节日快乐、工作顺利、事业成功等。在主人或他人提议干杯后，应当手持酒杯起身站立。即便滴酒不沾，也要拿起杯装装样。在干杯时，应手举酒杯，至双眼高度，口道“干杯”之后，将酒一饮而尽，或饮去一半，或适量。

家庭称谓礼仪

一、常见礼貌称谓

1. 如何称呼自己的家人

对外称呼自己家属中比自己辈分高的，在称呼前要加一个“家”字，如家父、家兄等；称呼自己亲属中比自己辈分低的，在称呼前加一“舍”字，表谦虚，如舍弟、舍侄、舍婿等；称呼外人时，则不分对方长幼尊卑，一律前加“令”字作为敬语，如令堂、令兄、令弟、令郎等等。

兄弟相称并非一定要有血缘关系，朋友间表示彼此尊重友好，也往往有这一称呼，且打破年岁、地位甚至性别限制。“愚兄”是一种表示自谦的客气语，而“贤弟”是对对方的一种礼貌敬语，切不可颠倒使用，否则是要出洋相的。

2. 尊称与自谦语

古时常以“尊、贵、大、台”等词构成尊称语，如“恭候尊驾光临”，“恭候大驾光临”，“贵体、贵府”，“台驾、台鉴”等等。

现在对长辈老者，以“老”字构成尊称语较多，如“老伯、老人家、老先生”等。又如对德高望重的老人，常于“老”前冠其姓氏表敬重，如“钱老”、“赵老”、“吴老”等。

“同志”、“师傅”是我国除了亲属以外的一种常用敬语，使用上不受年龄、地位、性别限制，但也有以“先生”、“女士”“小姐”“夫人”相称。

使用自谦语的目的也是对他人的尊重，是我国的一种良好的交际传统，就连古代帝王也用“孤”、“寡”自谦称呼。不过，大多自谦语还是以“愚”、“愚下”、“鄙人”、“不才”、“卑人”、“鄙夫”、“区区”等词构成。并由此延伸，称自己的文章或著作为“拙文”、“拙著”，称自己的住所为“寒舍”、“陋室”等等。

3. 家庭成员的介绍

在向别人介绍自己的亲属时，应谦恭地先说对方的姓名，如："老王，这是家母。"

在介绍丈夫与妻子的父母时，仅用"父亲、母亲"的形式易使对方混淆误会，不如用"这是我公公、婆婆"来得简单明确。

在具体的交际活动中，人们为使自己的礼节更显庄重优雅，往往使用敬称美称自谦语，如"令"、"尊"、"贤"、"家"、"舍"、"敝"等词，因为这些敬语在语气上已包含了第二人称的意义，所以在使用过程中不必前冠人称代词，"您令尊"、"我舍弟"的称谓是会闹笑话的。

二、对父系亲属的称谓

1. 称呼对象为父亲的祖父、祖母时，称呼为曾祖父、曾祖母，自称曾孙、曾孙女。

2. 称呼对象为父亲的父亲、母亲时，称呼为祖父、祖母或者爷爷、奶奶，自称为孙子、孙女。

3. 称呼对象为父亲的姑父、姑母时，称呼为姑爷爷、姑奶奶，自称为内侄孙。

4. 称呼对象为父亲的舅父、舅母时，称呼为舅爷爷、舅奶奶，自称为外孙子、外孙女。

5. 称呼对象为父亲的姨夫、姨母时，称呼为姨爷爷、姨奶奶，自称为姨外孙。

6. 称呼对象为父亲的后妻时，称呼为继母，自称为继子。

7. 称呼对象为父亲的兄、嫂时，称呼为伯父、伯母，自称为侄子、侄女。

8. 称呼对象为父亲的弟、媳时，称呼为叔父、婶母，自称为侄子、侄女。

9. 称呼对象为父亲的姐妹及其丈夫时，称呼为姑妈、姑父，自称为内侄。

10. 称呼对象为父亲的侄子、侄媳时，称呼为堂兄、堂嫂或者堂弟、堂弟媳，自称为堂弟、堂弟媳或者堂兄、堂嫂。

11. 称呼对象为父亲的侄女、侄女婿时，称呼为堂姐、堂姐夫或者堂妹、堂妹夫，自称为堂妹、堂妹夫或者堂姐、堂姐夫。

三、对母系亲属的称谓

1. 称呼对象为母亲的祖父、祖母时，称呼为外曾祖父、外曾祖母，自称为外曾孙。

2. 称呼对象为母亲的父、母时，称呼为外祖父、外祖母，自称外孙、外孙女。

3. 称呼对象为母亲的后夫时，称呼为继父，自称为继子。

4. 称呼对象为母亲的兄弟及妻子时，称呼为舅舅、舅妈，自称外甥、外甥女。

5. 称呼对象为母亲的姐妹及丈夫时，称呼为姨妈、姨夫，自称外甥、外甥女。

6. 称呼对象为母亲的表兄弟、姐妹时，称呼为表舅父、表舅母，自称为表外甥。

四、对兄弟姐妹亲属的称谓

1. 称呼对象为兄及其妻时，称呼为哥哥、嫂嫂，自称为弟、妹。

2. 称呼对象为弟及其妻时，称呼为弟弟、弟媳，自称为兄、姐。

3. 称呼对象为姐姐及其夫时，称呼为姐姐、姐夫，自称为弟弟、妹妹。

4. 称呼对象为妹妹及其夫时，称呼为妹妹、妹夫，自称为兄、姐。

5. 称呼对象为叔伯之子及其妻时，称呼为堂兄、堂嫂或者堂弟、堂

弟媳，自称为堂弟、堂弟媳或者堂兄、堂嫂。

6. 称呼对象为叔伯之女及其夫时，称呼为堂姐、堂姐夫或者堂妹、堂妹夫，自称为堂妹、堂妹夫或者堂姐、堂姐夫。

7. 称呼对象为姑父、舅父、姨夫之女儿及其夫时，称呼为表姐、表姐夫或者表妹、表妹夫，自称为表妹、表妹夫或者表姐、表姐夫。

8. 称呼对象为嫂嫂、弟媳、姐夫、妹夫之父母，称呼为姻家父、姻家母。

9. 称呼对象为嫂嫂、弟媳、姐夫、妹夫之兄弟及妻时，称呼为姻兄、姻嫂，或者姻弟、姻弟媳。

五、对夫家亲属的称谓

1. 称呼对象为丈夫的祖父、祖母时，称呼为爷爷、奶奶，自称为孙媳。

2. 称呼对象为丈夫的父、母时，称呼为公公、婆婆，或者爸爸、妈妈，自称为儿媳。

3. 称呼对象为丈夫的兄弟及妻时，称呼为大伯、嫂子、弟弟、弟媳，自称为弟媳或嫂子。

4. 称呼对象为丈夫的姐妹及其夫时，称呼为大姑、姑爷或姑姑、姑爷，自称为弟媳或嫂子。

5. 称呼对象为丈夫的舅父、舅母时，称呼为舅父、舅母，自称为甥媳。

六、对妻家亲属的称谓

1. 称呼对象为妻子的祖父、祖母时，称呼为岳祖父、岳祖母，自称为孙婿。

2. 称呼对象为妻子的父、母时，称呼为岳父、岳母，自称为婿。

3. 称呼对象为妻子的兄弟及其妻时，称呼为内兄或大兄哥、内弟或者小舅子，相对应的是内嫂、内弟媳，自称为妹夫、姐夫。

4. 称呼对象为妻子的姑母、姑父时，称呼为内姑母、内姑父，自称为内侄婿。

5. 称呼对象为妻子的舅母、舅父时，称呼为内舅母、内舅父，自称为内甥婿。

七、常见亲属和称谓

祖孙（祖父与孙子女）、父母、父子、母女、叔伯（叔父与伯父）、叔侄（叔父伯父与侄儿侄女）、公婆、翁姑（对丈夫父母的旧称）、翁媳（公公与媳妇）、婆媳、翁婿（岳父母与女婿）、舅甥（舅父舅母与外甥）、兄弟、姐妹、夫妻、妯娌（兄妻与弟媳）、姑嫂（丈夫的姐妹与嫂嫂、弟媳）、连襟（姐妹的丈夫）、郎舅（姐妹之丈夫与其兄弟）等。

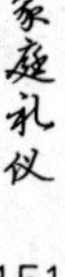

公务礼仪

公务礼仪是一项实用性很强的礼仪，即公务人员在日常公务活动中逐渐形成并得以公认、必须遵循的礼仪规范。

公务礼仪作为人们在公务活动中的行为规范和准则，具有三大作用：塑造组织形象、传播沟通信息、提高办事效率。

公务接待礼仪

在公务交往活动中，个人或组织来访是很常见的，这需要政府机关做好迎接欢送工作。做好接待和迎送工作，一方面可以倾听群众意见，密切党群、干群关系；另一方面又有利于协调上级和下级、单位与单位之间的关系，推动各项工作。

一、公务接待礼仪的类别

1. 一般公务接待礼仪

当有客人来办公室拜访时，接待人员要热情相迎，一般的做法是：

接待者亲切地走在前面，把客人引领到接待室门前，然后用左手轻轻地推开门并顺势先进入室内，侧身站在一旁，说一声“请进”，并伸手做出引导客人进入的手势。接着还要把客人带到座位前请客人坐下，倒茶、敬烟。

约见客人，主人应提早到达约定的场所。宁可让自己等候客人，也不可让客人等候主人。倘若客人先到，那客人在会客室会很不自在。约

请客人，不但自己要守时，而且要求职员养成礼貌待客的习惯。

2. 专门公务接待礼仪

公务活动中还应注意专门公务接待的礼仪。信访接待礼仪就是专门公务接待礼仪之一。

信访是党和政府了解民情和倾听百姓呼声的重要途径，也是为人民服务的重要体现。

各级政府部门都应设置接待室。为了方便，接待室应设在易于找到又不太显眼的地方。接待室内应张贴有关信访的各种规定，如注意事项和纪律等。受条件限制没有专门接待室的，遇有来访者，有关领导应将他带到一个比较安静的地方然后进行交谈，以免人多使来访者不敢畅所欲言。

面对群众上访，接待人员应面带微笑热情招呼，请来访者入座。先问来访者的姓名、工作单位、家庭住址、身份、有效证件等，然后询问来意及要反映的主要内容。在交谈中态度要亲切自然，耐心地听取反映并做必要的记录。听不清楚的，可有礼貌地提问。最后应把记录的要点向来访者复述看是否有误。一般不下结论，只告诉来访者听取回音的时间、途径和方式。在接待的整个过程中，不能居高临下，不能流露轻蔑厌烦的情绪。

来访者多为下属群众，且多有实际的困难，因此，接待人员要有礼貌地应付各种场面。

如果遇到说个不停的来访者，接待人员应持理解和同情的态度，不能粗暴地打断或漠然置之。因为对方想通过上访倾诉自己的抑郁与不快，以求解决自己的问题。接待人员可以让对方写成书面材料。

如碰到无理取闹的人，接待人员要理直气壮，讲清利害，打消其不切实际的幻想。必要时，和有关部门联系，采取防范措施。

接待人员必须让来访者把话说完，核实所记的要点，告诉来访者要相信组织，问题总会得到合理的解决，待调查研究之后定会给予回音，使其得到安慰，抱着希望满意地告辞。当来访者告辞时，接待人员应起身相送，对于年老体弱者应送至门口，对不熟悉交通路线的要告诉他乘车的路线，等等。

二、公务迎送礼仪

迎送的规格应根据应邀客人的身份、到来的目的、性质和时间长短等综合因素考虑。外事迎送遵循对等的原则。在公务迎送中，一是要由级别相当的人员代为迎送；二是要安排合乎规格的住宿，可根据因公出差住宿开支标准安排，不要过高，也不要过低；三是要安排好车辆和各种物品。

1. 做好迎客准备

准备接站牌，安排好客人住宿的宾馆、饭店或旅馆。

对远道而来的客人，须提前去机场、车站、码头等候客人，避免客人久等或迷路。

为帮助客人尽快熟悉当地环境，可准备一些有关资料提供给客人查阅，如城市简介、交通图、游览图等。

2. 热情迎客

客人走下车、船、飞机时，主要迎接人员走上前去欢迎、握手、问候。

如果有乐队的，应当奏欢迎曲。

由礼宾工作人员将主人介绍给来宾，再由主人向来宾一一介绍前来欢迎的人员。主人介绍后，由客人向主人一一介绍随同前来的其他客人。介绍后稍事寒暄。

3. 陪车

如果陪客人同乘一辆轿车，要首先为客人打开轿车的右侧后门，并以手掌挡住车篷上沿，提醒客人不要碰头。等客人坐好后，方可关门。最后，接待人员应绕道车尾从左侧后门上车。轿车上的座次有主次尊卑讲究。一般认为,车上最尊贵的位置是后排与司机的座位成对角线的座位，即后排右座。其余座位的主次尊卑次序是：后排左座、后排中座、前排右座。

抵达目的地时，接待人员要先下车，从车尾绕过去为客人打开车门，以手挡住车篷上框，协助其下车。

4. 下榻

客人到达下榻处后，接待人员不宜久留，以便客人休息。离开前，可以送上事先安排好的日程表，并征求客人意见。

5. 安排拜访与宴请

客人安顿好，主人应登门拜访。拜访的时间不应过长，因为这是礼节性的拜访，问寒问暖，问问有什么困难等即应告辞。

6. 送客

这是公务迎送的最后环节。首先，协助外地客人办好返程手续。应准确掌握客人离开本地的时间，以及对所乘交通工具的意见，为其预订好车、船、机票，尽早通知客人，使其做好返程准备。作为主人可以为长途旅行的客人准备一些途中吃的食品。

其次，在客人离开的当天或前一天为客人送行。临别前一天送行，应到客人住地热情、诚恳、有礼地对招待不周表示歉意，征求客人的意见，询问客人还有什么困难需要帮助解决等,然后道别。客人返程的当天送行，一般应送到车站、码头或机场，陪同客人候车、候船或候机，直到客人离开后再离开，如果自己不能前往，应向客人说明原因，表示歉意。

公务会见与会谈礼仪

会见与会谈是公务活动中的重要事务之一。除了国家领导人、政府官员之间的会见与会谈外，国际、国内各级政府机关举行的会见、会谈不计其数，涉及政治、经济、外交、贸易、文化交往等多个不同层次、不同领域。

从礼仪的角度分，会见、会谈有以下几种：

一是回拜。在礼节性拜会之后，主人又到客人住所回访，以表示相互尊重、友好之意，即为回拜。

二是正式会谈。即双方就实质性的问题交换意见，进行讨论，阐述各自的立场，或为求得某些具体问题的解决而进行的严肃而郑重的会谈。正式会谈一般要求参加人员身份、级别相当。有时举行领导人之间的“单独会谈”；有时还举行“限制性会谈”，即由双方领导人或少数高级助手之间进行的、不公开发表其内容的会谈。如果问题比较重要而且复杂，需要事先就程序性问题等进行商讨，则可以由有关官员先举行“预备性会谈”；如果问题涉及许多方面，则可以分组进行会谈。

三是礼节性拜会。一个国家、地区或组织的代表，到另一个国家、地区或组织访问，在抵达并安顿就绪后，前去拜会东道主，一般称之为礼节性拜会。在国际交往中，一个国家的使节，在赴任到达驻在国并递交了国书之后，分别拜会驻在国的有关官员和驻地的各国使节，也称之礼节性拜会。

四是接见。即由国家领导人或高一级的官员出面会见来访者，或者某些会议成员、代表。

五是召见。驻在国的高级官员，因某些事务或交涉，主动召集有关国家的使节前来会见，称为召见。

六是访谈。领导人或高级官员接受记者或其他新闻媒体人员采访，发表谈话或回答问题，称为访谈。

七是辞行拜会。官员调离工作去异地，临行前向原领导、同事等告别；常驻使节离任前，拜会驻在国政府官员、有关人士和其他国家驻当地使节，向他们告别，称之为“辞行拜会”。来不及一一拜会，也可以举行告别酒会。

一、会见、会谈前的准备工作

1. 场所的布置

安排会见、会谈场所是一项较重要的礼仪工作，通常要根据双方的身份、会谈的目的、参加会谈的人数安排。

会谈场所周围环境一定要好，避免嘈杂的环境。要派专人打扫、检查设备，如灯光、扩音器、空调、桌椅是否处于良好状态。

2. 会见的座位安排

会见宜在比较宽敞的场所进行。会见的座位安排有多种形式，有宾主各坐一方的，也有宾主穿插在一起的。但通常安排主宾、主人坐在面对正门位置，主宾座位在主人右侧，其他客人按礼宾顺序在主宾一侧就座，主方陪主宾在主人一侧就座，译员和记录员通常安排在主人和主宾的后面。

3. 会谈的座位安排

会谈分为双边会谈与多边会谈。双边会谈通常用长方形或椭圆形桌子。会谈桌上放置与会国国旗，摆放座位卡，以便与会者对号入座。

双边会谈时，宾主相对而坐，以会场正门为准，客人面对正门，主人背对正门。主谈人居中，译员可坐在主谈人右侧，但有的国家让译员坐在后面，一般应尊重主人的安排。其他人按顺序左右排列。

多边会谈时，可采用圆桌或摆成方形，宾主不分主次尊卑。

二、会见与会谈程序

1. 事先双方要商定

提出会见或会谈要求的一方，应将要求会见人的姓名、职务以及会见什么人、会见目的告知对方。接见方应及时将会见或会谈的时间、地点、主方出席人员、具体安排和有关事项通知对方。在访问时，会见或会谈的时间，要在商谈访问日程时安排。

2. 双方均应准确掌握会见的时间、地点

主方先于客方到达会场。对于经常会见的客人，有关人员在双方见

面的会客室里静候即可。如果来宾人数较多，主方可以安排几位公关接待人员在楼下入口处迎候。如果来宾中有级别较高或身份重要的人物，东道主的高级领导应该亲自到门口迎接。

3. 接待人员应在约定的时间之前到恰当地点迎候

看到来宾的车辆开来，接待人员要微笑挥手致意。车停稳后，要快步上前，同来宾一一握手、寒暄，表示欢迎。

接待人员在引导来宾去往会见、会谈地点时，要用声音和手势同时向来宾示意跟自己走，声音手势都应适度得体。

接待人员中应该有一个在左前方带路，其余的人按尊卑顺序在左侧陪同来宾一起前进。带路人步伐要适中，照顾后边的来宾。在转弯处、楼梯口、电梯口要稍稍停一下，待来宾跟上后再前进。遇到不起眼的台阶、地毯接缝处，要提醒来宾注意安全。

4. 会见、会谈前，一般安排合影

要事先安排好合影圈，人数众多时应准备架子。合影时，主人和客人居中，以主人右侧为上，按礼宾次序，主客双方间隔排列。对于第一排，通常安排主方人员站在两端。合影时间宜在宾主寒暄、握手之后；合影后，宾主落座开始会谈。

领导人之间的会见、会谈，除陪同人和必要的译员、记录员外，其他工作人员安排就绪后均应退出。如允许记者采访，也只是在正式谈话开始前采访几分钟，然后一齐离开。谈话过程中，旁人不要随意进出。

公务汇报工作的礼仪

一、下级汇报工作的礼仪

下级向上级汇报工作时的礼仪要求有：

1. 遵守时间，不可失约。应树立极强的恪守时间的观念，不要过早抵达，使上级准备未毕而难堪，也不要迟到，让上级等候过久。

2. 轻轻敲门，经允许后才能进门。不可大大咧咧，破门穿堂，即使门开着，也要用适当的方式提示有人来了，以便上级及时调整体态、心理。汇报时，要注意仪表、姿态，站有站相，坐有坐相，文雅大方，彬彬有礼。注意上级办公室是否允许吸烟，如果可以敬烟时应打开烟盒弹出几支，递向上级由他自取。

3. 汇报内容要实事求是，汇报口音要吐字清晰，语调、声音大小恰当。有喜报喜，有忧报忧，语言精练，条理清楚，不可“察言观色”，投其所好，歪曲或隐瞒事实真相。

4. 汇报时如果上级不注意礼仪时，不可冲动，仍然要坚持以礼相待，也可以以身示范来暗示上级纠正错误，或者直言相陈，但得注意言辞的艺术件。

5. 汇报结束后，上级如果谈兴犹在，不可有不耐烦的体态语产生，应等到由上级表示结束时才可以告辞。告辞时，要整理好自己的材料、衣着与茶具、座椅，与领导告别时要说“谢谢”或“请留步”。

二、上级听取汇报的礼仪

身为领导者，在听取下级的请示汇报时，同样要讲究礼仪。听取请示汇报时，主要有以下礼仪要求：

1. 守时。听请示汇报的领导应在约定时间前到达约定地点等候，不能让请示汇报者准时到达却找不到领导。如遇特殊或紧急情况需要离开，应安排人接待，并做出推迟或改期的具体安排。

2. 善于倾听和诱导。在听请示汇报者说话时应该用表情（如微笑、点头等）、动作（如手势等）和简单的语气词（如“嗯”、“哦”等）来表示自己在注意倾听，并鼓励对方继续说下去。遇到自己不愿听的话题应巧妙地加以引导，使对方转换话题，自然而有礼貌地把谈话引到自己需要的内容上来。

3. 适当提问。领导在听请示汇报时如果听不清楚，或有疑问，为了避免产生误解随时可以提问，但要问得恰当。在内容上，所提的问题应是与请示汇报内容紧密相关的，不要提涉及隐私和忌讳而使请示汇报者

难以启齿的问题。在方式方法上要让对方易于接受、乐于回答。语言、声调应该亲切、平和，让人感到是在平等地交谈，而不是领导者“居高临下”地考问。

4. 对请示的问题应根据党和国家现行的方针、政策和实际情况做出明确的答复。不要模棱两可、含糊推托，也不要故意拖延。

公务会议礼仪

在公务活动中，一些重要的工作内容，如做出决策、交流信息、总结经验等，都是在会议上完成的。所以，会议是一项极重要的公务活动。开会必须遵守会议的种种程式，使之符合礼仪。

开好一个会议，准备与筹划十分重要。在筹划一个正式会议或准备一次非正式会议时应遵循如下几个步骤：

确定会议宗旨——确认这些宗旨都能在指定的时间内实现。

选择与会人员——根据既定会议宗旨确定。

设备安排——确认能提供所必需的设备。

准备会议议程——按逻辑顺序排列，每个议程都标上名称和时间。

制定基本准则——以保持行为规范。

发出邀请——让他们有时间做好准备。

与非出席者联系——使他们也能获得有关信息。

一、出席会议者应注意的四条礼仪

1. 遵守时间

出席会议时，遵守时间，是基本的会议礼节之一。只要承诺出席会议，不论职位或高或低，是否预备发言，都应准时到会。迟到者会令人反感，答应出席却无故不到者更会招致非议。

2. 认真参与

会议一旦开始，就该全神贯注地聆听会议主席和其他各位发言人的讲话。不要在别人发言时看报纸，打手机，昏昏欲睡。不能无故早退，无故早退通常被理解为一种“无声的抗议”，从而引起误会。在会议进行时如要离开会场，时间较短的，行走时应注意不要影响其他会议代表。如果时间较长或者需要提前离会，应向有关人员说明原因，并表示歉意，一般应在征得同意后方可离席。为了确保会议的顺利进行，每个与会者都要避免制造“噪音”。在会议进行过程中，与会者可鼓掌。但不允许“鼓倒掌”，也不允许任意打断发言人的发言，不要听“随身听”，也不要让自己的寻呼机和手机“叫嚣”不停。在会场上，用手机与会场外保持联络，是不适宜的。

3. 有秩序地就座

若在主席台上就座，在走上主席台时，要井然有序，如果与会者在鼓掌致意，主席台就座者亦应微笑着以鼓掌作答；有的会议，座位上或主席台的长桌上已写明就座者的名字，应按照会议工作人员的引导，准确地入座。在会议进行时，主席台就座者要注意倾听发言人的发言，一般不应在发言人发言时阅看其他文件或与主席台上的其他就座者长时间地交头接耳。主席台就座者倘有重要和紧急的事情需要提前离开会场时，应与会议主席打个招呼，最好在征得会议主席同意之后再离席。

4. 发言应简练

就会议发言人或报告人来说，在发言之前，可以面带微笑环顾一下会场四周。如果会场里掌声四起，可适时地鼓掌答礼，要掌握好讲话的节奏。如果会场里交头接耳之声不断，要考虑适当转换话题，或将发言、报告内容适当压缩，使时间尽量紧凑。

二、组织者应注意的礼仪

作为会议组织者自始至终要保持清醒的头脑和细致的洞察力，在会议组织过程中要热情、耐心，发现问题及时解决，力争做到有求必应、有问必答，不厌其烦，准备充分。整个工作要以严肃、认真的态度来完成。

三、主持人礼仪

主持会议者要注意一举一动符合身份，自然大方。走姿步伐应自信、刚劲、有力，体现一种胸有成竹、沉稳自信的风度和气质，步幅、步频要依据不同性质的会议而定。一般的纪念、悼念性会议，步频较慢，每秒约 1 ～ 2 步，且步幅小；欢快、热烈的会议步频较快，每秒约 2.5 步左右，步幅应较大；主持庄严的大会，步频以每秒 2 步为好，步幅自然。行走时挺胸抬头，目视前方，摆臂自然。遇见熟人不能打招呼，更不可寒暄闲谈，但落座后会议还未正式开始时可适当点头、微笑致意。坐姿要端正，腰部挺直，颈部梗直，面对前方，虚视全场，双臂前伸，两肘轻按桌沿，呈对称的“外八字”。站姿要双腿并拢，腰背挺直，持稿时，右手持稿底部中间，左手五指并拢自然下垂，双手持稿时要与胸高，与身体呈 45 度角。主持时，注意不能出现用手抓头、揉眼、搔脸、抖腿、手舞足蹈等不雅观的体态动作。

会议主持人的言谈要根据不同的会议气氛，或庄重，或幽默。要处处尊重他人的发言和提问，口齿清楚，思维敏捷。调节、控制会议气氛和议题，会议出现僵局冷场后要及时引导，不以动作、表情或语言对不同意见者表示不满。

四、常见的会议程序与礼仪

1. 座谈会的程序与礼仪

座谈会是一种邀请有关人员交谈讨论某一主题的会议，“平等”、“轻松”应是座谈会的基本风格。召开座谈会的礼仪要求是：

(1) 发送邀请通知要提前 3 天。会议通知应明确会议时间、地点、议题，以便与会者了解。

(2) 会议中要积极创造平等和谐的气氛。会议主持人的座位不宜太显眼，要与其他人员围圈而坐。主持人宣布开会后，要简要说明会议的宗旨、时间、出席单位或个人、会议内容、原则。在引导座谈讨论过程中，要就重点、难点或不清楚的问题，启发思路，让大家畅所欲言，并归纳、整理、重述结果。

(3) 在座谈会上应鼓励插话和争论。座谈会可以你一言我一语，使会议气氛尽量显得活泼一些，使与会者做到知无不言、言无不尽。

2. 例会的程序与礼仪

例会是一种制度化的会议，开会时间、地点、人员均固定，以讨论工作、沟通信息为会议内容。例会的一般程序与礼仪为：

(1) 与会者都应准时参加。例会不发通知和告示，与会者如遇意外不能参加，一定要事先请假，以免其他人无端等候，如果因事取消或推迟会议要通知有关人员。

(2) 会议室布置宜紧凑。通常用圆桌或长桌，与会者可团团围坐，显得集中、紧凑。

(3) 会议时间要简短、议题明确。“短小精悍”是例会的基本风格，每一个与会者发言时应一个接着一个，不要冷场，讨论工作时要议题集中，主持人及时控制不要岔开主题，切忌把例会开成“马拉松”式的长会。

3. 庆祝表彰会的程序与礼仪

庆祝表彰会的基本氛围是热烈喜庆，为体现这点，就必须做到：

(1) 会场布置采用大红横幅、彩旗、宣传标语、敲锣打鼓来体现这种气氛。会场大小要与与会人数相当。

(2) 做好迎送工作，对上级领导或被表彰人员要热情、妥善地迎送，会场可播放轻松的乐曲。主席台人员入座时，全体与会人员要报以热烈的掌声。

(3) 会议发言要短小精悍，每一个发言结束时，主持人要引导全场热烈鼓掌，这既是对发言者的尊重，也是为了进一步渲染、烘托会议气氛。

(4) 表彰时先由领导宣布表彰决定，并为受表彰人颁发奖状、锦旗或奖金，宣读祝贺词。

(5) 会后可安排联欢会、舞会或庆功宴会。

4. 纪念会的程序与礼仪

纪念会要求开得既隆重，又庄严。其礼仪主要有如下几点：

(1) 会场布置要素雅，不宜色彩缤纷。

(2) 纪念个人的，一般邀请其家属参加；纪念某个事件的，一般邀请与其关系密切的人员参加。

(3) 当被邀请者进入会场或走上主席台时，全体起立行注目礼。

(4) 会议仪式程序一般是首先由主持人宣布会议开始、与会者起立、向被纪念者默哀；接着是主持报告，报告应简要介绍被纪念者的生平和主要事迹，阐明纪念的意义，或者是介绍被纪念事件发生的背景、经历和历史意义；然后是各界人士发言，共表纪念的心愿。

(5) 与会者在纪念会全过程中都要认真严肃，不能随便走动，更不应该自由议论，以致影响全场肃穆的气氛。

会议结束后，主持者要对被邀请者表示慰问。被纪念者亲友代表致答谢词。

公务人际礼仪

一、一个好领导应具备的礼仪

1. 提高个人修养

一个优秀领导者不会居功自傲，成就是属于团体的。不要因现有地位和成就而沾沾自喜，以为高人一等。相反，你要把部门的成绩归功于大家的努力，这样做会让你得到下属员工的爱戴和尊敬。要勇于为团体承担责任，当事情出了差错时，不要在高层领导面前推诿责任。对下属员工要平易近人，领导者得不到下属配合，就不能有效完成部门任务。平易近人能得到下属的支持。宁要慷慨过甚，不要吝啬过度。

要信守承诺，说到就一定要做到。别人来电，务必在 24 小时内回话，或至少找人代为处理。

有来宾走进办公室时，不论长辈或同辈，都应起立相迎以示尊重。学会向他人介绍引见。把男士介绍给女士，把辈分、地位低的介绍给辈分高和地位高的人。

假如有一项规定你自己都不遵守，那么也别要求你的下属遵守。

2. 团队精神，从领导做起

员工自下而上是培养不出团队精神的，一个团队是否有团队精神，要从领导做起。领导者必须：

(1) 所有时间内都须维持良好而亲切的态度，敞开大门面对自己所有的部属，欢迎他们，并显示出对他们的尊重。

(2) 把好处与那些做出贡献的人分享，并让他们知道自己对组织是有所贡献的。

(3) 如果属下必须连夜加班时，得尽可能注意到他们的安全问题。

(4) 当属下说明他们其中一人有生病、过于忧虑、压力太大，或是心中有所疑惑等事情时，必须流露出高度的关怀之意。

(5) 有了好消息得让所有相关的同仁知晓。若有了成就，上级也要对每位相关的属下表达肯定及感激之意，而不是贪得无厌地把所有的功劳归到自己一个人身上。

(6) 阻止谣言或风言风语的传播。不要蜚短流长、搬弄是非。

(7) 在做出决定前可向人请教一番——尤其是当这些决策和他们有关时更应如此。

(8) 耐心聆听别人所说的话，千万不要让对方得到这个印象：他们说话的时机不对。

(9) 鼓励大家在一起工作。即使是自己一个人工作，也要像在团体里工作一样，得随时注意自己的行为举止。

3. 用行动体贴下属

如果你是一位领导者，那么就别让体贴下属成为一句空话，而是用行动确保每一位下属都拥有良好的工作环境和办公设备。

可以帮助训练年轻的下属，不仅教他们做事，还要教他们做人。可以提提建议，耐心回答他们提出的问题，在他们学习工作的过程中充当一位友善的辅导员。

部属有突出表现时，应及时向他道贺并且公开加以表扬。

下属精神沮丧时，给予他鼓励。人生常会遇到不如意之事，别人的鼓励可能使人一下子振作起来。因此，关照下属是主管的职责。

下属住院、受伤或生病时，可以和其他下属一起表达慰问和支持，如送一束花，提供有关办公室的信息，一个星期去探望一次。

4. 敢做敢当，拥有大家风范

如果团体出了差错，要勇于出面为团体承受指责。只会在更高层主管

面前推托诿过，即使过错责任真的不在你，也显得欠缺领导者应有的气魄。

当你得到能使集体共同获益的重要信息时，应当让每一位部属都分享。不要一个人偷偷独占与大家有共同利益关系的信息。尤其在共同计划一项业务时，更不要“只手独揽”。

接到任何邀请均应在一周内答复。如果接受了邀请，就务必到场，一位有良好礼仪的主管会认真对待邀请函上“敬请赐复”的字句，而绝对不会无故失约。一位主管如果在公司或私人的活动中无故缺席，不仅会破坏个人形象，也会有损于公司声誉。

对自己的过去和现在不要夸耀。如果你是因为家族的关系而坐上主管这把交椅的，不要在同事面前炫耀自己的家世。如果你有幸参加同事不能参加的晚会或其他宴会，不必在同事面前提起这些事。

二、员工必须具备的礼仪

1. 准时上下班

上班时间，就是开始工作的时间。从进门到坐到自己的座位上，至少需要几分钟时间，因此，应在开始工作前 10 分钟到达公司。上班是否准时，反映你对工作是否敬业。

到了下班时间，如果已经做完了工作，就可以向周围的同事打声招呼，“我先走了”，再自行离去。看到上级正在忙工作时，最好问一声：“需要帮忙吗？”确定不需要时，你可离去。

下班之前，应将办公桌上的文具和文件等放整齐，将椅子放回原位。

2. 服饰规范整洁

工作时间，就算不穿正装，也要穿戴得整齐些。男女两性在穿着方面有如下差异：

(1) 穿着邋遢的男性上班总会给人一种粗心大意、不规矩的印象，同时也会让人认为这种男士需要照顾。

(2) 穿着邋遢的女性上班则会给人一种不端庄、自甘堕落的印象。

(3) 一个男士若是穿着太潇洒或说过分“火辣辣”的话，则会被认为是个有野心且略显轻浮的人。

(4) 一个女人如果穿着太漂亮，会让人觉得她在事业或性方面“野心勃勃”。

女职员不能在写字楼内化妆，尤其是有异性同事时。不能在办公桌上摆满化妆品。如果办公室设有女衣帽间,就可兼做化妆间。没有条件的，可用洗手间代替。

3. 敢于承担责任

勇于承担风险，不推托诿过给同事，这是一种良好的态度。如果有轻微的事被弄错了，上司追问起来，哪怕大家都有点责任，你就直截了当地给上司解释明白，自己先向他道句歉，承认就算了，当然你可能挨一顿骂，可是却会在办公室中赢得美名。

4. 不让私事占用上班时间

私人事情不要带到办公室去。每个人都要谨记，公司给你薪金，目的就是需要你做好本职工作，所以你应该尽责地做你分内的事情。

有许多公司严格地执行一些规矩，例如办公时不能接听私人电话，不能随便跑出去买香烟，规定用午膳时间，上班下班要准时等。

5. 使用礼貌用语

在办公室中禁止使用不严肃的话语。刚参加工作的职员，由于处在下级的地位，无论对谁都要注意用尊敬的语气说话。

同事之间多以名字相称。对一些德高望重的同事或者上司，要以“× 先生”或“× 经理”来称呼为合适。对上级，如称“× 部长”、“× 科长”的时候，应直接称职务名称，不叫姓名。

无论男士或女士，自己称呼自己时都用“我”。

在办公室中，不要随便挪用别人的东西，即使是公司统一配发的用品，也属个人私用。未经主人许可，事后又不打招呼的做法，是不允许的。

无论是谁的客户、谁的朋友，踏进公司的门，就是你们公司的客人，你作为主人应热情接待，决不可以三言两语把客人打发掉或把他晾在一边。

在办公室里，男女同事之间是平等的。所以男士并无必要在他的女同事面前遵守社交活动中“女士优先”的规则。

三、员工与上司相处的礼仪

1. 摸准上司的脾气

有的上司喜欢简短的口头报告，有的却爱看书面报告。有些上司要求下属自己做出决定来完成任务；但有些却要求下属定时向他汇报，凡事事必躬亲。如果你准备充分，就可以更好地配合他的步调。

根据上司的习惯调整时间、节奏。如果上司总是喜欢在每天早晨 10 点前让你处理几份文件，那你应该提早 10 分钟抵达办公室。如果上司习惯在 10 点后才开始工作，你就要避免过早与他谈论公事。

2. 学会跟上司相处

想让上司信任你，就要按时完成任务。做任何事都应当检查两次，确认没有错漏再交到上司那里。如果不能按时完成工作，务必预先通知上司，当然这种情况越少越好。

如果上司错怪了你，不要在开会时就和他针锋相对。散会后找个方便的时机，向他解释真实的情况，他一定会对你心怀歉意。

当上司大发雷霆时，不要试图马上解释或与之针锋相对。即使你会暂时委屈地离开办公室，但很快就会有机会让你解释的。

3. 与上司保持适度距离的五个窍门

(1) 上司突然病倒了，而且要休一段时间的假。你应当更积极主动地承担一些任务，使你的才干更好地得到表现。除非真有必要，应尽量避免打扰上司，让他得到很好的休息。

(2) 当你获得公司表彰，取得很好的成绩，应当让上司知道你的感谢。“还记得我以前犯过的错，幸亏有您的指正，我现在有把握多了。想起来，真是太谢谢您了！”

(3) 和上司交往应当大方、合理。如果在餐厅中遇到上司，不是主动打招呼，而是扭头退避，或者视而不见，这样是无法让上司感觉到你的存在的。正确做法是：偶尔在公众场合碰见上级，不管对方是否真的记着你的名字，都要大大方方地打个招呼，但不必多说话，以免打扰对方。离开时，也应招呼一下。

(4) 在公司组织的聚会上，不应该过于拘谨。如果老板坐的桌子有空位，而其他的桌子已经很挤了，不妨大方地走过去，坐在老板旁边。既然是工作业余活动，所有在办公室里的等级和习惯，都应该暂时摒弃，投入群体活动。如果再紧张兮兮的，生怕在老板面前失态，反而会让人觉得有失大方。

(5) 与上司保持适当的距离。当上司在下班后拉着你大讲私事，不一定是对你特别的信任，你也不可因此就以为日后见了上司可以跟他大拍肩头。保持沉默，不把上司的私事向其他同事透露，才是明智的举动。在公司的聚会上，老板可能变得和蔼可亲，俨然与大家打成一片，但是你在次日的工作中仍要保持平日的上下级关系。

四、同事相处的礼仪

1. 尊重、关心对方

把同事的物品当成自己的物品一样爱护，向同事借任何东西都应尽快归还，整洁、完整地摆入原来的地方，并且要真诚地表达你的谢意。

同事被上级误解，应热心地代为出面解释。不论是一件很严重的事，或者是一件很小的事。对待公司里资深人员，不能一概以“你我平起平坐”的态度相待，而应表示出尊敬，在称呼上可用“老师、先生、×老”等。

如果同事遇到坏消息，要加以慰问。可以将这位同事请到一旁拍拍肩膀，表达慰问之意，并且询问自己是否可以帮上忙。

工作时间内不可偷懒闲聊或打私人电话。当同事在专心处理一项事务时，不要要求人家和你说话，打扰人家。

2. 遍开友爱之花

工作时间与同事谈到配偶和孩子时，要语带感情，但是也要尽量避免这类话题，以免别人分心，打扰他们工作。

接受别人的款待、赠礼或帮忙，可以写封信向对方道谢。在中国用这种方式比较少，但在西方则很普遍。用这种方式的好处是别人可以保留此份情谊，而且肯定会留下深刻的印象。

不论在办公室的工作如何忙碌，发现同事神情沮丧时，都要加以鼓舞，向他说："嗨！振作起来，不如意会很快过去的。"当他们需要帮忙时应尽力帮忙，没准哪一天，你可能也需要别人的帮助。

同事住院、受伤或生病，可邀集其他同仁对他表达真切的慰问。

3. 玩笑适可而止

同事间在工作交往时，也要使用"您"、"请"、"劳驾"、"多谢"等文明用语。开玩笑一定要注意对象和场合。开长者、前辈和不太熟悉的同事的玩笑是不恰当的。说话声调宜低不宜高，切忌讲粗话、讲低级庸俗的笑话。话语中避免涉及同事的隐私或短处，不能挖苦、讽刺别人。

谈话要自然随意，不要心不在焉、爱理不理的，也不要忸怩作态或哗众取宠。如果谈话中出现了矛盾、分歧，不必太当真，可以开个玩笑并转移话题，不要因为闲谈伤了同事间的和气。闲谈要把握尺度，适可而止，更不能耽误了正常工作。

五、异性同事相处的礼仪

在办公室中，男女同事之间接触较多，两性关系如果处理不当，不仅会给本人带来麻烦，还会对公司造成一定影响，因此，在办公室工作的异性应时时注意行为细节。

1. 办公室着装禁忌

上班不是约会，也不是在家休息，更不是显示性感的地方。如果男性把衬衫敞开，穿着短裤，是对在场女性的不尊重。女性更要注意自己的穿着，千万不能张扬自己的性感，如穿着超短裙和太露的衣服。

2. 不要越犯语言雷区

男性和女性在办公室均要注意交谈的分寸。男性私下常会说出一些粗话，有人甚至会开黄色玩笑，但不允许在办公室中发生，尤其是有女同事在场之时，否则女性会认为这是对她们的侵犯。

男性在恭维女性时，也要避免挑逗性，以免给对方产生有性这一方面的错觉。

不要在办公室谈论性生活。你的性生活的话题应该留在家里，而不该带到办公室。如果你在工作中提及这类事情，会给人一种不成熟、不能托付重任的印象。所以这些话题还是不应该在办公室里谈。

3. 动作避免轻佻

如果你是男性，当女同事在场时，不能把松了的皮带当众再扣紧，或者把衬衣塞入裤子中，否则会引起误会，会使女性产生不愉快。

女性也不能做一些挑逗性动作，尤其是体姿语。比如，反复叉开两条大腿，在男性面前梳理头发，触摸男性的衣服，用头发拂打男人的面颊等。尽管无意，但其结果是给对方发出性的信号，导致误会。

4. 把握与异性同事交往的分寸

办公室中，要注意把握自己和异性同事交往的分寸。如果你们是要好的同事当然可以多些交流，但最好不要把自己的私生活带入。特别是

如果在婚姻上不如意，对异性同事不宜过多倾诉，否则会被对方认为你有移情的想法，甚至被看作是向她（他）求欢的暗示。如果同事把你当成听众时，你不妨向对方多谈谈自己婚姻生活中美好的一面，一来可以为对方提供改善婚姻的借鉴，也可尽同事之谊来起暗示作用，使对方尽早避免对你情感上的投入。

即使是极为默契的两性同事，也只应当在工作上更好地配合，多给对方提出良好的建议，而在交往中，不要“亲密无间”。这点男性尤其要注意，因为男女在心理与认识上的差异，使得你认为是正常举动，对方或许难以接受，何况其他同事看着也别扭。比如在谈工作时，用手臂揽着女性的肩膀，高兴时拍年轻女孩头发，紧贴着站在女性坐着的椅子后并双手扶着椅子等。

如果在与异性同事交往的过程中，双方产生感情，而双方都已结婚或者一方已结婚，这是非常糟糕的情况，会给双方的情感和家庭带来许多伤害，应当尽量避免。

如果你们两人是单身，有可能结合成为生活伴侣，那么在两人谈恋爱时，不能让谈恋爱影响工作，不要在写字间中谈情说爱，并且一方要做好调离本办公室的准备，因为假如恋爱失败，双方难免会陷入尴尬的境地，从而影响工作。

5. 反击性骚扰

性骚扰是西方传入我国的名词，在西方它是一个公开的话题，在我国还表现得遮遮掩掩。性骚扰往往难以判断。以下的行为对比，可以让你了解什么是性骚扰。

只是顺口赞美你穿得漂亮；性骚扰则是，赞美你的衣着时，还以色迷迷的目光在你身上打量。

把手搭在你的肩上，并且给你一个与其他人相同的拥抱；性骚扰则是，搂着你不放。

说些有点颜色的笑话时，你只觉得蛮有趣的，却没有猥亵的感觉；性骚扰则是，说有颜色的笑话时，过分强调一些临床的细节或者夸大自己的性能力。

听到值得高兴的好消息时，轻拍你的肩膀或手臂；性骚扰则是，在公共场合或者私底下，暧昧地触碰你的身体。

他在你的桌上留下一张字条，赞美你的工作表现；性骚扰则是，他一再在你桌上放置写有性暗示字句的字条。

如果你确定遭到了性骚扰，要采取适当的反击行动，不要只是默默地承受。告诉你自己，对家庭、公司、社会而言，你都是很有价值的。因此，一个很有自信而且具有良好形象的女性，必须不让自己成为这种行为的牺牲品。

求职礼仪

求职礼仪是求职者在求职过程中与招聘单位的招聘者接触时应具有的礼貌行为和仪表形态规范。求职虽说是“求”，但并不意味着自己人格的低下，要不卑不亢，要有礼有节地提出和维护自己正当的利益、要求和尊严。无论是招聘者还是求职者，都是站在同一公正、平等、互尊的位置上互相审视，彼此互为选择。

求职礼仪对求职者的作用

求职礼仪是求职者整体素质的一个重要表现，它对于能否实现求职者的意愿、能否被理想单位录用起着重要作用。

1. 求职礼仪能体现求职者的文化素质

一般来说，文化层次不同的人，对礼仪规范的理解也不同。文化层次越高，对礼仪规范掌握越多，理解亦越深。他们不仅懂得礼仪规范的一般要求，而且懂得礼仪规范在不同场合的特殊要求。

2. 求职礼仪能体现求职者的道德水准

礼仪规范是一个人道德水准的外在表现，不可避免地要受道德规范制约，是一个人心灵文明程度的反映。一个有较高道德素养的人，在他的礼仪行为中，必然能处处体现出较高的道德素养。

3. 求职礼仪能体现求职者的个性特征

招聘单位对人才的挑选，包括对求职者个性特征的了解，有时在短短的接触中就能看出。比如求职者是自信还是高傲、是谦虚还是自卑、是文雅还是内向、是爽直还是粗鲁等。礼仪体现着求职者个性的素质、修养和境界。

写求职信应注意的礼仪

用人单位在招聘人员时，大都要求应征人员先行寄上求职信，以供筛选。对于立即登门拜访的应征者，用人单位通常是不欢迎的。

由此可见，写求职信，实际已经变成了应聘时例行的第一道手续。只有过了这一道关卡，才能够拿到应聘的“门票”。

撰写求职信时，最重要的是要注意书写规范，要做到谦恭有礼、言简意赅。

1. 书写规范

写求职信时，第一要旨就是书写必须规范。书写规范，一是要求字迹清晰，二是要求内容正确，三是要求格式标准，四是要求通篇整洁。

求职信最好进行电脑打印。非要亲笔书写时，则务必要用正式稿纸，并用蓝黑色或黑色墨水书写。有必要时，还可附上一篇内容相同的英语译文。

2. 使用谦语

写求职信时，要采用书面语言。在字里行间，勿忘自谦与敬人。该有敬语、尊称的地方，千万不要忽略。必要的礼貌用语，亦不可缺。

写求职信时要谦恭有礼，重在体现出一种彬彬有礼的态度和个人的良好教养。仅靠过多地堆砌礼貌用语，并不一定能够做到这一点。

3. 言简意赅

求职信是一种自我介绍信。因此，在写求职信时，一定要把重点放在自我介绍、自我推荐之上。客观地、实事求是地自我推荐，取信于人。

为了便于用人单位的阅读，一般情况下，一封求职信在字数上应以500字为限，并且最好将其写在一页纸上。

面试礼仪

求职面试是指用人单位派人对求职者进行有目的的面谈，是主考官对求职者的一种考察方法。面试的目的在于给主考官一个机会，通过对求职者的外表、言谈、举止、个人的表现来判断他是否是适合的人选，为单位在选贤任能方面下一个准确的判断。

因此，为了创造良好的面试氛围，为了更充分地在有限的时间里恰当地表现自己，为了给主考官留下一个美好的印象，每个求职者都要注意求职面试时的基本礼仪。

求职面试的礼仪一般包括：外在形象、行为举止、见面礼仪、应答礼仪和告别礼仪。

一、求职者外在形象的重要性

1. 打造求职形象

求职者的形象给主考官的印象如何，常常关系到求职的成败。求职者的仪表直接决定自己能否在面试时更好地显示出风度和神采。

(1) 形象的作用。在求职面试活动中，主考官首先是通过求职者的仪表来认识对方的。在最初的面试中，仪表往往比一个人的简历、介绍信、证明、文凭等方面的作用更直接、更能产生效果。主考官往往通过仪表来判断求职者的身份、地位、学识、个性等，并形成一种特殊的心理定势和情绪定势，这种心理定势和情绪定势就称为“第一印象”，这个“第一印象”在无形中左右着主考官的判断。

(2) 形象的树立。求职面试时，一定要树立良好的形象。一个懂得自我包装而又具备其他各方面优良素质的人，他成功的机会就会多一些。

对于一个求职者而言，衣着对求职成功与否起着十分关键的作用。一个文化素养较高的人，他的穿戴常常是端庄高雅的；一个勇于进取、很有个性的人，他的装扮大多是新颖不俗、富有创造性的；一个工作作风严谨的人，他的着装常常是整洁得体的。

(3) 增强自信。好的形象会使人产生优越感，增加不少自信。因此，求职面试时，尽管不必穿太高档的服装，但适当提高服装档次，穿着整洁大方，与对方建立起平等关系也是很关键的。要是穿着太随便，看着对方西装革履，自感相形见绌，就会信心不足。可见，求职面试时的服装，已不是一件普通的衣服，而是保护心灵的外套。

(4) 投其所好。有些求职者总是喜欢根据自己的爱好来装扮，这样的好处是面谈时感到自然轻松。但如果你的形象不符合主考官的习惯，没有投其所好，很有可能影响录用。

2. 好形象从“头”开始

发型对求职者的个人形象，发挥着重要的、不可替代的作用。有鉴于此，学习一些美发的礼仪，是极为必要的。

美发礼仪主要分为护发礼仪与美发礼仪。前者主要与头发的护理有关，后者则是重点关注头发的修饰问题。

护发礼仪的基本要求是：求职者的头发必须保持健康、干净、清爽、整齐的状态。要真正达到要求，就必须在头发的洗涤、梳理、养护等几个方面下功夫。

美发礼仪所涉及的，主要是有关头发的修剪、造型等方面的问题。美发礼仪的基本要求是:经过修饰之后的头发，必须以庄重、简约、典雅、大方为其主导风格。不论是修剪头发，还是选择造型，最好都严格遵守如上要求。

3. 求职者化妆的基本礼仪

对求职者来说，化妆毫无疑问地可以帮助人树立自信心。因此，求职者有必要了解并认真遵守有关化妆的基本礼仪规范：

(1) 应当化淡妆。淡妆的主要特征是，简约、清丽、素雅，具有鲜明的立体感。

男士所化的淡妆，一般包括美发定型、清洁面部与手部，并使用护肤品进行保护；使用无色唇膏与无色指甲油，保护嘴唇与手指甲；使用香水等几项内容。女士所化的淡妆，在此基础上，还需要使用相应的化妆品恰到好处地展现出女性的面颊、眉眼与唇部的美感。

淡妆的目的在于不过分地突出求职者的性别特征，不过分地引人注目。

(2) 求职者应当避免过量地使用芳香型化妆品。通常认为，与他人相

处时，自己身上的香味在 1 米以内能被对方闻到，不算是过量。如果在 3 米外，自己身上的香味能被对方闻到，则肯定是过量使用香水了。

正确使用香水的位置有两个：一是离脉搏较近的地方，如手腕、耳根、颈侧、膝部、踝部等处。二是既不会污损衣服，又容易扩散出香味的服装上的某些部位，如内衣、衣领、口袋、裙摆的内侧，以及西装上所用的插袋巾的下端。

(3) 求职者应当力戒自己的妆面出现残缺。在求职时，假如自己化了一些妆，那么就要有始有终，努力维护妆面的完整性。妆面一旦出现残缺，不仅会直接有损于自身的形象，更重要的是，它还会使得自己在招聘者眼中显得缺乏条理、邋里邋遢。

二、求职者的仪态礼仪

仪态，就是人的身体姿态，包括人的表情、站姿、坐姿、走姿以及身体展示的各种动作。

1. 求职者站姿的基本要求

站姿是仪态美的起点，又是发展不同动态美的基础。良好的站姿能衬托出求职者良好的气质和风度。

站姿的基本要求是挺直、舒展，站得直，立得正，线条优美，精神焕发。

其具体表现是：

头要正，头顶要平，双目平视，微收下颏，面带微笑，动作要平和自然；脖颈挺拔，双肩舒展，保持水平并稍微下沉；两臂自然下垂，手指自然弯曲；身躯直立，身体重心在两脚之间；挺胸、收腹、直腰，臀部肌肉收紧，重心有向上升的感觉；双腿直立，女士双膝和双脚要靠紧，男士两脚间可稍分开点儿距离，但不宜超过肩宽。

2. 求职者坐姿的基本要求

坐姿是仪态的重要内容。良好的坐姿能够传递出求职者自信练达、积极热情的信息，同时也能够展示出求职者高雅庄重、尊重他人的良好风范。

求职者坐姿的基本要求是端庄、文雅、得体、大方。具体要求如下：

入座时要稳要轻，不可猛起猛坐使椅子发出声响。女士入座时，若着裙装，应用手将裙子稍向前拢一下。

坐定后，身体重心垂直向下，腰部挺起，上体保持正直，两眼平视，目光柔和。男子双手掌心向下，自然地放在膝上，两膝距离以一拳左右为宜。女士可将右手搭在左手上，轻放在腿面上。

坐时不要将双手夹在腿之间或放在臀下，不要将双臂端在胸前或抱在脑后，也不要将双腿分开过大或将脚伸得过远。坐于桌前应将手放于桌上，或十指交叉后以肘支在桌面上。

入座后，要尽可能保持正确的坐姿，如果坐的时间长，可适当调整姿态，以不影响坐姿的优美为宜。

以上几种坐姿，都能够体现出求职者的自信及练达，可以给招聘者留下好感。因此，不能把正确的坐姿只看成是一种简单的技能训练，而应将其与自身综合素质的培养与锻炼联系起来，认真对待。

3. 求职者的走姿标准

走姿是站姿的延续动作，是在站姿的基础上展示人的动态美。无论是在日常生活中，还是在社会场合，走路往往是最引人注目的体态语言，最能表现一个人的风度和魅力。

求职者走姿的具体要求是：

行走时，头部要抬起，目光平视前方，双臂自然下垂，手掌心向内，并以身体为中心前后摆动。上身挺拔，腿部伸直，腰部放松，脚幅适度，

脚步宜轻且富有弹性和节奏感。

男士应抬头挺胸，收腹直腰，上体平稳，双肩平齐，目光直视前方，步履稳健大方，显示出男性刚强雄健的阳刚之美。

女士应头部端正，目光柔和，平视前方，上体自然挺直，收腹挺腰，两腿靠拢而行，步履匀称自如、轻盈，端庄文雅，含蓄恬静，显示女性庄重文雅的温柔之美。

4. 仪态礼仪须注意的六个问题

在面试时，求职者的行为举止十分重要。一般而言，求职者在行为举止上要注意六个问题：

(1) 应聘时不要结伴而行。无论应聘什么职位，独立性、自信心都是招聘单位对每位应聘者的基本素质要求。

应聘时结伴而行，会给主考官留下自信心不足、缺乏独立性的印象。

(2) 保持一定距离。面试时，求职者和主考官必须保持一定的距离，不适当的距离会使主考官感到不舒服。如果应聘人多，招聘单位一般会预先布置好面试室，把应试人坐的位置固定好。当求职者进入面试室后，不要随意将椅子挪来挪去。有的人喜欢表现亲密，总是把椅子往前挪。殊不知，这是失礼行为。如果应聘人少，主考官也许会让你同坐在一张沙发上，求职者这时应该界定距离，太近了，容易和主考官产生肌肤接触，这是失礼行为。

(3) 不卑不亢。求职面试的过程实际上也是一种人际交往过程，求职双方都应用平和的心态去交流。

(4) 举止大方。举止大方是指求职者举手投足自然优雅，不拘束，从容不迫，显示良好的风度。

(5) 忌不拘小节。有的求职者，自恃学历高，或者有经验、有能力，不愁用人单位不用，在求职时傲慢不羁、不拘小节，表现出一副无所谓的样子，这是不可取的。正是这些不易被人注意的细节，使不少人失去了一些好的工作机会。

(6) 勿犹豫不决。一般来说，求职者应聘时举棋不定的态度是不明智的。会让主考官感到你是个信心不足的人，难免怀疑你的工作作风与实际能力，这样容易让招聘单位有更多的选择机会，而自己却丧失了一次机遇。

三、面对招聘考官的八种礼仪

1. 遵时守信

求职者一定要遵时守信，千万别迟到或违约。迟到和违约都是不尊重主考官的一种表现，也是一种不礼貌的行为。如果求职者有客观原因不能如约到场，应事先打个电话通知主考官，以免对方久等。万一已经迟到，不妨主动陈述原因，宜简洁表达。这是必需的礼仪。

2. 放松心情

许多求职者一到面试地点就会产生一种恐惧心理，害怕自己思维紊乱，词不达意，出现差错，以致痛失良机。于是往往会因为紧张而出现心跳加快、面红耳赤等情况。这时，应控制自己的呼吸节奏，努力调节，尽量达到最佳状态后再面对招聘考官。

3. 以礼相待

求职者在等候面试时，不要旁若无人，随心所欲，对接待员熟视无睹，自己想干什么就干什么，给人留下不好的印象。要对接待员礼貌有加，也许接待员就是公司经理的秘书、办公室主任或人事部门的主管人。如果你目中无人、没有礼貌，在决定是否录用时，他们可能也有发言权。所以，你要给所有人留下好的印象，而并非只是对面试的主考官。

面试时，自觉将手机、BP 机拨到振动或关掉。

4. 入室敲门

求职者进入面试室时应先敲门。即使面试房间的门是虚掩的，也应敲门，千万别冒冒失失推门就进，给人鲁莽、无礼的印象。

敲门时要注意敲门声的大小和敲门的速率。正确的是用右手的手指关节轻轻地敲三响，问一声："可以进来吗？"待听到允许后再轻轻推门而进。

5. 微笑示人

求职者在踏入面试室时，应面露微笑，如果有多位考官，应面带微笑环视一下，以眼神向所有的人致意。

一般而言，陌生人在互相认识时，彼此会首先留意对方的面部，然后才是身体的其他部分。面带真诚、自然、由衷的微笑可以展示一个人的风度、风采，有利于求职者自我塑造形象，给人留下美好的印象。

求职者与主考官相识之后，便要稍微收敛笑容，集中精神，平静的面容有助于求职者面试成功。

6. 莫先伸手

求职者进到面试室，行握手之礼，应是主考官先伸手，然后求职者单手相迎，右手热情相握。若求职者拒绝或忽视了主考官伸过来的手，则是失礼。若非主考官主动先伸手，求职者切勿贸然伸手与主考官握手。

7. “请”才入座

求职者进入面试室不要自己坐下，要等主考官请你就座时再入座。主考官叫你入座，求职者应表示谢意，并坐在主考官指定的椅子上。如果椅子不舒适或正好面对阳光，求职者不得不眯着眼，那么最好提出来。

8. 递物大方

求职者求职时必须带上个人简历、证件、介绍信或推荐信等一些求职资料。面试时，一定要保证不用翻找就能迅速取出所需资料。如果要送上这些资料，应双手奉上，表现得大方和谦逊。

四、面试时的应答礼仪

求职面试的核心内容就是应答，求职者必须对自己的谈吐加以认真的把握。在应答过程中，还要注重相应的原则和礼仪规范。

1. 面试应答原则

求职者在面试时，务必要使自己的谈吐表现得文明礼貌、言辞标准、语言连贯、内容简洁。

(1) 礼貌。求职者面试时，不论是自我介绍，还是答复询问，均须使用必要的谦词、敬语。回答考官提问，应称其职务，或以“您”和其他尊称相称。

(2) 标准。求职者在回答考官提问时，还有一个标准与否的问题。首先是要求回答问题要完整、准确，绝对不允许东拉西扯，张冠李戴。除此之外，还要求面试者语言要标准，发音要准确。

(3) 连贯。求职者在面试时，谈吐的连贯与否至关重要。谈吐连贯在这里具有双重的含意：一是要求前后连贯，即面试时的谈吐应与求职者向用人单位提供的书面材料完全相符；第二层含意，则是应答时要一气

呵成，不要拖泥带水、吞吞吐吐。

(4) 简洁。求职者在应答时应分繁为简，简明扼要。能不说的话就不要说；能少说的话就不多说；不该重复的话就一定不要重复。倘若主考官限定了回答时间，务必要严格遵守。

2. 应答礼仪的禁忌

(1) 忌过分热情。求职者必须要让主考官先开口发问，认真听清主考官的题目及其要求，然后才针对问题做最正确的回答，以便和考官取得共识，获得较高的评价。回答问题时忌过分热情，不问青红皂白就口若悬河。

(2) 忌背包袱。任何人在面谈时，面对一个或几个可以影响你前途的陌生人，多少都会有压力。因此，应答时应尽量减轻压力，放下包袱，轻松上阵。求职者要明白，接到聘用单位面试通知，就已经有了50%把握，剩下的机会要看自己怎样现场发挥了。只要尽自己所能，发挥到最好的水平，未必就不能如愿以偿。

(3) 忌态度暴躁。有的主考官采用中途退场或姗姗来迟来考察求职者的反映。有的会提出一些较为苛刻的问题，甚至这些问题和招聘没有什么关系。求职者如遇到不尽如意的事千万要冷静，不可灰心丧气或怒气冲冲，可表现出不在意的样子，保持情绪上的稳定，或把自己对问题的看法娓娓道来，切忌不冷静、态度暴躁。

(4) 忌缺乏主动。一般来说，用人单位不希望录用那些只能接事照办、工作呆板、遇事无措，缺乏主动性和创新精神、缺乏思考能力的人员。因此，求职者应培养自己善于思考问题、积极主动、把握机会的能力，将已有的观点、想法及时提供给用人单位，以充分展示自己在某些方面的才能，赢得主考官的重视。

(5) 忌不懂装懂。求职者在面试中遇到实在不会回答的问题，就应坦诚地回答："这个问题我没有思考过，不会回答。"这样反倒会给主考官留下诚实、坦率的好印象。求职者遇到不会回答的问题时不要支支吾吾，或不懂装懂，否则主考官进一步追问，情况会更糟。

(6) 忌多谈自己。许多人在面试应答时总是喋喋不休地大谈自己，这种应答方式容易引起主考官的心理抵触。应从主考官关心的问题入题，引起主考官的好感。

(7) 忌缺乏幽默。幽默是说话的一种技巧。求职者幽默的谈吐会使面试轻松自如，气氛融洽，增加成功的机会。

(8) 忌不敢提问。有些求职者可能担心在面试中问主考官一些问题不太合适，这种顾虑是多余的。面试中应聘者提问是应当的、必需的，很多主考官还希望应聘者提问题，关键是看求职者提什么问题。

(9) 忌滔滔不绝。求职面试时，求职者应该让主考官多发问，让别人了解自己是否能胜任工作。求职者适时地聆听，是必备的礼貌。

(10) 忌贬低他人。求职面试时，主考官急需了解的只是求职者的业务素质及对工作的态度和看法。论人是非或自大自夸均是求职应聘时的大忌，易给主考官留下搬弄是非、不知天高地厚的感觉。

(11) 忌狂妄自大。有的求职者面试时目中无人、自命不凡，说一些不自量力的话，如"我能干出一番大事业"、"你有眼光的话一定会录取我"、"不录取我将是你们公司的一大损失"等，这不是自信，而是无知与狂妄，会令主考官十分反感。

(12) 忌妄加评论。当求职者对公司情况并不十分了解的时候，不要评论公司的情况，不要评论公司的任何一位职员，因为求职者了解的情况毕竟有限，建立在这种了解基础上的评论，在主考官看来肯定是肤浅的。所以，求职者的评论往往吃力不讨好，且会给主考官造成太逞能的感觉，甚至误伤感情。

(13) 忌任意插话。求职者面试时应该让主考官把话讲完，要恭恭敬敬地听，不可打断话题，要耐心地等他把话讲完后，再阐明自己的意见。随意插话是很不礼貌的行为。

(14) 忌不注意语气。面试中，求职者回答问题时谈话的速度、音量、声调及语气等，对于面试的效果都有微妙的影响。因为谈话的声调、语气和音量的大小可以反映出求职者的心态，可以反映出求职者对该单位是否感兴趣，还可以反映出求职者是冷静还是激动，是谦虚还是自负。因此，答问时不宜讲得太快，也不宜讲得太慢，口齿要清楚，

吐字应清晰，要根据主考官的反应不断地调整自己的语调。回答内容也应随机应变，主考官感兴趣的地方详细一点，不感兴趣的地方简略一点。

(15) 忌讲错了话而慌张。讲错话是求职中常见的现象。经验不足的求职者碰到这种情形，往往懊悔不已。有些年轻的求职者发觉自己讲错话后就停下来不做声或伸伸舌头，这些都是不成熟不庄重的表现，应该保持镇静。若谈的错话无关紧要，可以若无其事，继续交谈。因为主考官不会因一次小错误而放过适合的人才，而且他们也明白这种情况往往是因紧张所致。若说错的话比较重要，应适时更正并道歉。

(16) 忌不留薪金余地。薪金问题，一直是个既敏感又实际的问题。求职者找工作既是为了有一个用武的天地，也是解决生活的需要。所以，求职者在面试时，薪金问题不论是否明确地摆上桌面，都要在内心掌握好。求职者和招聘者面谈前，可事先了解行业的一般待遇及前任工资收入，心中有了底，谈判时开价会比较恰当。当然，谈薪金也要考虑自身的条件。求职者不宜在刚与主考官见面时就谈待遇问题，而应掌握“火候”。最好等到主考官明确表示出招聘自己的意向时，再谈论薪金问题。求职者在商谈薪金问题时要坚定而灵活，要给主考官和自己留下回旋的余地。如果达到或接近期望的目标就可以了。上岗后干得出色，单位自然会给求职者加薪。

五、面试结束时的礼仪

当求职者和招聘者双方的意愿都表达得差不多时，求职者可以主动告辞，告辞时要注意礼貌：

1. 如果被录用也不用过分惊喜，应向主考官表示感谢，希望今后合作愉快。

2. 若结果未知，则应再次强调自己对应聘工作的热情，并感谢主考官抽时间与自己交谈。

3. 求职者应表示与主考官的交谈获益匪浅，并希望今后能有机会再次得到对方进一步的指导，有可能的话，可约定下次见面的时间。

4. 即使在求职失败的情况下，也应及时结束谈话，而不应申辩理由，强行“推销”自己。

六、试后必备礼仪

许多求职者只留意应聘面试时的礼仪，而忽略了应聘后的礼仪，而这些亦能加深别人对你的印象。面试结束并不意味着求职过程就完了，也不意味着求职者就可以袖手以待聘用通知的到来。

1. 感谢对方

求职者为了加深主考官对自己的印象，增加求职成功的可能性，面试后两天内，最好给主考官打个电话表示谢意。感谢电话要简短，最好不要超过 2 分钟。

面试后表示感谢是十分重要的，因为这不仅是礼貌之举，也会使主考官在做决定之时对求职者有印象。

2. 不打听结果

在一般情况下，主考官每天面试结束后，都要送人事部门汇总，最后确定录用人选，可能要等 3 ~ 5 天。求职者在这段时间内一定要耐心等候消息，不要过早打听面试结果。

3. 收拾心情

如果求职者同时向几家公司求职，一次面试回来后，则必须收拾心情，全身心投入第二家公司的面试，因为，未有聘书之前，仍未算成功，求职者不应放弃其他机会。

4. 查询结果

一般来说，求职者如果在面试两周后或在主考官许诺的通知时间到了后，还没有收到对方的答复时，就应该写信或打电话给招聘单位或主考官，询问是否已做出了决定。

5. 有备无患

求职者万一在求职竞争中失败了，也不要气馁。这一次失败了，还有下一次，就业机会不止一个，关键是必须总结经验教训，找出失败的原因，并针对这些不足重新做准备。

公关礼仪

善待公关，就是善待自己。公关的目的是塑造良好的组织形象。组织形象要靠训练有素、富有创意的公关人员来体现。

公关人员应具备的礼仪

一、公关人员基本礼仪须知

所谓礼仪，是一个人的品德性格、学识才华、仪表风度等方面的总和。根据公共关系工作的特点，对于专门从事这一工作人员的素质，有如下一些基本要求：

1. 品德与性格

公共关系从业人员是代表组织与公众打交道的，其品性若有不端，不仅会损害公众的利益，而且也有损组织的形象。因此，公共关系人员首先应该具备真诚、正派、谦逊礼貌和宽容大度的品德。

真诚。真诚是公共关系工作的生命，公关人员必须以真诚为处事原则，实事求是，不论是与公众打交道，还是调查研究传播信息，都必须遵循实事求是、以诚待人的道德准则，才能树立并维护组织的良好形象。

正派。公共关系人员应该作风正派，办事公道，行为良好而又讲求信用，这样才能协调好各类公众关系，给公众以信任感。

谦逊礼貌。对公众谦逊礼貌的态度会换来公众的诚意和好感，有利于彼此间的联系和沟通。

宽容大度。要善于倾听不同意见，能够容忍某些过火的态度和激烈的言论，学会“心理位置互换”方法，关怀体谅他人，以提高人际间的心理相容水平，使公共关系工作更有效率。

由于公共关系的工作对象是社会各界的不同公众，因此对公关从业人员来说，外向性格要比内向性格更为适应。开朗大方的性格、稳定乐观的情绪、坚忍不拔的意志、耐心冷静的处事态度以及广泛全面的爱好兴趣等，对于开展公共关系工作都是有利因素。外向、开朗的性格有助于交际沟通，广交朋友；耐心冷静的处事态度有利于缓和冲突，消除对立。此外，公关人员还应富有幽默感，善于调控自身的心理和行为，以利于在组织和公众之间形成良好的人际交往氛围，推进公共关系工作的开展。

2. 学识与才华

由于公共关系工作对象、内容和手段的多样性、复杂性，公关人员应该是知识面广、才华横溢的通才式人才。

不同层次的公共关系从业人员，对其学识才华的要求也有所不同，但选择尽量合理的知识结构和良好的教育，应是共同的努力方向。这里把不同层次的公关人员所应具备的知识结构，分别加以简单的说明：

(1) 公共关系接待服务层次的工作人员。公共关系接待服务层次的工作人员强调的主要是工作经验，其基础知识是公共关系学理论与技巧，相应地涉及管理学、交际学、文学、法学、语言学和民俗学等学科知识，并应较为广泛地通读和了解有关历史、地理、宗教、艺术鉴赏及包括新学科在内的多种学科常识。

(2) 公共关系组织执行层的公关人员。公共关系组织层的公关人员所需的基础理论与知识层次应高于一般的接待服务层公关人员。其基础知识仍然是公共关系学理论与技巧，相应掌握管理学、法学、市场学、调研、传播学、语言文字处理、信息系统处理等有关学科理论和技术，还应了解学习一些社会心理学、国际关系学、广告学、决策学、经济学、历史地理等学科知识。这一层次的公关人员主要体现的是工作技能。

(3) 公共关系组织决策层的公关负责人或公关顾问和专家。这一层次的公关负责人和专家、顾问等所具备的学科知识，应该是宏观性、全局性的，应能够灵活运用多种学科知识对组织的公共关系目标进行多角度的综合思考。其基础核心知识是公共关系学理论与技巧，精通政治学、经济学、国际关系学、舆论学、谋略与决策学、法学等学科理论，具备管理哲学、新闻传播、市场营销学、组织行为学、历史与逻辑学以及新技术、新学科的有关理论知识，他们的知识结构体现的主要是思维方法和领导艺术。

3. 仪表风度和交际能力

公共关系工作人员是组织形象的塑造者，有的学者称之为“企业的外交家”，应具有外交家的风度。因此，对公关人员自身的形象也应有较高的要求。这里强调形象不是要选择俊男靓女，即容易使人导入认识误区的“公关先生”和“公关小姐”，而是需要有良好教养和内在素质，精神饱满，衣冠整洁，举止大方的公关从业人员，他们除了应该具备必要的基本知识外，还应熟悉待人接物的礼节规范和具备较强的交际能力，以良好的仪表风度和交际能力塑造组织的社会形象。

二、公关人员职业道德礼仪

1. 公关人员职业道德礼仪的基础

在西方一些发达国家根据公共关系职业化的发展需要制定出相应的职业道德准则。在我国，由于公共关系工作的实践尚未充分，有中国特色的公共关系理论有待逐步建立和完善，故公关人员的职业道德准则也需在实践中建立和完善。一般来说，公共关系从业人员的职业道德礼仪应以下列原则为基础：

(1) 以服务于全社会和所有公众为职业道德的根本出发点。公关人员无疑应当为本组织或委托人的利益服务，但要在不损害全社会整体利益和社会公众利益的前提下，努力维护和增进本组织或委托人合法、合理的正当权益。

(2) 坚持真实和准确的原则，不传播虚假或容易使人发生误解的信息，不从事腐蚀新闻界或政府机构的活动。

(3) 对于自己所服务的组织及公众必须一视同仁，公平相待，不损害、中伤同行的利益和声誉。

(4) 尊重本组织所属行业的行为规范，对所服务的组织或委托人的信息情报承担保密义务。

除上述基本原则之外，国际公共关系协会制定的行为准则也可作为参考。

2. 国际公共关系协会成员行为准则

国际公共关系协会成员必须竭诚做到以下各条准则：

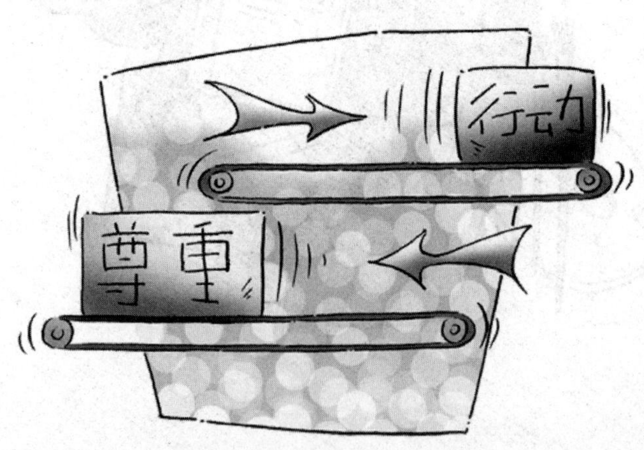

第一条　为建设应有的道德、文化条件，保证人类得以享受《联合国人权宣言》所规定的诸种不可剥夺的权利做贡献。

第二条　建立各种传播网络与渠道以促进基本信息自由流通，使社会的每一成员都有被告知感，从而产生归属感、责任感、与社会合一感。

第三条　牢记由于职业与公众的密切联系，个人的行为——即使是私人方面的，也会对事业的声誉产生影响。

第四条　在自己的职业活动中遵守《联合国人权宣言》的道德原则与规定。

第五条　尊重并维护人类的尊严，确认各人均有自己做判断的权利。

第六条　促成为真正进行思想交流所必需的道德、心理、智能条件，确认参与的各方都有申述情况与表达意见的权利。

第七条　在任何时候任何场合，自己的行为都应赢得有关方面的信赖。

第八条　在任何场合，自己均应在行动中表现出对他所服务的机构和公众双方的正当权益的尊重。

第九条　忠于职守，避免使用含糊或可能引起误解的语言，对目前及以往的客户或雇主都始终忠诚如一。

第十条　不因某种需要而违背真理。

第十一条　不传播没有确凿依据的信息。

第十二条　不参与任何冒险行动或承揽不道德、不忠实、有损于人类尊严与诚实的业务。

第十三条　不使用任何操纵性方法与技术来引发对方无法以其意志控制，因而也无法对之负责的潜意识动机。

公关人际沟通礼仪

公共关系作为社会关系的一个重要部分，同样有一个沟通技巧问题。而公共关系本质上是通过人实施的，信息传播更是公共关系的运作手段，所以人际沟通技巧也就是公共关系人员所必须掌握的工作手段。

一、人际吸引的沟通礼仪

所谓人际吸引就是指在人际交往中引起双方的好感、缩短双方的交

际距离并延续双方交往时间的那些主客观因素。人和人都希望接近有吸引力的人，而不愿意接近没有吸引力甚至乏味的人。一个有吸引力的人，必定受到众多的人的喜爱和尊敬，甚至令人产生崇拜之情。

人际交往是一个相互影响、相互作用的动态过程，人际吸引既体现在个人的特点上又体现在双方的关系状态中。因此，人际吸引是由个人吸引力和相互吸引力共同构成的。

1. 个人吸引力

所谓个人吸引力，指交往的一方能引起对方的好感、满足对方需要的那些主客观条件。

在人际交往中，一个人如果有吸引力，他与人交往和沟通就会变得顺畅起来。那么，个人的吸引力受到哪些因素的影响呢？具体来说，主要有以下三方面的因素：

(1) 外貌因素。人的外貌因素包括长相、穿着、体态、举止、风度等，这些都对人的吸引力有着重要的影响，特别是交往的初期，外貌因素的作用更大，外貌因素会形成第一面印象的成见效应。第一面印象，会给人形成一种特殊的心理定势和情绪定势，即所谓“成见效应”。成见效应会形成一个人的吸引力或排斥力。

(2) 性格因素。性格是人对现实的稳定态度以及与之相适应的习惯化的行为方式。美国心理学家安德森通过对人际吸引的研究，发现最受人欢迎的性格特征有十一个，它们依次是：诚恳、诚实、了解、忠心、可信、

可依赖、聪明、关怀、细心、体谅、热忱。性格影响交往的深度，热情、诚恳、善解人意明显受到人们的欢迎；而冷漠、虚伪和不通情达理则被人拒于千里之外。

(3) 能力因素。美国社会心理学家阿伦森在做了一系列关于人际吸引力的实验后，得出如下结论：能力非凡可以使一个人富有吸引力。一般来说，聪明能干的人总比平凡庸碌的人更讨人喜欢，因为当人在某些能力方面比较突出时，就容易使他人产生欣赏、钦佩甚至崇拜从而产生强大的吸引力。

2. 相互吸引力

人际关系是互动的，人际吸引也是双向的，因而它不仅取决于个人的吸引力，还取决于交往双方相互间的吸引力。

所谓相互吸引力是指人际交往过程中引起双方好感和相互满足对方需求的那些主客观因素。在现实生活中，人们相互间会不会产生吸引力，其大小程度如何，也受到诸多因素的影响和制约，其中主要有以下几个方面的因素：

(1) 相近因素。这里的相近是指时空距离因素，它是人际交往的客观条件。在通常情况下，人与人之间的时空距离越近越便于交往，易于相互了解和相互吸引，继而形成人际关系。相近因素不仅在交往初期起着重大作用，更贯穿在整个交往的始终。这是因为，交往的手段有言语和非言语两大类。后者，如体语等，只有在一定的距离和视觉范围内才能起作用，超过这个距离就不产生作用。

(2) 相似因素。随着交往的深入，人们在某一方面或某些方面的相似，会对相互吸引的产生发挥越来越大的作用。我们在选择交往对象、发展人际关系时，一般都会选择相似的人。所谓“物以类聚，人以群分”，正说明了人际吸引中相似因素的作用很大。这里所说的相似，包括社会生活方面的相似、生理方面的相似和心理方面的相似等。如果交际双方在这些方面相似他们就容易交往沟通，就容易找到共同的话题，也就容易相互理解和支持等，于是，他们互相都有一种吸引力。

(3) 相悦因素。大凡人们都有这样的体验：喜欢能给自己带来愉快或奖赏的人，讨厌那些给自己带来不快或惩罚的人；也喜欢那些同意自己或对自己有好感的人，而不喜欢不同意或反对自己的人。这些现象的存在，正说明了人际吸引中的相悦因素。渴望喜欢自己的人，却常常讨厌那些

给自己带来不快或惩罚的人；还喜欢同意自己或对自己友好的人。这是因为，在人际交往中，双方的相悦可以增强心理上的接近感和相容感，减少心理上的摩擦和冲突。

(4) 互补因素。所谓互补，是指交往双方的需要与期待正好成为互补关系时，就容易产生彼此间的相互吸引。互补有两大类，一类是需要互补。人的基本需要可分五个层次，但是，个人在特定条件下的具体需要，在特定时期里的优势需要不尽相同。这种不同，在某些条件下可以互补，成为相互吸引的一种因素，因而也可以成为某种关系得以建立的基础。另一类就是交往双方作风和性格上的互补。一方对待另一方的方式或态度，并不影响另一方以个人的方式处世行事，甚至有助于他实现自己的愿望。许多社会心理学家认为，这种互补对关系的稳定和深度有很大的影响，但性格、作风上的互补有一个前提条件，那就是他们的基本价值观应该一致。

公关通信礼仪

在现实生活中，公关通信礼仪最多表现为公关电话礼仪。

一、公关电话礼仪

对于公关人员来讲，电话不仅仅是一种传递信息、获取信息、保持联络的寻常工具，而且也是公关人员所在单位或个人形象的一个载体。在公关交往中，普普通通的接打电话，实际上是在为通话者所在的单位、为本人绘制一副给人以深刻印象的电话形象。所谓电话形象，即人们在通电话的整个过程之中的语言、声调、内容、表情、态度、时间感等的集合。它能够真实地体现出个人的素质、待人接物的态度以及通话者所在单位的整体水平。

与日常会话和书信联络相比，接打电话具有即时性、经常性、简捷性、双向性、礼仪性等较为突出的特点。

电话的礼仪性特点，直接与前面提到过的“电话形象”密切相关。它是指不论是打电话还是接电话，都必须以礼待人。

使用电话通信，有主动拨打电话与被动接听电话之分。从礼仪方面来讲，拨打电话与接电话有着各自不同的标准做法。以下，就分别对其加以介绍。在商务交往中，需要商务人员“先发制人”，首先打电话给别人的情况极多。当公关人员准备拨打电话时预先考虑的问题共有三个：

第一，这个电话该不该打。需要通报信息、祝贺问候、联系约会、表示感谢等等时候，都有必要利用一下电话。而毫无意义、毫无内容的“没话找话”式的电话，则最好不要打。

第二，这个电话应当何时去打。有关公务的电话，应当公事公办，最好在上班时打。双方约定的通话时间，轻易不要变动。与外商通电话时，须顾及对方在作息时间上的特点；打电话去海外，还应考虑到此地与彼地的时差。

第三，这个电话的内容应当如何准备。电话被称为“无形造访的不速之客”。在很多情况下，它都有可能“出其不意”地打搅别人的正常工作或生活。因此，打电话的人务必要有一个明确的指导思想，除非万不得已，每次打电话的时间不应超过三分钟。在国外，这叫做“通话三分钟原则”，已为商界所广泛遵守。有鉴于此，商界人士在打电话前，为节省时间，一定要“去粗取精”，条理清晰地预备提纲。届时，应根据腹稿或文字稿来直截了当地通话。若拨通电话时对方正忙，则不应强人所难，非“一气呵成”不可。可以约一个时间，过一会儿再打。

1. 拨打电话的标准礼仪

在打电话时，对一个人的电话形象影响最大的，当首推他自己的语音与声调。从总体上来讲，应简洁、明了、文明、礼貌。

(1) 对语音、语速的要求。在通话时，声音应当清晰而柔和，吐字应当准确，句子应当简短，语速应当适中，语气应当亲切、和谐、自然。

(2) 讲话时，嘴部与话筒之间应保持 3 厘米左右的距离。这样的话，就不会使对方接听电话时，因话音过高或过低而感到“难过”了。

(3) 态度礼貌、谦虚。打电话时所使用的语言，应当礼貌而谦虚。应尽快地用三言两语把要说的事情讲完。

(4) 讲好第一句话。打电话时，每个人开口所讲的第一句话，都事关自己给对方的第一印象，所以应当慎之又慎。

(5) 自报家门。这一点适用于一般性的人际交往，在使用礼貌性问候以后，应同时准确地报出自己完整的姓名。

得知要找的人不在，可请代接电话者帮助叫一下，也可以过后再打。

无论如何，说话都要客客气气的。

(6) 要有耐心。在通话时，若电话中途中断，按礼节应由打电话者再拨一次。拨通以后，须稍作解释，以免对方生疑，以为是打电话者不高兴挂断的。

(7) 礼貌道别。当通话结束时，别忘了向对方道一声“再见”，或是“早安”、“晚安”。按照惯例，电话应由拨电话者挂断。挂断电话时，应该手轻放，不要末了再给对方以“致命一击”。

2. 接听电话的标准礼仪

在接听电话时，亦有许多具体要求。能否照此办理，往往意味着接听电话者的个人修养与对待拨打电话者的态度如何。在通电话的过程中，接听电话的一方显然是被动者，尽管如此，公关人员在接听电话时，亦须专心致志、彬彬有礼。

(1) 注意态度。在接电话时，首先要注意自己的态度与表情。虽说通电话是一种“未曾谋面”的交谈，表面上看，商务人员接电话时的态度与表情对方是看不到的，但是实际上对于这一切对方其实完全可以在通话过程中感受到。

接电话时，态度应当勤、谦。在办公室里接电话，尤其是外来的客人在场时，最好是走近电话，双手捧起话筒，以站立的姿势，面含微笑地与对方友好通话。不要坐着不动，一把把电话提过来，抱在怀里，夹在脖子上通话；不要拉着电话线，走来走去地通话；也不要坐在桌角、趴在沙发上或是把双腿高抬到桌面上，大模大样地与对方通话。

凡事要有分寸。接电话时速度快、态度好、姿势雅，就是合乎礼仪的分寸。

(2) 注意自己的语言和语气。在这个方面，漫不经心、随随便便、过分放任自己，都是极其有害的。在正式的商务交往中接电话时拿起话筒所讲的第一句话，也有一定之规。接电话时所讲的第一句话，常见的有三种形式：第一种，是以问候语加上单位、部门的名称以及个人姓名。它最为正式；第二种是以问候语加上单位、部门的名称，或是问候语加上部门名称。它适用于一般场合；第三种是以问候语直接加上本人姓名。它仅适用于普通的人际交往。需要注意的是，不允许接电话时以“喂喂”或“你找谁呀”作为“见面礼”。特别是不允许一张嘴就毫不客气地查一查对方的“户口”，一个劲儿地问人家“你找谁”、“你是谁”，或者“有什么事儿呀？”

(3) 宽容对方。万一对方拨错了电话或电话串了线，也要保持风度，切勿发脾气“耍态度”。确认对方拨错了电话，应先自报一下“家门”，然后再告之电话拨错了。对方如果道歉，不要忘了以“没关系”去应对。

(4) 尊重对方。在通话途中，不要对着话筒打哈欠，或是吃东西。也不要同时与其他人闲聊。不要让对方由此感到在听话人的心中无足轻重。结束通话时，应认真地道别。而且等候对方放下电话，不宜“越位”抢先。在接待外来的电话时，理当一律给予同等的待遇，不卑不亢。这种公平的态度，容易为自己赢得朋友。

(5) 礼貌终止对话。在通话时，接电话的一方不宜率先提出中止通话的要求。万一自己正在开会、会客，不宜长谈，或另有其他电话打进来，需要中止通话时，应说明原因，并告之对方：“一有空闲，我马上打电话给您。”免得让对方觉得我方厚此薄彼。

(6) 注意代接电话时的态度。有可能亲自接的电话，就不要麻烦别人。代接电话时，讲话要有板有眼。被找的人如果就在身旁，应告诉打电话者“请稍候”，然后立即转交电话，不要抱着恶作剧或不信任的态度，先对对方“调查研究”一番，尤其是不允许将这类通话扩音出来。被找的人如果尚在别处，应迅速过去寻找。倘若被找的人不在，应在接电话之初立即相告，并可以适当地表示自己可以“代为转告”的意思。代接电话时，对方如有留言，应当当场笔录下来。之后，还应再次复述一次，以免有误。

公关推销礼仪

一、公关推销人员的综合礼仪

公关推销员是公司和产品的代表，在客户心目中，甚至比公司负责人更有代表性。因为客户是通过推销员来了解和判断企业的，推销员是客户眼中的公司形象代表。

因此，推销员应注意自己的仪表，给客户一个良好的第一印象，赢得客户的好感和信任。

作为公关推销员，应该具备良好优雅的仪表，这样做不是为了炫耀

和显示，而是为在销售介绍时不必为自己的仪表而担忧，从而影响到销售的效果。

公关推销员应具备的综合礼仪素质如下：

1. 积极的态度

一名推销员，每天都要承受来自公司、客户、家庭这三方面的压力。因此，推销员比一般人更应具有积极的人生态度。积极的态度是热情、决心和自信的组合体，它是个人成功的最重要的品质之一。真正好的推销员是乐观主义者。悲观者眼中的障碍，乐观者则视为机遇。

2. 挑战自我

永无止境地自我挑战，为实现自我而勇往直前，不屈不挠，坦然地面对挫折和失败，将全部热情完全投入到销售工作上，就能成为出类拔萃的推销员。

3. 拥有耐心

研究表明，完成一次销售要推销数次。第一次失败后不要轻易放弃。有耐心地持续拜访三四次，不断获得客户的真实需求，减轻对方的排斥心理，或许客户将部分或全部接受你的订单。

4. 拥有自信

要相信自己，并对自己的能力有信心，只要有了信心，再加上勤奋，你就会成功。

自信的人也能够接受挫折，具备“要取得1%的成功，前面99%的拒绝无法避免”的心理承受力。

二、公关推销礼仪

1. 提前预约的礼仪

(1) 约定时间。推销员可以用电话事先约好时间，而不要贸然上门。

打电话预约时，先在电话簿上选出最适于销售的顾客，然后依次打电话询问。在短短的电话交谈中，要使顾客明白完成这次购物可以给他带来的好处。记住，打电话，最好是为了安排一次约会，而不是为了完成一次交易。因此，不要在电话中过多地传递信息，应保留一些关键问题。

(2) 方便双方。约定时间要在双方都方便的基础上，推销员应本着为客户服务、替客户着想的精神，尽量由顾客决定约见时间，约见时间也要留有余地。对于推销员来说，一旦约定时间，必须按时赴约，切忌失约迟到，让客户白等。

特别是对于集团消费者，推销员在安排约见时间时，必须了解单位的作息制度，尽可能避开对方工作高峰时间或下班时间。

(3) 方便顾客。约见地点的基本原则同样是方便顾客。最佳的约见地点，通常是顾客的居住场所或工作地。

2. 选择称呼的礼仪

见到顾客打招呼时，应尽量使用尊称、敬称。因为，从事销售工作的首要条件，就是与对方搭起沟通的桥梁，否则工作较难顺利进行。

推销员与客户初次见面，可以称呼客户为“经理先生”、“主任先生”或“老板”、“先生”、“太太”。

做家庭拜访时尤须注意说话的方式，因为太太们的警戒心特别强烈，推销员必须先搭好这座心桥，工作才能得以进展下去。

3. 推销过程中的礼仪

上门推销时，切勿忘记面带微笑，名片也要亲自交予对方，不可置于桌上。接过对方名片时，先看清姓名，再收入名片夹中。如果面谈时，客户有好几位，则将名片按顺序与客户一一对应地摆在自己面前，尽快地将每个人的姓名及职务记住。记住对方的名字，并把它叫出来，这就等于给对方一个巧妙的赞美。

若被客户请入客厅时，首先要能区别出上座与下座。上座一般位于距入口较远处且座位的正面朝向门口。因此，进入客厅后，就在入口附近等着，如果客户请你坐于上座，也无须太客套，依其吩咐行动。

在客户的办公室内，自行找椅子坐下也是失礼的行为，一定要等到对方让座。

若是坐在沙发上，靠着后背，很容易被认为骄傲。另外，也禁止跷起二郎腿或手扶椅背，或双脚晃动等一些傲慢无礼的举动。

面谈的时间并非越长越好，谈的时间长并不等于取得的效果好。因此，正确地把握好洽谈时间是提高推销率、取得推销效果的关键因素之一。

在推销过程中，推销员和客户之间的距离应保持多远呢？这需要根据双方的姿势而定：

(1) 如果双方都是采取站立姿态，则双方的距离应保持在两条胳膊左右，距离太近则给人“对立”的感觉。

(2) 如果是一方站立，一方坐着，则距离应该稍微接近一些，大概保持一条半胳膊左右。

(3) 如果双方都是坐着进行交谈，为了可以促膝交谈，距离进一步接近到一条胳膊左右比较合适。

(4) 如果是在桌子旁边把说明书展示给对方看，为了要接近彼此的距离，增加亲密，尽量位于客户的身旁，从旁边来做商品说明。

三、使用推销技巧的礼仪

推销技巧是指各种促进推销的方法、手段。掌握和运用推销技巧，以便推销获得成功。

1. 赢得顾客信任的技巧

推销员上门推销产品，首先要赢得顾客对推销员的信任和对产品的好感。为此，推销员应准备好下列物品和资料：

(1) 名片、身份证、工作证、介绍信等，以证明自己的身份；

(2) 样品，给顾客演示或试用，以吸引顾客；

(3) 商品价目表，以利顾客选择；

(4) 订购单，以便顾客订货；

(5) 公众舆论，如权威机构的评价，以使顾客放心；

(6) 小礼品，用于答谢顾客。

顾客看了推销员的工作证、介绍信，听了推销员的有关介绍和演示，才会有信任感；试用了样品和了解了有关反馈，才会对产品产生兴趣，才有可能选购。

2. 说服顾客的技巧

(1) 婉转否定法。推销员听到顾客的不同看法后，不要马上反驳，即使是由于顾客对商品知识缺乏了解而造成的情况也不要据理力争，而应婉转表明自己的观点，从而否定或纠正顾客的看法。

(2) 弥补推销法。有时，推销员所推销的产品确实存在着顾客所产生异议的缺点，这时，推销员不应弄虚作假欺骗顾客，更不能强词夺理愚弄顾客，可以用商品的其他优点来补偿或抵消有异议的缺陷，以便让顾客取得心理平衡。

3. 抓住推销时机

在推销过程中，有三种达成交易的理想时机，分别是陈述了主要利益之后、介绍完成之后和成功地排除了顾客的异议之后。

陈述了主要利益之后，顾客将产品同他的切身利益联系起来，对产品的好感大大增强，抓住顾客的热情，就应立即试图成交。

介绍完成之后，顾客的购买欲望将会增强，因此，此时试图成交也是自然而然的事。

在推销员成功地排除了顾客的异议之后，客户便获得了强有力的心理优势来达成交易。

因此，成功的推销员大都是善于抓住时机的人，他们很清楚，把握

时机，趁热打铁将会使成交的订单源源不断。

公关专题活动礼仪

一、新闻发布会的礼仪

新闻发布会，简称发布会，有时也称记者招待会。它是一种主动传播各类有关的信息，谋求新闻界对消息或某一活动、事件进行客观而公正的报道的有效的沟通方式。

新闻发布会的常规形式是：由某一单位或几个有关的单位出面，将有关的新闻界人士邀请到一起，在特定的时间里和特定的地点内举行一次会议，宣布某一消息，说明某一活动，或者解释某一事件，争取新闻界对此进行客观而公正的报道，并且尽可能地争取扩大信息的传播范围。简言之，新闻发布会就是以发布新闻为主要内容的会议。

发布会礼仪，一般指的就是有关举行新闻发布会的礼仪规范，包括会议的筹备、媒体的邀请、现场的应酬、善后的事宜等四个主要方面的内容。

1. 发布会筹备的礼仪

筹备新闻发布会，要做的准备工作很多。其中最重要的，是要做好主题的确定、时空的选择、人员的安排、材料的准备等具体工作。

(1) 主题的确定。新闻发布会的主题，指的是新闻发布会的中心议题。主题的确定是否得当，往往直接关系到本单位的预期目标能否实现。

一般而言，新闻发布会的主题大致上有三类：一类是发布某一消息，一类是说明某一活动，还有一类则是解释某一事件。

(2) 时空的选择。新闻发布会的时空选择，通常是指时间与地点的选择。一般来说，一次新闻发布会所占用的时间，应当限制在两个小时以内。

在选定时间时，还须谨记以下四个方面的细节问题：

一是要避开节日与假日；

二是要避开本地的重大社会活动；

三是要避开其他单位的新闻发布会；

四是要避免与新闻界的宣传报道重点撞车或相左。

通常认为，举行新闻发布会的最佳时间，在周一至周四的上午 10 点至 12 点，或是下午的 3 点至 5 点左右。在此时间内，绝大多数人都能方便与会的。

新闻发布会的举行地点，除可以考虑本单位所在地、活动或事件所在地之外，还可优先考虑首都或其他影响巨大的中心城市。必要时，还可在不同地点举行内容相似的新闻发布会。举行新闻发布会的现场，应交通方便、条件舒适、面积适中。本单位的会议厅、宾馆的多功能厅、当地最有影响的建筑物等，均可酌情予以选择。

(3) 人员的安排。在准备新闻发布会时，主办者一方必须精心做好有关人员安排。

按照常规，新闻发布会的主持人大都应当由主办单位的公关部部长、办公室主任或秘书担任。他的基本条件是:仪表堂堂,年富力强,见多识广,反应灵活，语言流畅，幽默风趣，善于把握大局，擅长引导提问，并且具有丰富的主持会议的经验。

新闻发布会的发言人是会议的主角，通常应由本单位的主要负责人担任。除了在社会上口碑较好、与新闻界关系较为融洽之外，对他的要求还应当包括：修养良好，学识渊博，思维敏捷，记忆力强，善解人意，能言善辩，彬彬有礼等。

除了要慎选主持人、发言人之外，还须精选一些本单位的员工负责会议现场的礼仪接待工作。依照惯例,他们最好是由品行良好、相貌端正、工作负责、善于交际的年轻女性担任。

为了宾主两便，主办单位所有正式出席新闻发布会的人员均须在会上正式佩戴事先统一制作的姓名胸卡。其内容包括姓名、单位、部门与职务。

(4) 材料的准备。在准备新闻发布会时，主办单位通常需要事先安排专人准备好如下四个方面的主要材料：

发言提纲。它是发言人在新闻发布会上进行正式发言时提要。它既要紧扣主题，又必须全面、准确、生动、真实。

问答提纲。为了使发言人在现场正式回答提问时表现自如,不慌不忙,事先可对有可能被提问的主要问题进行预测，并就此预备好相对应的答案，以使发言人心中有数，必要时予以参考。

宣传提纲。为了方便新闻界人士在进行宣传时抓住重点信息详实报

道，主办单位可事先精心准备好一份以有关资料、图片为主的宣传提纲，并且打印出来，在新闻发布会上提供给每一位外来的与会者。在宣传提纲上，通常应列出单位名称及联络电话、传真号码，以供新闻界人士核实之用。上网的商界单位，还可同时列出本单位的网址。

辅助材料。假如条件允许，可在新闻发布会的举办现场预备一些可强化会议效果的形象化视听材料，例如，图表、照片、实物、模型、录音、录像、影片、幻灯、光盘等，以供与会者利用。在会前或会后，有时亦可安排与会者进行一些必要的现场参观或展览、陈列。应当注意的是，切勿弄虚作假，切勿泄露商业秘密。

2. 邀请传媒人士的礼仪

在新闻发布会上，主办单位的交往对象自然以传媒界人士为主。在事先考虑邀请传媒人士时，必须有所选择、有所侧重。一般而言，在这一问题上，有以下三个侧重点必须予以认真考虑：

(1) 是否邀请传媒人士参加。举办新闻发布会，首先要看有无必要性。即使存在一定的必要性，也要多加论证，要讲究发布会的少而精。

(2) 确定传媒人士名单。决定召开新闻发布会之后，邀请哪些方面的新闻界人士与会的问题就显得很重要。实际上，这一问题又可分为两个方面：

一方面，邀请传媒人士先要了解其主要特点。目前，传媒大体上分为电视、报纸、广播、杂志等四种。它们各有所长，各有所短。电视的优点是：受众广泛，真实感强，传播迅速；其缺点是：受时空限制，不容易保存。报纸的优点是：信息容量大，易储存查阅，覆盖面广大；其缺点是：感染力差，不够精美。广播的优点是：传播速度快，鼓动性极强，受限制较少；其缺点是：稍纵即逝，选择性差。杂志的优点是：印刷精美，系统性强，形式多变；其缺点则是：出版周期较长。了解了各种传媒的主要优缺点，并在对其邀请时加以考虑，才不至于走弯路。

另一方面，在邀请传媒人士时必须有所侧重。在邀请传媒人士的具体数量上，新闻发布会自有讲究。基本的规则是，宣布某一消息时，尤其是为了扩大影响，提高本单位的知名度时，特别是当本单位处于守势而这样做时，邀请新闻单位的面则不宜过宽。不论是邀请一家还是数家新闻单位参加新闻发布会，主办单位都要尽可能地优先邀请那些影响巨大、主持正义、报道公正、口碑良好的新闻单位派员到场。

(3) 处理与传媒界人士关系的分寸。主办单位如欲取得新闻发布会的成功，就必须求得对方的配合。主办单位，特别是主办单位的主要负责人和公关人员与传媒界人士打交道时，一定要注意以下五点：

第一，要把传媒界人士当做自己真正的朋友对待。对对方既要尊重友好，又要坦诚相待。

第二，要对所有与会的传媒界人士一视同仁，不要有亲有疏、厚此薄彼。

第三，要尽可能地向传媒界人士提供对方所需要的信息。要注重信息的准确性、真实性与时效性，不要弄虚作假、爆炒新闻。

第四，要尊重传媒界人士的自我判断。不要指望拉拢、收买对方，更不要打算去左右对方。

第五，要与传媒界人士保持联络。要注意经常与对方互通信息，常来常往，争取建立双方的持久关系。

3. 发布会现场应酬的礼仪

在新闻发布会正式举行的过程中，往往会出现种种这样或那样的确定和不确定的问题。有时，甚至还会有难以预料到的情况或变故出现。要应付这些难题，确保新闻发布会的顺利进行，特别要求主持人、发言人在新闻发布会举行之际，牢记下述几个要点：

(1) 要注意外表的修饰。在新闻发布会上，代表主办单位出场的主持人、发言人，是被新闻界人士视为主办单位的化身和代言人的。有鉴于此，主持人、发言人对于自己的外表，尤其是仪容、服饰、举止，一定要事先进行认真的修饰。

按惯例，主持人、发言人要进行必要的化妆，并且以化淡妆为主。发型应当庄重而大方，男士宜穿深色西装套装、白色衬衫、黑袜黑鞋，并且打领带；女士则宜穿单色套裙、肉色丝袜、高跟皮鞋。服装必须干净、挺括，一般不宜佩戴首饰。

在面对新闻界人士时，主持人、发言人都要注意做到举止自然大方。要面含微笑，目光炯炯，表情松弛，坐姿端正。

(2) 注意相互配合。不论是主持人还是发言人，在新闻发布会上都是一家人，因此二者之间的配合默契必不可少。要真正做好相互配合，一是要分工明确，二是要彼此支持。

主持人要做的，主要是主持会议、引导提问；发言人要做的，则主要是主旨发言、答复提问。有时，在重要的新闻发布会上，为慎重起见，主办单位往往会安排数名发言人同时出场。若发言人不止一人，事先必须进行好内部分工，各管一段。否则人多了，话反而没人说，或是抢着说。一般来讲，发言人的现场发言应分为两个部分，首先进行主旨发言，接下来才回答疑问。当数名发言人到场时，只需一人进行主旨发言即可。

主持人、发言人的彼此支持，在新闻发布会上通常是极其重要的。在新闻发布会进行期间，主持人与发言人必须保持一致的口径，不允许公开顶牛、相互拆台。当新闻界人士提出的某些问题过于尖锐或难于回答时，主持人要设法转移话题，不使发言人难堪。而当主持人邀请某位新闻记者提问之后，发言人一般要给予对方适当的回答。

(3) 注意讲话分寸。在新闻发布会上，主持人、发言人的一言一语，都代表着主办单位。因此，必须对自己讲话的分寸予以重视。下述四点，尤为重要：

首先要简明扼要。不管是发言还是答问，都要条理清楚、重点集中，令人既一听就懂，又难以忘怀。在新闻发布会上有意卖弄口才、口若悬河，往往是费力不讨好的。

其次要提供新闻。新闻发布会，自然就要有新闻发布。新闻界人士就是特意为此而来的，所以在不违法、不泄密的前提下，要善于满足对方在这一方面的要求，要在讲话中善于表达自己的独到见解。

再次要生动灵活。在讲话之际，讲话者的语言是否生动，话题是否灵活，往往直接影响到现场的气氛。面对冷场或者冲突爆发在即，讲话者生动而灵活的语言，往往可以化险为夷。因此，适当地采用一些幽默风趣的语言、巧妙的典故，也是必不可少的。

最后要温文尔雅。新闻记者大都见多识广，加之又是有备而来，所以他们在新闻发布会上经常会提出一些尖锐而棘手的问题。遇到这种情况时，发言人能答则答，不能答则应当巧妙地进行回避，或是直接告之以无可奉告。无论如何，都不要对对方恶语相加，甚至粗暴地打断对方的提问。吞吞吐吐、张口结舌，也不会给人以好的印象。唯有语言谦恭敬人、高雅脱俗，才会不辱使命。

4. 追踪新闻界反应的礼仪

新闻发布会举行完毕之后，主办单位需在一定的时间之内，对其进行一次认真的善后评估工作。一般而言，需要认真处理的事情，一共有如下三项：

(1) 了解新闻界的反应。新闻发布会结束之后，应对照一下现场所使用的来宾签到簿与来宾邀请名单，核查一下新闻界人士的到会情况。据此可大致推断出新闻界对本单位的重视程度。

(2) 整理保存会议资料。需要主办单位认真整理保存的新闻发布会的有关资料，大致可以分为两类：一类是会议自身的图文声像资料。它包括在会议进行过程中所使用的一切文件、图表、录音、录像，等等。另一类则是新闻媒介有关会议报道的资料。它主要包括在电视、报纸、广播、杂志上所公开发表的涉及此次新闻发布会的消息、通讯、评论、图片，等等。具体可以分为有利报道、不利报道、中性报道三类。

(3) 酌情采取补救措施。在听取了与会者的意见、建议，总结了会议的举办经验，收集、研究了新闻界对于会议的相关报道之后，对于失误、过错或误导，都要主动采取一些必要的对策。对于在新闻发布会之后所出现的不利报道，特别要注意具体分析，具体对待。

这类不利报道大致可分三类：一是事实准确的批评性报道；二是因误解而出现的失实性报道；三是有意歪曲事实的敌视性报道。对于批评性报道，主办单位应当闻过即改，虚心接受。对于失实性报道，主办单位应通过适当途径加以解释、消除误解。对于敌视性报道，主办单位则应在讲究策略方式的前提下据理力争，立场坚定，尽量为自己挽回声誉。

二、庆典仪式的礼仪

庆典，是各种庆祝仪式的总称。庆典的礼仪，也就是有关庆典的礼仪规范，由组织庆典的礼仪与参加庆典的礼仪等两项基本内容组成。

组织筹备一次庆典，需要记住两大要点：一是体现庆典特色；二是安排庆典具体内容。庆典所具有的热烈、欢快、隆重的特色，应当在其具体内容的安排上得到体现。

1. 庆典筹备组应具备的礼仪

庆典活动的组织者应当精心确定好庆典的出席人员名单。庆典的出席者不应当滥竽充数，或者让对方为难。在确定庆典的出席名单时，始终要以庆典的宗旨为指导思想。一般来说，庆典的出席者包括如下人士：上级领导、社会名流、大众传媒、合作伙伴、社区关系、单位员工。人员名单一旦确定，就应尽早发出邀请或通知。鉴于庆典的出席人员甚多，牵涉面极广，故不宜无故取消、改期或延期。

之后，应当精心安排好来宾的接待工作。与一般的商务交往中来宾的接待相比，对出席庆祝仪式的来宾的接待，更应突出礼仪性的特点。不但应当热心细致地照顾好全体来宾，而且还应当通过主办方的接待工作，使来宾感受到主人真挚的尊重与敬意，并且想方设法使每位来宾都能满意。

最好的办法，是庆典一经决定举行，即成立对此全权负责的筹备组。筹备组成员通常应由各方面有关人士组成，每个人都应该是有办事能力的人。

在庆典的筹备组内，应根据具体的需要，下设若干专项小组，在各个方面分工，各管一片。其中，负责礼宾工作的接待小组是必不可少的。

庆典的接待小组，最好由年轻、干练、形象好、口才好的年轻人组成。

接待小组的工作内容有以下几项：

(1) 负责来宾的迎送。也就是在举行庆祝仪式的现场迎接或送别来宾。

(2) 引导来宾。由专人负责为来宾带路，将其送到指定地点。

(3) 来宾的陪同。对于某些年纪大的或者身份高的来宾，应由专人陪同始终，以便随时关心照顾。

(4) 来宾的招待。派专人为来宾送饮料、上点心，进行一些力所能及的照顾。

应邀出席庆典的来宾，绝大多数都是本着友好的态度的。因此，当他们光临时，主人没有任何理由不好好招待他们。

2. 布置庆典现场的礼仪

应当精心布置好举行庆祝活动的现场。举行庆祝活动的现场，是庆典活动的中心地点。对它的安排、布置是否恰当，会直接影响庆典给全体与会者的印象。依照仪式礼仪的有关规范，商务人员在布置举行庆典活动的大厅时，要注意以下几个问题：

(1) 地点的选择。在选择具体地点时，应结合庆典的规模、影响力以及本单位的实际情况来决定。本单位的礼堂、会议厅、门前的广场、外借的大厅等，均可予以选择。在室外举行庆典时，一定注意不要影响交通、妨碍治安。

(2) 环境的美化。在反对铺张浪费的同时，应当量力而行，尽量美化庆典现场的环境。为了烘托出热烈、隆重、喜庆的气氛，可在现场张灯结彩，悬挂彩带、彩灯，张贴一些宣传标语，并且张挂标明庆典具体内容的横幅。

(3) 场地的大小。在选择庆祝仪式的现场时，应当注意场地并非越大越好。理论上，现场的大小应与出席者多少成正比。人多地方小，会拥挤不堪；人少地方大，会显得空旷。

(4) 准备音响。在举行庆典之前，务必把音响准备好。麦克风等必需物品也要事先准备好。在举行庆典前后，播放一些欢快、喜庆的音乐，有助于调节现场气氛。对于播放的乐曲，要选择一些跟庆典主题相关的，不能离主题太远，切勿播放伤心、缠绵的流行情歌。

3. 庆典仪式的程序

一次庆典举行的成功与否，与其具体程序有很大关系。仪式礼仪规定，拟订庆典的程序时，有两条原则必须坚持：第一，时间宜短不宜长。大体上讲，应该以一个小时为限。这样既是为了确保庆典的效果良好，也是为了尊重全体出席者，尤其是为了尊重来宾。第二，程序宜少不宜多。程序太多，不仅会加长时间，而且还会分散出席者的注意力，让人觉得庆典的内容过于杂乱。总之，要知道庆典不是大杂烩。

依照常规，一次庆典大致上包括这样几项程序：

预备：请来宾就座，出席者安静，介绍嘉宾。

第一项，宣布庆典正式开始，全体起立，奏国歌，唱本单位标志性歌曲。

第二项，本单位主要负责人致辞。其内容主要是，对来宾表示感谢，介绍此次庆典的缘由等。发言重点在于报捷以及“庆”字上。

第三项，嘉宾讲话。大体上讲，出席此次庆典的上级主要领导、协作单位及社区关系单位，都应派代表讲话或者致贺电。这些应该提前预约好，不要当众推来推去。对外来的贺电、贺信等可以不必一一宣读，但对署名单位或者个人应该公布。在进行公布时，可以按照先后顺序，也可以按照汉字笔画排列。

第四项，安排文艺演出。这项程序可有可无，如果准备安排，应当慎选内容，注意要与庆典主题相符。

第五项，邀请来宾参观。可以邀请来宾参观有关的展览或者车间。

以上几项程序中，前三项必不可少，后两项可以省略。

4. 主办者应具备的礼仪

按照仪式礼仪的规范，作为东道主的人士在出席庆典时，应该严格注意的问题有以下几点：

(1) 仪容要整洁。所有出席庆典的人员，事先都要洗澡、理发。男士还要刮光胡须。

(2) 服饰要规范。有统一式样制服的单位，应要求以制服作为本单位人士的庆典服装。没有制服的单位，应规定届时出席庆典的本单位人员必须穿着礼仪性服装。男士穿深色中山装套装，或者深色西装套装配白衬衫、素色领带、黑皮鞋。女士要穿深色西装套裙，配肉色长筒丝袜、黑色高跟鞋，或者穿深色的套裤，或是穿花色素雅的连衣裙。在服饰方面绝不允许任其自由发挥。

(3) 要遵守时间。遵守时间，是基本的商务礼仪之一。对本单位庆典的出席者而言，更不要小看这个问题。从本单位的最高负责人到本单位的员工，都不要迟到、无故缺席或者中途退场。

(4) 表情要庄重。在庆典举行期间，不要嬉皮笑脸或者愁眉苦脸，不要在表情上让来宾有顾虑。在整个庆典中，都要表情庄重、全神贯注、聚精会神。假若庆典之中安排了升国旗、奏国歌、唱“厂歌”的程序，一定要依礼行事：起立、脱帽、立正，面向国旗或者主席台行注目礼，并且认认真真地与大家一起唱国歌、厂歌。这时，不能有不起立、不脱帽、东张西望的行为。在起立或者坐下时，把座椅弄响、一边脱帽一边梳头、不唱歌却与人说话等，都是不礼貌的行为。

(5) 对来宾态度要友好，要主动热情地问好。对来宾提出的问题，要迅速友善地答复。不要对来宾进行围观、指点，更不能对来宾抱有敌意。当来宾在庆典上致贺词时，要主动鼓掌表示欢迎和感谢。

(6) 行为要自律。既然参加了本单位的庆典，主办单位的所有参加者就都有义务以自己的实际行动，确保庆典的成功。不能让自己在举止上的失误，成为来宾对庆典评价不好的依据。

(7) 发言要短。倘若商务人员有幸在本单位的庆典中发言，那要遵守以下要求：一是上下场要沉着、冷静；二是讲究礼貌。在发言开始别忘记说“大家好”，发言结束别忘说“谢谢”。在发言中提到感谢对象时，要目视对方。在表示感谢时，应郑重地欠身行礼。对于大家的掌声，要用自己的掌声回礼；三是发言一定要在适当的时间内结束，发言要精短，不要随意发挥；四是少做手势。含义不明的手势不要用。

三、赞助活动的礼仪

所谓赞助，通常是指某一单位或某一个人无偿拿出自己的钱财、物品对其他单位或个人进行帮助和支持。在现代社会中，赞助乃是社会慈

善事业的重要组成部分之一。它不仅可以扶危济贫，向社会奉献自己的爱心，体现出自己对于社会的高度责任感，而且也有助于获得社会对自己的好感，提高自己在社会上的知名度、美誉度，为自己塑造良好的公众形象。为了扩大影响，进行赞助活动时，往往会专门为此举行一次具有一定规模的正式会议。

这种以赞助为主题的会议，即为赞助会。欲使赞助会取得成功，遵守赞助会礼仪是十分必要的。赞助会礼仪，一般指的是在筹备、召开赞助会的整个过程中所应遵守的有关礼仪规范。其主要内容包括赞助的类型、赞助的步骤、会务的安排、活动的评估，等等。

1. 举办赞助会的礼仪

在赞助活动正式实施之际，往往需要正式举行一次聚会，将有关的事宜公告于众。这种以赞助为主题的聚会，在赞助活动中，尤其是大型的赞助中，大都必不可少。有时，人们亦称之为赞助仪式。它主要是为了向全社会公告赞助活动正式启动，是赞助活动中作用巨大的一项重要环节。

根据商务礼仪的规范，赞助会通常应由受赞助者出面承办，而由赞助单位给予适当的支持。

赞助会的举行地点，一般可选择受赞助者所在单位的会议厅。亦可由其出面，租用社会上的会议厅。用以举行赞助会的会议厅，除了其面积的大小必须与出席者的人数成比例之外，还需打扫干净，并且略加装饰。举行赞助会的会议厅之内,灯光的亮度应当适宜。在主席台的正上方，或是面对会议厅正门之处的墙壁上，还应悬挂一条大红横幅。在其上面，应以金色或黑色的楷书写着“某某单位赞助某某项目大会”，或者“某某赞助仪式”的字样。前一种写法，意在突出赞助单位；后一种写法，则主要是为了强调接受赞助的具体项目。

一般来讲，赞助会的会场不宜布置得美轮美奂，过度豪华张扬，极有可能会使赞助单位产生不满，给人以华而不实的感觉。

2. 参加赞助会的礼仪

参加赞助会的人士，既要有充分的代表性，又不必在数量上过多。除了赞助单位、受赞助者双方的主要负责人及员工代表之外，赞助会应当重点邀请政府代表、社区代表、群众代表以及新闻界人士参加。在邀

请新闻界人士时，特别要注意邀请那些在全国或当地具有较大影响力的电视、报纸、广播等媒体人员与会。

所有参与赞助会的各界人士，在与会之时，皆须身着正装，修饰仪表，并且检点个人的举止动作。赞助会的整体风格是庄严而神圣的，任何与会者与之唱反调都会有失妥当。

谈判礼仪

公关谈判工作的特殊性，决定了对谈判人员的特殊要求。谈判人员应具备的素质包括：

一是道德观念。热爱祖国，忠于人民，坚持国家、民族利益高于一切；立场坚定，坚持原则，具有强烈的事业心和责任感；遵纪守法，廉洁奉公，具有较强的政策观念和法律意识；胸怀宽广，顾全大局，能与持不同意见的人团结合作；讲信誉，守信用，注重企业形象。

二是业务能力和知识储备。了解所谈商品在国际、国内的生产状况和市场供求情况；掌握该产品的价格水平和变化趋势的信息，以及该产品的技术要求和质量标准；了解有关的金融、汇率、市场分布、期货交易、保管运输等方面的知识；熟悉不同企业、公司、联合体的类型、特点和状况；熟悉国家的经济政策和有关的法律法规；作为涉外经济谈判人员，还应具有一定的外语水平，熟悉国外的法律、政策，以及国际贸易中的有关

国际惯例。

三是心理承受能力和调节能力。思维敏捷，有敏锐的洞察力和准确的判断力；头脑冷静、处事稳健，有较好的自控能力和决断能力；精力充沛，坚韧自信，有较强的耐心和毅力；反应快捷、遇事不慌，有较好的应变能力；语言丰富、表达准确，有较好的雄辩能力；热情大方、谈吐自然，有较好的交际能力和环境适应能力。

四是着装严肃。谈判是一项较严肃的社会活动，它要求谈判人员必须衣着整洁，而不奇装异服；面洁发顺，而不浓妆艳抹；谈吐幽默，而不随意胡侃；举止大方，而不矫揉造作。

一、选择谈判时空的礼仪

谈判之道贵在把握时机并选定恰当谈判地点。谈判的时空选择，表现了谈判人员的效率意识和勇于负责的胆识。谈判人员应掌握时空选择的技巧，利用有利的谈判地点，增强谈判的有利环境心理因素，把握机遇并不失时机地开展谈判，取得谈判成功。

1. 选择谈判时间的礼仪

(1) 时间选择要及时。捕捉机遇、争取时间对谈判具有特殊的意义。在一切都是可变的谈判意识下，谈判人员要保持密切的信息联系，注意其细微变化，准备随时可能进行的谈判。在谈判中，有的是随机型谈判，即谈判各方相遇就谈，不需要选择时间和地点，但却需要抓住机遇，巧用时间；有的是有准备的谈判，即谈判各方预先确定谈判议程，其中包括事先安排好谈判的时间和地点；有的是介于随机型和有准备型二者之间的谈判。在潜在的多角竞争谈判中，时间和地点的选择余地不多，速度具有决定性的意义。谁能够争得时间，谁就能胜利。

(2) 时间选择要合理。谈判时机和准备状态有时是矛盾的。谈判时机到来时，准备状态不一定是最好的；而有充分准备的时候，谈判时机又往往已经错过了。因此，为了把握住时机，谈判人员还必须具备灵活机动、应付各种复杂条件变化的能力。

同时，谈判时机的选择还常常会受到协约方履行可能性的制约。如果谈判时机选得很好，协议对自己也就很有利。但是，如果协议不能完全执行的话，谈判实际上仍归于失败。

其次，谈判人员要注意调节己方的作息时间，避免在己方身心处于低潮时进行洽谈。

再次，对“截止时限”要有正确的态度。在谈判中，“截止时限”即最后期限是谈判者极为重视且惯用的一种策略。实践证明，几乎在所有的谈判中，让步的行动都发生在谈判将要完结的时候，所以，谈判的最后时限是特别重要的。要知道，对方也一样有最后时限的压力，只要坚持，必有回报。要提高警觉，保持镇静，不屈不挠，等待最有利的时刻出现再行动。“最后时限”是谈判的产物，它有一定的弹性。面对最后时限的压力，谈判者应当先权衡一下当你遵循或超越最后时限的利弊得失。

2. 选择谈判地点的礼仪

谈判地点的选择包括两个方面：一是国别、地区的选择；二是谈判场所的选择。一般来说，前者应以通信方便、交通便利为首要条件。如果协议规定，解决协议执行中的矛盾以签约地点的法律为仲裁依据的话，谈判地点还应选择法制健全、仲裁公正、信誉可靠的地方为宜。后者的选择需视谈判性质而定。正式谈判须选择较为安静和方便的场所，非正式谈判则不受限制。

可供选择的谈判地点有三种类型，即买主住地、卖主住地和中间地点。对谈判人员来说，选择不同的场所会产生不同的影响。

(1) 在买主住地谈判。主场谈判具有很多优越性，舒适的布置和熟悉的环境会使买主很快获得安全感。而对于卖主而言，在陌生的环境中会产生莫名其妙的恐惧感。不仅如此，对买主而言，其更大的优势是资料充裕。如果需要深入研究某个问题，买主可以随时利用资料，并且主场交锋还给买主提供了创造谈判气氛的机会。他可以利用种种方便条件对卖主施加压力。但是，任何事情都是利弊俱在。主场谈判给卖主同样提供了可乘之机。在谈判进入白热化阶段，卖主为了脱离没有把握的决策压力，就可以借口资料不全而扬长而去。远离工作地之不便永远可以作为中止谈判的体面借口。权衡利弊得失，仍然是主场谈判为好。

(2) 在卖主住地谈判。在卖主那里谈判也会产生心理作用。买主选择对方营寨作为交锋战场，无疑是自信心强的表现，这会使卖主感到震惊和困惑，并极力思索买主深入虎穴进行谈判的真正目的。如果这时买主能够保持自信并不断发起进攻，他就能取得初步的胜利。在客场谈判时，买主必须保持头脑冷静，对一些因素应持有戒心。比如，双方关系如果过于亲近，谈判气氛如果过于友好，就使买主很难保持正当的进攻性；卖主过分的款待会使买主感到锐气的失落，这对谈判是极为不利的。因此，买主必须与对方保持一定距离，时刻记住自己的使命。丧失斗志和同情心过盛，都会招致谈判的失败。

(3) 在中立地点谈判。中立地点经常是选择谈判地点时考虑的对象。如果谈判双方陷入僵局或敌意正浓，把卖主引入主场只能使对手更加愤怒。这时明智的做法是把谈判选择在中立地点。如果谈判之前就预料到谈判的紧张程度，而尽早消除这些因素又非常必要的话，也可以选择中立地点。在有些情况下，主场谈判干扰太大，选择中立地点就是上策。利用中立地点的种种条件，买主也易于建立一种特殊而神秘的心理气氛，并且用这种气氛来影响对方。

总之，不同的谈判地点具有不同的利弊得失。在选择谈判地点时通常要考虑谈判双方的力量对比、可选择地点的多少和特色、双方的关系等因素，要根据特殊的谈判背景来做出具体的选择。

在对外谈判中，一般情况下应当选择本国作为谈判地点。在自己的国家、自己的住地谈判，各方面都比较习惯，也能随时向上级和专家请教，因而能感到有种特殊的力量。而到陌生的地方去谈判，尤其是出国谈判，光是为了奔波就要花费许多精力，而且一切都是生疏的、拘谨的，才能的发挥必然会受到一定的限制。

二、布置谈判环境的礼仪

1. 环境布置的目的

谈判地点确定后应当进行一定的布置，谈判环境通常是由谈判的东道主布置的，不用事先达成协议。环境是东道主增强自己谈判地位的无声武器，是一件道具。

有些谈判能手还会故意给来访者以冷遇，让他们坐在客厅的沙发上喝咖啡，不予理睬，使之感到局促不安。

豪华的办公室是吓人的道具，如果你对他们的道具印象深刻，那就意味着你已做了第一次让步；在买主恐吓的威胁下谈判，宁愿不做生意；如果他们给你冷遇，可以要求借他们的电话办你的私事，这是一种有力的反击。

2. 环境布置的原则

环境布置的目的是要显示自己的实力和信誉，但也要注意避免虚张声势，使人对本公司的诚实性发生疑问，因为道具和做戏一旦被人识破将会产生反作用。

谈判场所要给人以平等感。一般来讲，在双边的正式会谈中，长桌会议较为适宜；在多边的正式会谈中，圆桌会议较为适宜。会谈如果需要准确的记录，可以放置录音机，但不宜过多。

3. 环境布置的变化

在通常的谈判中，谈判地点和环境布置是不必变化的。但是，如果谈判的主谈人发生变化，即当谈判升级或降级的时候，地点和环境也可以做某些改变。

谈判环境的布置合理、恰当，有利于良好谈判气氛的建立，从心理上影响谈判的进程。

因而，也应该引起谈判人员的重视。

同时，选择谈判桌和安排谈判人员的座位也是有讲究的。就谈判桌而言，方桌、圆桌和不设谈判桌，各有长短。方桌谈判，双方对面而坐，虽然正规、严肃，但缺乏轻松活泼的气氛，甚至给人一种对立的感觉；圆桌谈判，双方团团而坐，给人一种双方共求一致的印象，但缺少新颖；不设谈判桌，虽然可以营造出一种轻松、和谐、不落俗套的气氛，但却

给人一种不太正规的感觉。但是，多数谈判还是选择圆桌谈判。

此外，对于谈判人员的位置安排，一般情况下都是双方人员各自坐在一边，这不仅仅有助于商议事情、查阅材料，还可以给谈判者心理上一种安全感。

4. 环境布置的因素

光线。可利用自然光源，应布有窗纱，以防强光刺目；使用人造光源时，要合理配置灯具，使光线尽量柔和一点。

声响。室内应保持宁静，使谈判能顺利进行。房间不应临街，不在施工场地附近，门窗应能隔音，周围没有电话铃声、脚步声、说话声等噪音干扰。

温度。室内最好能使用空调机和加湿器，以使空气的湿度和温度保持在适宜的水平上。温度在 20℃，相对湿度在 40%～60%之间是最合适的。

色彩。室内的家具、门窗、墙壁的色彩要力求和谐一致，陈设安排应实用美观，留有较大的空间，以利于人的活动。

装饰。谈判室应力显洁净、典雅、庄重、大方。宽大整洁的桌子，简单合适的坐椅沙发，墙上可挂几幅风格协调的书画，室内也可装饰有适当工艺品、花卉、标志物，但不宜过多过杂，以求简洁实用为主。

三、树立谈判形象礼仪

1. 第一印象的重要性

普通的人刚一见面，不一定会对你下什么武断的评价。但是就在此时，他很可能对你产生一种基本的情感，简单地说，就是喜欢或不喜欢你。

喜欢你，他可能会很积极地跟你继续交往；不喜欢你，他可能就没那份交往的热情了。

这就是第一印象。一个人的第一印象是很重要的，别人对你、你对别人都是一样。在应酬时，第一印象不好的话，如要挽回，就要进行很大的努力。同样道理，在谈判中，你给对方或对方给你的第一印象直接影响着你们能否顺利地完成此次合作。

初次见面，以及虽然见过了几次面，但彼此了解仍不深的人，如何消除对方的陌生感，或缩短礼貌性的距离，以期获得对方的信赖，使他高兴与你接触。给对方留下良好的第一印象，这是一门很大的学问。

2. 包装谈判形象礼仪

从某种意义上讲，头衔这东西就是一个人的标记，有如人的姓名，人们认识人往往就凭这个标记。因此，在谈判中巧妙地利用这些虚名，可以取得意想不到的效果。

比如这样的介绍："这是我们公司的总经理，本次谈判我方的首席代表……"总经理的头衔显示着与其本人相关的能力，具有这样的头衔，而且亲自出席也显示出对谈判的高度重视和志在必得的决心。

除了头衔、称号等荣誉，汽车、手提电脑等象征财富的工具也可以成为判断你的实力的标志。至于在外地谈判时，你住的旅馆，你请对方吃饭的饭店的标准，也可能成为一个细心的谈判者考察你实力的一方面。

那么，该怎样给自己一个好的包装呢？

首先，学会巧穿衣，有利于谈判成功的衣着打扮首先应与身份一致。上至国家元首，下至公司的普通职员，都可能成为谈判者。谈判时要根据自己的身份来选择衣着。比如，作为一名总裁，在出席谈判时就不应穿着随便，起码得西装革履，与身份相符。这并不是要求你穿上最时髦、最新款的服装，只是请你穿得使人有整齐、清洁之感。

而作为谈判助手，如果其衣着比首席代表还华贵，也是不可取的，有喧宾夺主之嫌。

其次，衣着要与谈判的性质一致。如果是正式谈判，谈判者应穿得"正式"些；而在非正式谈判中，衣着则可以随便些。

再次，衣着要与环境一致。超越环境氛围的穿着打扮，往往使对手感到你在做作；低于环境氛围的穿着打扮，会使你感到局促不安，甚至丧失自信，也会使对手对你的实力产生怀疑。

最后，切记千万不要穿一些质地不好、做工粗糙的衣服，它会使你在对手心目中的形象一落千丈。

3. 谈判人员握手礼仪

谈判双方人员会面与离别时，一般都以握手作为友好的表示。因此，谈判人员切不可忽视握手礼，而应遵守握手的规矩。

(1) 宾主握手。主人应向客人先伸手，以表示欢迎。在机场、宾馆或会谈室接待来宾，不论对方是男士还是女士，主人都应先伸手。但在离别时，作为主人则不必先伸手，以免有催促客人赶快离开之嫌。

(2) 男女握手。一般情况下，男士应等女士先伸出手后才伸手去握。男士与女士握手，通常只握一下女士的手指部分，不要握得太紧，也不要握得太久。有时男士确认女方愿意同他握手，也不妨主动伸手；倘若女士无理由地拒绝去握已向她伸出来的手，便是失礼的举动。

握手时，让主人、女士、年长者、身份高者先伸出手，是为了表示对他们的尊重，他们享有握手的主动权；客人、男士、年轻者、身份低者见面先问候，待对方伸手后再握。

握手时应注意对方的眼睛，微笑致意，切忌左顾右盼、心不在焉。

4. 谈判人员自我介绍的礼仪

(1) 利用名片。如果一见面就自我介绍："我是 ×× 公司董事长兼总经理，是 ×× 机构的理事长。"会给人一种居高临下、盛气凌人的感觉，可能会引起对手的反感。如果你把印着头衔的名片双手递给对方，不但能发挥头衔的影响力，而且还会给对方留下谦逊、礼貌的良好印象。

(2) 让助手替你说话。有了助手，你就可以免开尊口，由助手代为介绍："这是我们公司的总经理，工商管理学硕士，×× 机构理事长。"就显得很合理，不会给对方突兀的感觉，反而可能使之肃然起敬。而且有了助手的前呼后拥，本身就说明了你的头衔和地位，也显示出你方的实力，定能使对手更信赖你。

(3) 经历炫耀。单纯地介绍你的头衔，有时还不够，因为在这个头衔满天飞的时代，人们已开始渐渐失去了对它的信任。在介绍自己的头衔后，选一个恰当的时机巧妙地炫耀一下自己的经历，可以抬高自己的身份，增强头衔的影响力。

(4) 借名扬名。在介绍己方情况时，除了以介绍谈判者头衔、炫耀谈判者经历的方式来显示自己的实力外，在恰当时机将己方所属的企业、机构及本方产品的知名度透露给对方，同样会令对方肃然起敬，甚至在潜意识里已开始让步。这就是所谓的借名扬名，是谈判者在介绍己方情况时常用的一种技巧。其中“名”不仅包括组织、团体的名，也包括社会上一些知名人士的名。比如一些商家非常热衷于请影视明星做广告，甚至不惜一掷万金，其目的就在于借名人的名扬自己的名。借名扬名，是在利用普通人崇拜权威的心理。在普通人的思维中，通常有这样一种定势：名人推崇、信赖的东西也一定是好东西，其质量、性能也一定过硬。

因此，在谈判过程中介绍己方情况时，运用借名扬名的技巧，可以直接而鲜明地体现本方经济实力、经营理念和所处的社会地位。它是谈判者在谈判过程中为自身及产品扬威、显示己方实力、提高谈判价值的有效武器。

四、保全对手脸面的礼仪

脸面，全世界的人都同样看重。而在谈判中，保全面子更是隐含的重大任务。

保全面子对每个人来说就是对其自身价值的证实，而自身价值又是通过他人来参照和体现的。

当一个人的形象受到威胁时，他就会变得不够友善。有些人会攻击，有些人会逃走，有些人变得冷漠，他们都生气了。实验证明，人们一旦有机会就会报复那些对他们进行人身攻击的人。丢了面子的人是不惜任何代价要使他们的敌人痛苦的。

调查表明，一个脸面受到威胁的人会退缩。攻击越刻薄，想保全面子的人越不愿交流。当一个人在朋友或对他十分重要的人面前受辱时，

丢面子的后果就更为严重。

所以，在谈判中，让你的谈判对手保全面子，这是多么重要呀！而事实上却很少有人想到这一点。很多人总是残酷地抹杀别人的感觉，又自以为是，我们在其他人面前批评一个小孩子或员工，甚至不去考虑是否伤害到别人的自尊。然而，一两分钟的思考，一两句体谅的话，对他们的态度做宽大的了解，都会减少对别人的伤害。

保全对手脸面的三种方法如下：

1. 不要故意与人为难

故意为难别人的人，处处想表示自己与别人的不同意见。听了对方陈述后，发现其中有一点与自己的意见不同，立刻就提出异议，而对方一听也就立刻以为自己的意见被全盘否定，从而心里大为光火。

在这种场合，我们一定要预先说明哪一点，或者哪几个方面自己完全同意了，哪几点自己不太同意，这样既保住了对方的面子，又能使他轻易接受你的意见。

2. 不要揭人短处

金无足赤，人无完人。人有短处是一点也不值得奇怪的。用不同的方式对待别人的短处，所产生的效果也是截然不同的。避免谈及他人的短处，容易与他人建立起感情，形成融洽的交谈气氛；好谈他人短处的人，最易刺伤他人的自尊心，打击其某方面的积极性。

3. 不要用质问的口气

当对方为你的质问所窘迫时，他虽然形式上已趋失败，但他心怀恨意，也不会让你舒舒服服地取得胜利。虽然在人们的笑谑中，往往以质问的语气来开玩笑，不过不可用得太多，更不能形成习惯。

以温厚待人就是为自己留有余地，而向前猛冲时，站不牢而摔倒，伤害当然厉害。不侵害别人就是保卫自己。

至于谈判，则是要更多地涉及对方的质疑，你必须试探事实和假设。这些试探不要停留在个人层次上，它们应针对手头上的事业，而不是对手的权限。当一个论点被提出质疑时，我们应该尽力减少其中所蕴含的敌意。

五、对待争辩时要注意的礼仪

作为一名谈判者，你自己应该衡量一下：你是宁愿要那种表面上的胜利呢，还是要别人对你的好感呢？在谈判的激烈角逐中，你争论得可能有理，但靠辩论是不可能让无知的人服气的。

1. 一笑了之

如果对手说的根本不对，你认为他说的那个人根本就不是你，那你干脆连气都不要生，因为他在说别人嘛！为什么要替别人生气呢！

2. 欢迎不同的意见

有一句话叫做：“当两个伙伴意见总是相同的时候，其中之一就已没有价值了。”而如果有些地方你没有想到，而你在谈判中的伙伴却能帮你提出来，你就应该衷心感谢。不同的意见是避免重大错误的最好方法，这也正好体现出谈判中你与同伴各取所长、扬长避短的原则。

3. 不要相信你直觉的印象

在谈判桌上，当有人提出不同意见时，你的第一反应就是自卫。对此，你必须慎重，小心斟酌对方的意见，并将它与你的想法做一个理智的比较。

此时，一定要小心你的直觉。因为直觉一般都是错的，况且这涉及

一个外来意见与你自身想法的冲突，你必须控制住你的脾气，用理智来衡量不同意见的正确与否。

除此之外，你还应该先听为上；寻找不同中的相同；诚实对待不同意见；仔细考虑反对者的意见；为反对者关心你的事情而真心感谢他们；延缓采取行动，让双方都有时间把问题考虑清楚。

总之，努力去做，勿逞一时口舌之能，树立“光辉的谈判形象”，不要被说成多嘴婆！

六、营造谈判气氛的礼仪

大幕拉开后，谈判双方正式亮相，开始彼此间的接触、交流、摸底甚至冲突。当然这也仅仅是开始，它离达成正式协议还有相当漫长的过程。但是在谈判开始阶段，你首先要做好一项非常重要的工作，那就是营造洽谈的气氛，它对谈判成败有非常重要的关系。

谈判气氛是谈判对手之间的相互态度，它能够影响谈判人员的心理、情绪和感觉，从而引起相应的反应。倘若你经历过任何一次谈判，你对那次谈判的气氛都应该记忆犹新吧。那或许是冷淡的、对立的；或许是松弛的、旷日持久的；或许是积极的、友好的；也有严肃的、平静的；甚至还有大吵大闹的……

你也应当清楚，那种积极友好的气氛对一次谈判将有多大帮助，它使谈判者轻松上阵，信心百倍，高兴而来，满意而归。

对于任何谈判者，理想的气氛应是严肃、认真、紧张、活泼。

1. 给对方一个好的感觉

谈判正式开始后，双方见面的短暂接触对谈判气氛的形成具有关键性作用。

2. 恰到好处的寒暄

谈谈大家都有兴趣的话题；点到为止地谈点私人问题；与对方开个玩笑，如果你们认识的话。

3. 避免谈判开头的慌张和混乱

宁肯站着谈判，因为那样会更轻松、更自由、更灵活；

做好充分准备，战略上藐视敌人，战术上重视敌人；

凝神、坦然直视对方；

轻快入题，适当的手势语可以化繁为简；

全身放松，动作自然得体。

4. 调整语速

谈判中切忌滔滔不绝，那会给人慌慌张张的感觉；也不可慢条斯理，倒人胃口；不要让自己无话可说；在你说的过程中察言观色、捕捉信息。

5. 诙谐幽默

谈判气氛形成后，并不是一成不变的。本来轻松和谐的气氛可以因为双方在实质性问题上的争执而突然变得紧张，甚至剑拔弩张，一步就跨入谈判破裂的边缘。这时双方面临最急迫的问题不是继续争个“鱼死网破”，而是应尽快缓和这种紧张的气氛。此时诙谐幽默无疑是最好的武器。

6. 适度赞誉

生活中，我们经常需要去称赞别人。真诚的赞美，于人于己都有重要意义。对别人来说，他的优点因为你的赞美而显得更加光彩；对自己

来说，表明你已被别人的优点所吸引，并有了学习的榜样。

在现代人际交往中，赞扬他人已成为一门独立的学问。能否掌握和运用这门学问，使之符合时代的需求，这是衡量现代人素质的一个标准，也是衡量一个人交际水平高低的标准。就是说，在谈判这种交际水平的大较量中，赞美他人也无疑是获取对方信任和好感的绝招。

7. 实事求是，不矫揉造作

当你的赞扬还未出口时，请先掂量一下，这种赞美有没有事实根据，对方听了是否会相信、是否会接受。

8. 注意观察，发现对方长处

表扬一种对方的长处。所以要想赞美对方，你得事先观察对方的言谈举止。谈判之前侧面了解一下对方的大致情况，尤其注意对方小节，即努力发现别人没有发现的优点。

当你的谈判对手是位事业上的女强人时，你就无须老生常谈地夸赞对方事业如何有成，而是先旁敲侧击地了解她的家庭生活，从那儿去寻找突破点。如："您不仅在事业上是个强者，我还听说您在家中也是位贤妻良母呢！这点我从您在谈判中多次为他人着想就能看出来，与您合作，我真是非常愉快！"

我想，这位女经理听后，一定会心花怒放，以后的生意也就好做了。

9. 借用第三者口吻赞美对方

如果你采用间接赞美，对方从第三者口中得知你的赞美，也会喜不自胜，从而对你刮目相看的。这些赞美方式你试过吗？

地位平等、不居高临下的赞美，热情，大方的赞美，间接的赞美，比较性的赞美，都会取得意想不到的效果。

10. 人身攻击是不正当的

我们赞美对方的优点，但对对方的缺点是绝对不能采取人身攻击的。即使我们的谈判已取得了预期的效果，也不要得意忘形，我们要珍惜先前所做的种种努力而换取的合作结晶，并发扬谈判中难得的友谊，为以后的合作做准备。

七、避免谈判陷入僵局的礼仪

在任何谈判中，僵局随时都是存在的，它能在任何时候爆发出来，严重挫伤双方的关系，有时甚至达到永久破裂的地步。在僵局未被解开之前，任何更进一步的谈判都是不可能的。

谈判的僵局，并不总是由什么难以解决的大问题引起的。根据以往经验的总结，许多谈判形成僵局和破裂往往是因为细微的小事引起的，诸如性格差异、爱面子、缺乏决断的胆识，等等。

在僵局出现后，谈判双方都在犹豫是应该先主动跨出一步呢，还是要冷静等待对方的改变。也正因为这一点，僵局将更加僵化，死结缩得更死。

1. 与不同意见者为伍

谈判是一个相统一又相矛盾的过程。如果谈判双方都试图拒绝对方，认为对方的矛盾不值一提的话，就不会有理性的想法、清晰的理解、准确的交流、值得信赖的行为以及谈判的成功。

因此，作为一个谈判者，你需要懂得求同存异。下面的法则会有助于你做到这一点：

不要拒绝和你意见相左的人沟通，即使自已和对方出现分歧，也要继续交流；对对方显示出爱心；乐于倾听对方的意见——与你相左的那些。

2. 巧妙回答异议

当买主（或卖主）提出异议时，你要确信你正确理解了它，确信它是简单还是复杂。简单的异议可以用现成的证据或事实反驳，对于复杂的异议，你可以用提问方式复述异议以求得肯定回答；回答异议的关键在于让对方满意地知道你理解了他的观点；不要同意异议，免得加强了对方的信心；把难以反驳的异议转述成一个有肯定答案的问题，然后回答它。

3. 主动跨出一步

僵局出现后，在双方都犹豫不决或沉默不语时你最好主动跨出一步，勿使死结恶化。据调查，你的对手一般不会反对这一步的。你可以：主动改变合同类型；主动转移不确定因素；主动改变对方要求的时限；主动改变谈判重心；主动寻找一个中间调停人；主动安排一个双方的最高

层会晤；主动讲一些风趣的故事，改变气氛；主动设立一个联合研究会；主动改变明细或成交条件；主动增加其他真实又明显的可选择项目；主动撤换谈判代表；主动改变付款方式和时限；主动改变百分比的基数；主动提议补偿程序和保证手段；主动改变风险承担方式和时限。

八、向谈判对手提问的礼仪

1. 注意提问的速度

提问时说话速度太快，容易使对方不耐烦，甚至有时会感到是在用审问的口气对待他，容易引起对方反感；反之，如果说话太慢，则容易使对方感到沉闷、不耐烦，从而也降低了你提问的力量。因此，提问的速度应该快慢适中，既能使对方听懂弄懂价钱的问题，又不要使对方感到拖沓、沉闷。

2. 注意对手的心境

谈判者受情绪的影响在所难免。谈判中，要随时留心对手的心境，

在你认为适当的时候提出相应的问题。例如，对方心境好时，常常会轻易地满足你的要求而且还会变得粗心大意，很容易吐露一些相关的消息。此时，抓住机会，提出问题，通常会有所收获。

3. 提问后，给对方以足够的时间

提问的目的，是让对方答复，并最终收到令己方满意的效果。因此，谈判者在提问后，应该给对手以足够的时间答复。同时，自己也可利用这段时间对对手的答复以及下一步的提问进行必要的思考。

4. 提问应尽量保持连续性

在谈判中，双方都有各种各样的问题，同时，不同的问题存在着内在联系。所以，提问时，如果是围绕着某一事实，则提问者应考虑到前后几个内在逻辑关系，不要正在谈这个问题，忽然又提一个与此无关的问题，使对方无所适从。同时，这种跳跃式提问方式也会分散谈判对手的精力，使各种问题纠缠在一起，没办法理出头绪来。在这种情况下，价钱的提问当然不会获得来自对方的令人满意的答复。

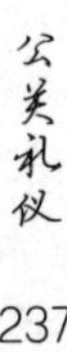

九、答复谈判对手的礼仪

谈判中答复问题，是一件很不容易的事情。因为，谈判者回答的每一句话都负有责任，都被对方理所当然地认为是一种承诺。这便给回答问题的人带来一定的精神负担和压力。因此，一个谈判者水平的高低，很大程度上取决于其答复水平。

答复问题，实质上也是在叙述。因而，叙述的技巧对于回答问题通常也是适用的。但是，答复非孤立的叙述，而是和提问相联系、受提问制约的叙述，这就决定了答复应当有其独特的技巧。

一般情况下，在谈判中应当针对对方的提问实事求是地正面回答。但是，由于商务谈判中的提问往往千奇百怪、形式各异，又都是对方处心积虑、精心营构之后所提，其中有谋略、有圈套、有难测之心。所以对所有的问题也必须运用一定的技巧来答复。

答复者应将提问者的范围缩小，或者不做正面答复而对答复的前提加以修饰和说明。

例如，对方询问我方产品质量如何，我方不必详细介绍产品所有的质量指标，只雷厉风行回答其中主要的某几个指标，从而造成质量很好的印象即可。又例如，对方对某种产品的价格表示出关心，直接询问该产品的价格。如果彻底回答对方，把价格如实相告，那么，在进一步的谈判过程中，己方可能将陷于被动，所以，应该首先避开对方注意和所提问题的焦点，做这样的答复：“我相信产品的价格会令你们满意的，请允许我先把这种产品的几种性能做一个说明，我相信你们会对这种产品感兴趣的。”

有时，提问者为获取非分的效果，有意识地含糊其辞，使所提问题模棱两可。此时，如果答复者没有摸清提问者的真实意图，就可能在答复中出现漏洞，使对方有机可乘。因此，答复者在遇到这种情况时，一定要先进行认真分析，探明对方真实意图之后，针对对方的心理作答。不可自作聪明，按自己的心理假设进行答复。

提问者如果发现了答复者的漏洞，往往会刨根问底地追问下去。所以，答复要特别注意不让对方抓住某一点继续发问。假如你在答复中出现了漏洞，也要设法降低对方追问的兴致，有时，也可用这样的答复堵住对方的口：“这个问题容易解决，但现在还不是时候。”“现在讨论这为时过早,是不会有什么结果的。”“这是一个暂时无法回答的问题。”一般情况下，

西方礼仪

进外企、国际商贸、环球畅游、做一个“国际自由人”已成为我们身边的现代新生活，与西方之间的交流、交际会越来越普遍，了解西方文化礼仪，了解那些国家人民的生活方式及日常行为并得体地应用它们，是非常重要的。

社交礼仪

一、打招呼礼仪

在人际交往中，见面打招呼是很自然的，即使彼此不认识。打招呼的目的，并不是为了要跟你有进一步的交往，而只是一种生活礼仪形式。其实不论任何人，面对有人微笑打招呼，都会受到感染，像是见到阳光心情就好起来一样，很自然也会打招呼响应。因此，在西方国家旅游的时候，如果迎面而来的人对我们说“哈啰”，千万别露出一副莫名其妙的表情，甚至置之不理，那是极其不礼貌的。

那么，到底应该怎样打招呼呢？

如果对方跟你说“How do you do”，就是“你好”的意思，这时不用按

着课本教的说“Fine，Thank you，And you”除非这是你的好朋友，或是你有较多的时间和他聊天，不然只要同样说“How do you do”就可以了。如果怕自己英文说得不好，点头或微笑就行。有时候他们会说“Hello”，其实相当于我们的“嗨”，这是同辈或好友之间的应对方式，不适合用在对长辈或地位比较高的人。另外，他们也会问候“Good morning”，“Good afternoon”或“Good evening”，这时只要以同样的话问候就可以了。

如果别人和你握手，你也要同他握手。要知道，拒绝握手是非常不礼貌的。握手的时候，通常是年龄大的一方或者女子先伸出手。

有些问候在中国是合乎礼节的，而在西方却显得不礼貌。比如你对一个西方人说“你上哪儿去”(Where are you going)或说“你去哪儿啦”(Where have you been)，他会以为你在打听他的私事，是失礼的。你要是说：“你吃过了吗？”(Have you had your dinner?)他可能会认为你想邀请他与你共同进餐。因此，和西方人相处时，你最好使用西方常用的问候方式。

二、称呼礼仪

各个国家以及各个民族由于语言和风俗习惯的不同、社会制度的差异，在称呼上存在着很大差异。国际上具体的称呼要求如下：

1. 一般对男子统称“先生”，对已婚女子称“夫人”或“女士”，对已婚年纪较大的称“太太”，对未婚女子统称“小姐”，对不了解婚姻状况的女子可以泛称“小姐”或“女士”。这些称呼前都可以冠以姓名、职称、头衔等。

2. 对来自君主制国家的贵宾，习惯上称国王、王后为“陛下”，称公主、王子为“殿下”。对有公、侯、伯、子、男等爵位的人既可以称爵位，也可以称“阁下”，一般也称“先生”。

3. 对地位比较高的，一般部级以上的官方人士，可以称“阁下”，或职衔加“先生”，如“部长阁下”、“总理先生阁下”等。对有高级官衔的妇女也可以称为“阁下”。但对没有称“阁下”习惯的美国、墨西哥、德国等贵宾，男士可以称“先生”，女士称“夫人”或“小姐”。

4. 对军人一般称军衔加“先生”。知道姓名的，可以加上姓和名。有些国家对将军、元帅等高级将领也称呼“阁下”。

5. 对教会中的神职人员，一般可以称教会内的职称，或者是姓名加职称，或职称加上“先生”。对主教以上的神职人员，可以称为“阁下”。

6. 对医生、律师、法官、教授、博士等，都可以单独称职务或学位，也可以加上姓氏和“先生”，比如“法官先生”、“约翰教授”、“罗伯特博士先生”等。

总之，既要注意世界通用的习惯称呼，也要考虑宾客所在国的具体情况。恰当使用称呼在外事交往中是非常重要的。

三、接吻礼仪

在欧洲大街上，接吻的场面随处可见。

亲吻在欧洲一些国家里的热烈程度，是由参与者之间的熟悉度及性别来决定的，不过有些国家则不然。地中海国家就是最好的例子。他们不论性别，都以相互亲吻面颊作为问候礼，即使陌生人也是如此。

在意大利和法国，人们社交性的亲吻是每天的必修礼仪，男女老幼何时应该亲吻、亲吻何处以及亲吻次数，这些交际学问每个人都掌握得很好。这里的人们认为亲吻绝非难堪之事，自然用不着回避和否认。

不过，在英国、德国和一些北欧国家，亲吻就显得保守些了。假如彼此是熟悉的朋友或亲戚，相互亲吻面颊也只限于女士之间及男女之间，而男人并不互相亲吻脸颊。由于近些年南欧热情之风北上，呆板的北欧作风开始有些松动迹象。

另外，不同国家的亲吻次数也有差异。斯堪的那维亚人仅吻一次就够了，法国人喜欢左右脸颊各吻一次，而荷兰人和比利时人至少要吻上三次。但这并不意味着荷兰人和比利时人是欧洲最热烈的亲吻者，因为法国人亲吻的热烈程度堪称世界之最。

对于这个话题，以亲吻为题材的两尊闻名世界的雕像罗丹的“吻”和勃朗库西的“吻”，就是最好的诠释。据称法国还是深吻的发源地。由此标榜为“法国式的热吻”，法语里特有的Marai chinage一词即是深吻之意，而德语也把深吻称作法国吻。

然而，无论深吻到底源自何地，欧洲亲吻者中法国人显然名列前茅，英国人则被甩在末尾。

如今欧洲人的接吻礼仪可总结为：越往南走感受越热烈，随时随地都会遇到探过头来咂出声响的热吻，为了表达其爱意亲吻三四下甚至更多，都是很正常的。

南欧地中海地区如意大利、法国、西班牙、葡萄牙、希腊，每一天的社交都以接吻打头，又以接吻结束。

热吻排名榜上，英国一般排在后面。矜持的英国人，现今似乎仍沿袭着詹姆斯二世当年从法国传来的、不轻易接吻的“含蓄”待人的风尚。英国人社交亲吻仅表现在女性之间，一般头一回见面的女性间也是握手多于拥吻，绅士们仍以互相握手寒暄为时尚。与南欧国家相比较毫无疑问缺少热情奔放的细胞。

四、舞会礼仪

在西方国家参加舞会时，应遵守如下礼仪：

1. 服饰要整齐，仪态要端正。国外举行舞会，通常在请柬上注明服装要求，以穿晚礼服和西服为多。

2. 跳舞时，应注意舞姿，舞步不要过大。男方的右手应在女方腰部正中。

3. 在较正式的舞会中，第一场舞由主人夫妇、主宾夫妇共舞；第二场舞由男主人和主宾夫人、女主人和男主宾共舞。

4. 男子要避免只和一位女子共舞，也应避免同性之间共舞。

5. 男方邀请女方跳舞，应仪表端正、举止大方，不应勉强对方。

6. 跳舞时不得吸烟，不能戴口罩，不可大声喧哗。

7. 不要轻易中途退场。

五、以右为尊的礼仪

在各种类型的国际交往中，大到政治磋商、商务往来、文化交流，小到私人接触、社交应酬，凡有必要确定并排列具体位置的主次尊卑，“以右为尊”都是普遍适用的。

在并排站立、行走或者就座的时候，为了表示礼貌，主人要主动居左，而请客人居右。男士应当主动居左，而请女士居右。晚辈应当主动居左，而请长辈居右。未婚者应当主动居左，请已婚者居右。职位、身份低者应当主动居左，而请职位、身份高者居右。

需要特别说明的是，按照国际惯例，当主人去外宾下榻的地方拜会或送行时，主人的身份应当是“客人”，这时外宾就“反客为主”了。在有必要进行并排排列时，要使主人居右，让外宾居左。也就是说，外宾在主人为他提供下榻的地方，应被看作“主人”，而不是“客人”。

在排列涉外宴会的桌位、席次时，同样要遵循“以右为尊”原则。在宴会厅内摆放圆桌时，通常应以“面对正门”的方法进行具体定位。如果只设两桌，以右桌为主桌(这里所说的右桌，指的是在宴会厅内面对正门时居于右侧的那一桌)。如果需要摆放多张桌子时，在宴会厅内面对正门对位于主桌右侧的桌次，应该被看成高于位于主桌左侧的桌次。

在同一张宴会桌上确定席次时，一般以面对宴会厅正门的位置为主位，由主人就座。主宾应坐在主位的右侧。其他人的位次，一般都是距离主位越近，位次越高。而在和主位距离相同时，位于主位右侧的位次高于位于主位左侧的位次。

举行正式谈判时，假定谈判双方需要分别坐在谈判桌的两侧，而谈判桌竖放在室内的话，谈判桌两侧的位置仍有上下之分。在进行确定时，依然要遵循“以右为尊”的原则。具体方法是:假定有一个人正在推门而入，并且面向室内，则应该以其右侧为上座，使客方谈判人员在右侧就座；以左侧为下座，使主方谈判人员在左侧就座。谈判桌横放在室内时，以面对正门的一侧为上座，以背对正门的一侧为下座。举行国际会议时，会议主席台上依次的排列，也是要讲究“以右为尊”的。不仅如此，发言者所使用的讲台必须位于主席台的右前方，这是给予发言者的一种礼遇。

有些时候，进行国际交往的宾主双方往往都不止一个人，当有必要进

行并排排列，比如需要会见、合影时，仍然需要遵守“以右为尊”的原则。

在三排座甚至其他类型的多排座轿车上，不管是谁驾驶车辆，在确定车上具体位次的尊卑时，也要遵行“以右为尊”的原则。

在进行涉外往来、召开国际会议、举办国际博览会，或从事国际体育比赛时，按照国际惯例，要悬挂有关国家的国旗。在国际交往中，悬挂国旗是一件极其严肃的事情，悬挂他国国旗，并借此向他国表示尊重和敬意时，就更要这样。不仅不能把他国国旗弄错、挂错，而且还要在悬挂国旗时给予适当的礼遇。

在各类国际交往中所悬挂的国旗，大都采用并排悬挂的方法。具体来说，并排悬挂两国国旗时，按惯例要以国旗自身面向为准，以右为上，悬挂来访国国旗；以左为下，悬挂东道国国旗。在重要国宾搭乘的轿车上同时悬挂两面国旗时，一般要以轿车行进的方向为准，以驾驶员右侧为上，悬挂来宾国国旗；以驾驶员左侧为下，悬挂东道国国旗。

需要同时悬挂多国国旗时，通行的做法，是以国旗自身面向为准，让旗套位于右侧。越往右侧悬挂的国旗，给予的礼遇就越高；越往左侧悬挂的国旗，给予的礼遇就越低。在确定各国国旗的具体位次时，一般按照各国国名的拉丁字母的先后顺序而定。在悬挂东道国国旗时，可以遵行这一惯例，也可以将其悬挂在最左侧，以示东道国的谦恭。

在国际交往中有必要排定并排位次的尊卑时，遵循“以右为尊”原则，就可以化繁为简，顺利开展事务。

宴请礼仪

宴请是人类自古以来表示友好的一种普遍交往方式。在国际交往中，常常也会遇上这类宴请活动，有时是组织设宴款待来宾，有时是组织受人之请。在涉外活动中按照国际上宴请中约定俗成的礼节行事，可使主客双方乘兴而来，尽兴而归，达到交往的目的。

一、赴宴礼仪

在参加西式宴请时，必须注意以下礼节：

1. 衣着整洁。一般参加西式宴请，男士可穿成套的西服、结领带，女士可穿套装衣裙，且饰以淡妆。整洁端庄的仪容是对主人和宾客的礼貌表示。

2. 按时参加。若超时过多，应事先告知对方，以免由于等候过久而引起不愉快。提前过早，也会造成他人由于来不及准备而感到仓促和不安。

3. 按规定入座。可随服务人员引导入座或看清桌上的座位卡和自己的名字入座，切不可随意乱坐。入座时，应请身份高者、年长者和女士优先。

二、点酒礼仪

点酒要注意酒和菜的搭配。在西方人看来，所点的菜和酒的性质不配或差距过大，就是不礼貌或不懂规矩的做法。如果不解此道，最好把这一切委托酒保全权处理。

一般来说，主菜若是肉类应搭配红酒，鱼类则搭配白酒。上菜之前，不妨来杯香槟、雪利酒或吉尔酒等较淡的酒。

你到餐厅用餐时，向女侍或服务生点好了菜之后，酒保就会走过来问你喝什么酒。假如你对当地酒类缺乏了解，就应把一切交给酒保去调配。不过，一定要告诉酒保自己所点的是什么菜，然后再请教他哪一种酒较

适合。对于量的方面也是如此，如“我们三个人应该喝多少较适合”等等。酒保所调出的酒，必须能配合菜肴，否则便是他的过失。

欧洲人喝酒时，对于酒类的年份非常挑剔，如葡萄酒是一八 ×× 年的或一九 ×× 年的，等等，他们认为这才是酒中的上品，喝起来才有兴致。

三、用餐礼仪

中国人吃饭比较随意，很可能聊到开心处，就开怀大笑，或是把餐厅当做自己家一样让小孩跑来跑去，这在西方国家是相当不得体的。在西方国家用餐，应遵守哪些礼仪呢？

1. 餐巾的使用方法

餐巾应该要铺放在腿上，不是别在领口上，更不能拿餐巾来擦桌子或餐具。有时餐巾中包有一只小面包；如果是那样的话，就把它取出，放在旁边的小碟上。

2. 餐具的使用方法

在西方国家用餐，主要使用刀、叉、匙。其排列顺序因民族而异，常见的有英美样式、法国样式和国际样式。国际统一样式的餐盘放在就餐者正面，以此为基准，其余餐具分别置于餐盘的右侧、左侧、上方和右上方。餐盘的右侧由外向里，分别放置清汤匙、鱼刀、猪牛排刀；餐盘的左侧由外向里，分别放置面包和黄油盘、黄油刀、鱼叉、叉。餐盘的上方由外向里，分别放置盐和胡椒瓶及烟灰缸、甜点叉。餐盘的右上方放置水杯、红酒杯、白酒杯。进餐时注意按不同的食品正确选择不同的餐具。

(1) 肉或禽类食品

吃肉或禽类食品时，不可用叉子将整块食品叉起食用，而应用刀子将食品切成小块，再用叉子叉住放进嘴中。持刀的姿势是用右手食指压在刀背上以出力，其余手指拿住刀把。持叉是使用左手，用左手拇指、食指、中指拿住叉。一般是左手持叉，右手持刀。每道菜吃完之后，可将刀叉并拢平排在盘内，这是表示吃完。若摆成八字或交叉放在盘上，是表示还没吃完。

(2) 茶、咖啡

饮茶或喝咖啡时，应使用杯子、杯托和小茶匙。如果愿意加牛奶、白糖，可用小茶匙从盛放牛奶、白糖的器皿中舀取放入杯内，用小茶匙搅匀后，仍将茶匙放回原处再喝。喝时，右手拿茶杯把，左手端杯托碟。

(3) 喝汤

喝汤时，应用匙进食。握匙的正确姿势为：用大拇指按住匙的把，其他手指轻轻托住另一边。舀汤时，应从盘子里面向外舀，这与中国人使用汤匙的习惯正相反。喝至最后还有一些剩余的汤时，千万不可端起汤盘吮吸，而应用左手将汤盘微微外倾，用匙舀尽。

(4) 水果

吃梨、苹果等水果时，不要整只去咬，而应用水果刀将水果切成四至六块。剜去果心，用手拿着一块一块地吃。吃香蕉时，则剥皮后整只放在盘子里，用刀、叉切开后一小块、一小块地吃。吃橘子时，用手把皮剥掉，一片一片地掰开吃。

(5) 有骨头的肉

吃有骨头的肉时，可以用手拿着吃。若想吃得更优雅，还是用刀较好。用叉子将整片肉固定（可将叉子朝上，用叉子背部压住肉），再用刀沿骨头插入，把肉切开。最好是边切边吃。必须用手吃时，会附上洗手水。当洗手水和带骨头的肉一起端上来时，意味着“请用手吃”。用手指拿东西吃后，将手指放在装洗手水的碗里洗净。吃一般的菜时，如果把手指弄脏，也可请侍者端洗手水来，注意洗手时要轻轻地洗。

(6) 面包

吃面包可蘸调味汁，吃到连调味汁都不剩，是对厨师的礼貌。注意不要把面包盘子“舔”得很干净，而要用叉子叉住已撕成小片的面包，再蘸一点调味汁来吃。

(7) 意大利面

吃意大利面，要用叉子慢慢地卷起面条来，每次卷四五根最方便。有的人喜欢用调羹和叉子一起吃，调羹可以帮助叉子控制滑溜溜的面条。不能直接往嘴里吸，这样很容易把汁溅得到处都是。

3. 用餐注意事项

在西方国家用餐，一般应注意以下事项：

(1) 享用食物的时候安静是基本的礼貌，喝汤、嚼食物时都不该出声，打嗝的声音尤其会惹人白眼，万一打嗝发出了声音，应该对同桌的人说

“Excuse me”（对不起）表示歉意。千万不要塞得满嘴的食物，应该慢慢一口一口吃。发表意见时，应该等食物完全吞下去之后再说，不可以一边嚼一边讲话。如果有鱼刺或骨头，应该尽量先用刀叉挑出来或切除掉，再放到嘴里面，不要嚼一嚼之后再吐出来，假如不得已必须要这样做，也最好悄悄地、稍微用餐巾布遮掩一下。

(2) 餐具使用时要小心轻放，食用完后，不可放在桌布上，而应放在餐盘边上；吃面包时不要整只去咬，而应用手掰成小块食之；吃剩的食物和鱼刺、骨头等不要放在桌上，而应放在餐盘内。

(3) 嘴巴弄脏了，一定要用餐巾擦拭，避免用自己的手帕。用餐巾褶的内侧来擦，而不是弄脏其正面。手指洗过后也是用餐巾擦的。若餐巾脏得厉害，请侍者重新更换一条。

(4) 女士还要注意，吃东西的时候，每次都要少放一些到嘴里，小口嚼，以免制造噪音和弄坏唇膏。吃一般的菜时，如果把手指弄脏了，可以请服务员端来洗手水，洗手时要轻轻地洗。

(5) 上甜点之前，服务员会送上一个大托盘，上面摆着乳酪、饼干和水果，挑多少种都可以，但以吃得下的范围为准。上甜点时大都会附上汤匙和叉子。冰淇淋之类的甜点容易滑动，可用叉子固定并集中，再放到汤匙里吃。

(6) 宴席上在上鸡、龙虾或水果时，有时会送上一个小水盂，这是供洗手用的，千万不要把它当成饮料喝了。

(7) 中途离席时将餐巾放在椅子上。万不得已要中途离席时，最好在上菜的空当，向同桌的人打声招呼，把餐巾放在椅子上再走，别打乱了整个吃饭的程序和气氛。吃完饭后，只要将餐巾随意放在餐桌上即可，不必特意叠整齐。

(8) 在一流餐厅里，客人除了吃以外，诸如倒酒、整理餐具、捡起掉在地上的刀叉等事，都应让侍者去做。在国外，进餐时侍者会问：“How is everything?”（你满意吗？）如果没有问题，可用“Good”来表示满意。

(9) 侍者会经常注意客人的需要。若需要服务，可用眼神向他示意或微微把手抬高，侍者会马上过来。如果对服务满意，想付小费时，可用签账卡支付，即在账单上写下含小费在内的总额再签名。最后别忘记口头致谢。

(10) 进餐完毕后，应向主人表示感谢。主人起身时可随主人一同站起。

四、饮酒礼仪

酒类服务通常是由服务员负责将少量酒倒入酒杯中，让客人鉴别一下品质是否有误。对于这道程序，只需把它当成一种形式，喝一小口并回答“Good”就可以了。接着，侍者会来倒酒，这时，不要动手去拿酒杯，而应把酒杯放在桌上由侍者去倒。

正确的握杯姿势是用三根手指轻握杯脚。为避免手的温度使酒温增高，应用大拇指、中指和食指握住杯脚，小指放在杯子的底台固定。

喝酒时绝对不能吸着喝，而是倾斜酒杯，像是将酒放在舌头上似的喝。轻轻摇动酒杯让酒与空气接触以增加酒味的醇香，但不要猛烈摇晃杯子。

此外，一饮而尽、边喝边透过酒杯看人、拿着酒杯边说话边喝酒、吃东西时喝酒、口红印在酒杯上等，都是失礼的行为。不要用手指擦杯沿上的口红印，用面巾纸擦较好。

说到饮酒，不可不说西方人最重要的佐餐饮料——葡萄酒。了解一些关于葡萄酒的饮用礼仪是十分必要的。

按照惯例，在开瓶前，应先让客人阅读酒标，确认该酒在种类、年份等方面与所点的是否一致，再看瓶盖封口处有无漏酒痕迹、酒标是否干净，然后开瓶。

开瓶取出软木塞，让客人看看软木塞是否潮湿，若潮湿则证明该瓶酒采用了较为合理的保存方式，否则，很可会因保存不当而变质。客人还可以闻闻软木塞有无异味，或进行试喝，以进一步确认酒的品质。在确定无误后，才可以正式倒酒。

请人斟酒时，客人将酒杯置于桌面即可，如果不想再续酒，只须用手轻摇杯沿或掩杯即可。需要注意的是，喝酒前应用餐巾抹去嘴角上的油渍，以免有碍观瞻，且影响对酒香味的感觉。

西方各国的宴会敬酒一般选择在主菜吃完、甜点未上之间。敬酒时将杯子高举齐眼，并注视对方，且最少要喝一口，以示敬意。

在上酒的品种上，应按先轻后重、先甜后干、先白后红顺序安排；在品质上，一般遵循越饮越高档的规律，先上普通酒，最高级的酒在餐末敬上。需要注意的是，在更换酒的品种时，一定要换用另一杯具，否则会被认为是服务的严重缺陷。

我国的葡萄酒礼仪大体上按照国际上的做法，只是在服务顺序上有所区别。斟酒等服务顺序一般为主宾、主人、陪客、其他人员。在家宴中则先为长辈，后为小辈；先为客人，后为主人。而国际上较流行的服务顺序是先女宾后主人，先女士后先生；先长辈后幼者；妇女处于绝对的领先地位。另外，我国在酒宴上常有劝酒的习惯，而世界上不少国家却以此为忌。

五、用西餐时特殊情况的处理办法

在用西餐的时候，遇到意外情况，如果处理得好，不仅可以表现出自身修养，也会让在座的人“高看一眼”，赢得别人的敬重。在用西餐时，你可能会遇到这些情况：

1. 碰到主人做感恩怎么办

有的主人会在进餐前感恩祷告，或坐或立，来宾都应和主人一样。

感恩祷告前，不要吃喝任何东西，安静地低着头。直到祷告结束，再把餐巾放在膝上，开始用餐。

2. 在餐桌上弄洒了东西怎么办

如果在餐桌上泼洒了东西，而且洒了很多的情况下，做主人的要叫服务员来清理你弄脏的地方。万一不能清除干净，他会给你再铺上一块新的餐巾，把脏东西盖住，然后再上下一道菜。如果在家里，只要用清洁用品清除就行了。

如果你的座位弄上了大量的污渍，就向主人再要一块餐巾盖在弄脏的地方，同时向主人和其他客人表示歉意。如果你或你的家人弄坏了主人的东西，你应安排把弄坏的东西收在一起，并且清除干净或修好它们，在主人方便的时候再送回去。

3. 刀叉掉到地上怎么办

用餐的时候刀叉不小心掉在地上，如果弯腰下去捡，不仅姿势不雅观，也会弄脏手指。不妨先轻唤服务生前来处理并替你更换新的餐具。

4. 异物入口或塞牙怎么办

如果遇到不好吃的食物或异物入口时，必须注意不要使一起吃饭的人感到不快，但也不必勉强把不好的东西吃下去。最好的方法是用餐巾

盖住嘴，赶紧吐到餐巾上，让服务员来换块新的餐巾。如果食物中有石子等异物时，可用拇指和食指取出来，放在盘子的一旁。假如有只虫子从你的沙拉中爬出来（这是锻炼你的勇气和风度的最佳时刻），也要心平气和地要求换掉，只要和主人或服务员使个眼色就可以，千万不要大吵大闹像个神经质一样，这会影响其他人的饮食情绪。

如果牙缝中塞入蔬菜叶子或沙粒等东西，不要在餐桌上用牙签剔，可以喝口水试试看；如果不行，就去洗手间，这样你就可以用力地漱口，也可以用牙签。

5. 吃了蒜或洋葱后，口中有异味怎么办

如果吃了蒜或洋葱，口中就会产生异味，不管是在家里、办公室还是聚会，都不会受人欢迎。因此，我们要注意这些细节问题，当有这些情况发生时，尽量采取办法加以解决。现介绍以下几种解决方法：

(1) 用水漱口；

(2) 嚼口香糖；

(3) 用一片柠檬擦拭口腔内部和舌头；

(4) 嚼几片茶叶或咖啡豆。

商务礼仪

一、美国商务礼仪

到美国进行商务活动之前，一定要了解一下他们的商务礼仪。

美国人的祖先来自全球各地，所以在美国境内“认可的”社会习俗，比有些国家的社会习俗要多得多。因此，到美国进行商务活动的人如果按照自己国家的风俗习惯去做，也不必觉得难为情或有什么不对。虽然美国人不拘礼节，但是，如果你愿意在商务活动中穿着打扮得很正规，你尽管照自己的方式做好了，美国人一定会接受的。

但在正式的商业交往中，美国人就很讲究礼节了。握手是最普通的见面礼。在美国，握手时，男女之间由女方先伸手。男子握女子的手不可太紧，如果对方无握手之意，男子就只能点头鞠躬致意。长幼之间，年长的先伸手；上下级之间，上级先伸手；宾主之间，则由主人先伸手。

握手时应注视对方，并脱下手套。如果因故来不及脱掉手套，须向对方说明原因并表示歉意。还应注意人多时不可交叉握手，女性彼此见面时可不握手。同握手的先后顺序一样，介绍两人认识时，要先把男子介绍给女子，先把年轻的介绍给年长的，先把职位低的介绍给职位高的。

社会等级的差异，在美国是不受重视的。美国人没有家庭世袭的头衔，他们称呼别人时一般用职业上的头衔。这种头衔有别于家庭头衔，因为它是靠自己“挣来”的，而不是由祖先传下的。

美国人很少用正式的头衔来称呼别人。正式的头衔一般只用于法官、高级政府官员、军官、医生、教授和高级宗教人士等，例如：汉斯法官、布朗参议员、麦克尔将军、詹妮医生、约翰逊教授等。值得注意的是，美国人从来不用行政职务如局长、经理、校长等头衔称呼别人。

美国是个“样样自己动手”的国家。一般美国人，不管是医生、教授、商人、律师，都是自己煮饭、洗衣、上市场买东西或做其他工作。在美国，服务是要钱的；谁都可以“买”服务，只要付得起钱就行，这与一个人的地位没有任何关系。一个人不管干的是什么职业，如果自己动手做家务，绝对不会被人认为有什么不对。

美国人看到别人买来的东西，从不去问价钱多少。见到别人外出或回来，也不会去问上一句“你从哪里来”或“去哪儿”。至于收入多少，更是不能随便问的事。谁想在这些方面提出问题，定会遭人厌恶。美国人往往用“鼻子伸到人家的私生活里来了”这句话来表示对提问者的轻蔑。

在美国社会，一切行为都以个人为中心，个人利益是神圣不可侵犯的。这种准则渗透在社会生活的各方面。人们日常交谈，不喜欢涉及个人私事。有些问题甚至是他们所忌谈的，如询问年龄、婚姻状况、收入多少、宗教信仰、竞选中投谁的票等都是非常冒昧和失礼的。

二、俄罗斯商务礼仪

良好的文化素质使俄罗斯人非常重视人的仪表举止。在商务活动中，俄罗斯人总是站有站相，坐有坐姿。站立时保持身体正直。等候人不论时间长短，都不蹲在地上，也不席地而坐。同时，他们在商务场合还忌讳剔牙等不雅的动作。

俄罗斯人的姓名，通常由本名、父名、姓氏三节构成。在商务活动中，

一般以握手礼最为普遍。握手时应脱掉手套，站直或上体微前倾，保持一步左右距离。若是许多人同时互相握手，切忌形成十字交叉形。亲吻也是俄罗斯人常用的重要礼节。在比较隆重的场合，男人要弯腰亲吻女子的右手背。

每年4～6月是俄罗斯人的度假季节，不宜进行商务活动。同时商务活动还应当尽量避开节假日。会见客户时要清楚地介绍自己，并把同伴介绍给对方。但要注意，俄罗斯商人一般在初次见面时不轻易交换名片。进入客户会客室后，要等对方招呼才能入座。吸烟应看当时的环境并征得主人同意才行，若是主人主动敬烟则另当别论。

在俄罗斯进行商务活动，交通十分方便，公共场所大多有出租车待客，只要是空车，招手即来。住旅馆时要先行登记并交验护照。打电话也很方便，公共场所一般都有自动电话。俄罗斯政府是不赞成收小费的，但在现实生活中，不论住宿还是坐出租车，一般付账时都要加10%～15%的小费。

三、加拿大商务礼仪

加拿大地广人稀，资源丰富，经济发达，科技先进，为世界发达的资本主义工业国之一，年人均生产总值12680美元以上。1921年11月21日加拿大政府在制定国徽时，确定红、白两色代表国家的颜色。枫树是加拿大的国树，是加拿大民族的象征。在1860年韦尔斯王子访问加拿大时，人们就用火红的枫叶图案进行装饰，以欢迎王子的光临。此后，枫叶的标志就被广泛应用，也为世界所周知。加拿大有“枫叶之国”、“万湖之国”、“真诚的北疆”的美称。

加拿大人性格开朗，不保守，重实惠，自由观念较强，行动上比较随便，不太注重繁琐的礼节。但他们在生活起居方面比较讲究，住房要求整洁、舒适，卫生设备齐全。在生活习俗上受宗教的影响也较大。

加拿大人不像美国人那样随便，大部分招待会都在饭店或俱乐部举行。如果应邀去加拿大人家里做客，可以事先送去或随身携带一束鲜花给女主人。但不要送白色的百合花。在加拿大，白色的百合花只有在葬礼上才用。加拿大人不喜欢外来人过分地把他们的国家和美国进行比较，而喜欢谈有关他们的国家和人民的优点。

按照加拿大商务礼俗，宜穿保守式样西装。一般而言，加拿大商人颇保守，你的商务要求宜在上班时间以正式方法提出，态度须谨慎。

加拿大的商人中，90%为英国和法国后裔。大体而言，属于保守型，不喜欢产品的价格上上下下，经常波动。在加拿大做生意时，应该因人种而变换策略，否则，难免是要吃亏的。例如，和英国后裔商谈时，从进入商谈到决定价格需要很长一段时间，是很艰苦的。一会儿停留在这个问题上，一会儿又僵持在那个问题上。但是，一旦达成协议，就稳如泰山了。这一点是可以放心的。法国后裔则恰恰相反，他们平时和蔼可亲，平易近人，对客人很亲切，犹如款待远道而来的老朋友，无微不至。但是，一旦坐下来正式进行商谈时，就判若两人，讲话慢吞吞的，难以捉摸。所以，要谈出一个结果来，也是很费劲的。而且，签订了协议，仍旧会不稳定。去魁北克省与法裔加拿大人谈生意，如能说几句法语，有意想不到的好处。

四、英国商务礼仪

英国的国民特性与其文化背景密切相关。由于英国的经济发展较早，在大部分外国人的眼里，英国人“自命清高”和“难于接近”。但是，事实上也并非完全如此，他们之间善于互相理解和体谅。无论办什么事情，总是尽可能不留坏印象，处处保持绅士风度。他们也懂得如何造就一个协调的环境，让大家和谐而愉快地相处。职业感强烈，是英国人的

一大特性。选择了一种职业，就一定要让自己的业务精益求精。商务交往中，他们重交情，而不刻意追求物质，不斤斤计较，颇具大家风范。对商务谈判，他们往往不做充分的准备，细节之处不加注意，显得有些随便。所以，英国商人很和善、友好，易于相处，遇到问题也易于解决。他们好交际，善应变，头脑灵活，对建设性的意见反应积极。在英国，“外表决定一切”，所以，与英国人交往要尽量避免消极感情外露。受到款待一定要致谢，事后如能专门致函表示谢意，更能赢得其好感。赠送小礼品也能增加友谊。在英国经商，必须守信用，答应过的事情，必须全力以赴、不折不扣地完成。

按英国商务礼俗，社交场合宜穿三件套式西装，打传统保守式的领带，但是不宜打条纹领带，因为英国人会联想到那是旧“军团”或老学校的制服领带。英国人的时间观念很强，拜会或洽谈生意之前必须预先约会；准时很重要，最好能提前几分钟到达。他们相处之间也是严守时间、遵守诺言。

英国各民族还有遵循传统的习惯，宜避免老用“English”一词来表示“英国的”。如遇到两个商人，一个是苏格兰人或威尔士人，当你说他是“英国人”时，他会纠正你说，他是“苏格兰人”或“威尔士人”，宜用“British”一词。谈生意态度须保守、谨慎。初次见面或在特殊场合，或者是表示赞同与祝贺时，才相互握手。

在英国，不流行邀对方早餐谈生意。一般说来，他们的午餐比较简单，对晚餐比较重视，视为正餐。因此，重大的宴请活动，大都放在晚餐时进行。

去英国人家里做客，最好带点价钱较低的礼品，因为花费不多就不会有行贿之嫌。礼品一般有高级巧克力、名酒、鲜花，特别是我国具有民族特色的民间工艺美术品，他们格外欣赏。而对有客人公司标记的纪念品不感兴趣。苏格兰威士忌是很通行的礼品，烈性威士忌则不然。

一般来说，英国商人不喜欢邀请客人到家中饮宴，聚会大都在酒店、饭店进行。英国人的饮宴，在某种意义上说，以俭朴为主。他们讨厌浪费的人。比如说，要泡茶请客，如果来客中有三位，一定只烧三份的水。在英国，邀请对方午餐、晚餐、到酒吧喝酒或观看戏剧、芭蕾舞等，会被当做送礼的等价。英国对饮茶十分讲究，各阶层的人都喜欢饮茶，尤其是妇女嗜茶成癖。英国人还有饮下午茶的习惯，即在下午 3 ~ 4 点钟的时候，放下手中的工作，喝一杯红茶，有时也吃块点心，休息一刻钟，称为“茶休”。主人常邀请客人共同饮下午茶。遇到这种情况，大可不必推却。

主人提供的饮品，客人饮量以不超过 3 杯为宜。如果感到喝够了，可以将空杯迅速地转动一下，然后交给主人，这表示喝够了，还有感谢的意思。在正式的宴会上，一般不准吸烟。进餐吸烟，被视为失礼。酒馆开门时间一般是上午 11 时至下午 3 时，下午 5 时半到晚上 11 时。在英国，到酒馆饮酒被当成一种消遣和享受。所以，他们会欣然接受你的邀请，到酒馆共饮。

英国商人非常注重衣着，好讲派头。出席宴会或晚会时，习惯穿黑色礼服，衣裤烫得笔挺。如果你收到的请柬上标有“黑领带”或“抽烟”的字样。这表明男人必须穿正式服装，并佩戴适当的领带、穿黑色的丝袜等等，妇女必须穿长裙。

拜访英国朋友应注意他们的一些忌讳：忌谈个人私事、家事、婚丧、年龄、职业、收入、宗教问题。不能手背朝外，用手指表示“二”，这种“V”形手势，是蔑视别人的一种敌意的做法。上街走路，千万注意交通安全，所有车辆都靠左行驶。

商务活动在 2 ~ 6 月、9 ~ 11 月最宜。最好避开圣诞节及复活节前后两周。

五、法国商务礼仪

从二十世纪 50 年代中期开始，法国从“二战”的阴影中解脱出来，

走上经济持续快速增长的道路，迅速实现了工农业现代化，跻身于世界五大经济强国之列。法国为当代世界八大贸易国之一，素有“奶酪之国”、“葡萄之国”之美称。

作为发达的资本主义工业、农业国，按国民生产总值计，法国仅次于美国、俄罗斯、日本、德国，居世界第 5 位，工业产值占工农业总产值的 85%以上，工业产品在整个出口中占 80%以上，工业是法国经济的主导产业。法国的工业为新旧两大部门，旧的传统工业以分散的中小企业占优势，主要有纺织、食品、服装、化妆品等消费性企业，如里昂的丝绸、巴黎的时装和香水、香槟及葡萄酒等，远销国外，在世界享有盛名。

法国大部分人为早睡早起型，工作强度很高，而工作态度也极为认真。日本著名经济学家笠信太郎曾经评论法国人为“边跑边想的人种”。法国人极为重视人际关系，据说，商业往来中，在尚未交成朋友以前，不要幻想跟法国人做大宗生意。

在法国从事商务活动宜穿保守式西装，不论访问公私单位，都绝对要预约。在法国，礼节上要求将自己的身份列在名片上。

法国商人保守而正式，尤其是在一些小城市，商务人员应表现得格外正式，随时主动握手，而且“韩信点兵，多多益善”。千万别问对方家事。法国人对“商业机密”也很敏感。

在法国，要注意商务礼俗，法国人忌讳“13”，这源自众所周知的耶稣的传说。他们不住 13 号房间，不在 13 日这天外出旅行，不坐 13 号座位，更不准 13 个人共进晚餐。

法国人在贸易谈判中被认为有如下一些特点：

1. 立场极为坚定；

2. 坚持在谈判中使用法语；

3. 明显地偏爱横向式谈判。

也就是说，他们喜欢先为协议勾画出一个轮廓，然后再达成原则协议，最后确定协议上的各个方面。他们都具有戴高乐式的依靠坚定的“不”字以谋取利益的高超本领。所以商谈时做出决定的速度较慢。商务活动应该严守时间。同时，学几句法语会话，才能行动自如。商务活动在圣诞节及复活节前后两周不宜进行。7 月 15 日至 9 月 15 日为当地人度假期，也不宜进行商务往来。

西方习俗礼仪和禁忌

一、美国习俗礼仪

美国人具有很强的独立性，他们对自己充满信心，对上帝不那么相信。他们一旦认准目标，就会全力以赴地去追求，他们经常更换工作以求创造成功的机会。在美国，孩子长大后多数离开父母去寻求自己的生活道路，总统的儿子也不例外。

美国是个强者的社会，崇拜强者，不同情弱者。不过，美国有些人是悲观主义者，总担心未来会发生什么不测。他们讲话没有自谦之词，从来不谈自己不行，显得自满和傲慢。美国人喜欢探新求奇，往往不满足于现状，一生中搬家四五次是非常普遍的事，每年有10%的人迁徙。年轻人读大学喜欢选择离家远的学校，以便将自己带入一个陌生的世界。

美国人以不拘礼节闻名于世。第一次同别人见面，常直呼对方的名字，还不一定跟人握手，往往只是笑一笑，说一声“嗨”或“哈啰”。在美国人看来，这种不拘礼节的打招呼，跟其他地区的正经握手为礼意义相同。

在美国，不论男女见面时一般都相互握手。彼此很熟悉的女性之间、男女之间也亲吻面颊。与美国妇女握手最好让对方采取主动。对妇女要像对男子一样随便，但是不能询问她的婚姻状况，绝对不可说具有挑逗性的语言，否则必遭冷遇。男性最好不要给妇女送香水、衣物和化妆品之类的礼物。

美国人通常在家里宴请客人。一种方式是大家围坐在一张桌子旁，食品盛在盘中，在每个人手中依次传递或由主人为客人盛食品。另一种是“自助”式，边交谈边品尝。接受邀请的客人一般在规定时间后的 5 ~ 10 分钟内到达，可以送女主人一些花或其他小礼品。

美国人进餐时十分讲究，汤匙必须放在汤盘的托碟上，咖啡匙要放在茶托上。喝汤时不要弄出大的响声，并用匙的一侧从里往外舀，不能用匙头，更不能端着汤盆把盆底的剩汤喝光。每餐一般只上一道主菜和沙拉，最后上一道甜食。如果客人没吃饱可向女主人夸赞她做得好，并再要点菜，女主人会多加一份菜给他。喝咖啡要端着杯子喝，在餐桌上不要抽烟。吃完饭，客人将餐巾放在餐桌上，然后站起来。餐后，客人要待上一两个小时再道别。第二天发便函向主人致谢，并送一些小礼物，如一盒巧克力或鲜花等。

如果去拜访美国的朋友，应先敲门，征得同意后才进屋。进屋后先脱帽，并问对方是否方便。当对方回答“无妨”时，再谈论事情。星期六、日是美国的法定休息日，除非有急事或要事，一般在早上 8 点前，晚上 10 点后不要拜访。

送礼物时最好交给夫人。在主人卧室里，客人不能坐在床上。未经同意不要随便摆弄屋里的任何东西，尤其是钢琴。

由于性格直爽、慷慨大方，美国人可参加朋友的朋友的宴会，刚认识就可以被邀请去看戏、吃饭或到家做客。同时，他们一般都“喜新厌旧”，新交的朋友一星期以后可以忘得一干二净。在美国经常听到这样的话：“再也没有人比我们更易交朋友了，然而再也没有人比我们建立真正友谊更难了。”因此，美国人之间很难保持终生不渝的友谊。

美国十分强调个人权利、价值和自由，他们忌讳打听个人隐私。美国人讨厌蝙蝠，认为是凶神恶煞的象征。所以不能向美国人介绍或销售有蝙蝠图案的商品，也不要作为礼品送给他们，否则会引起麻烦。黑猫被视为不祥之物，白象则被喻为无用而累赘之物，故送人玩具或工艺品时应避开这些东西。另外，美国人忌食各种动物内脏。

二、俄罗斯习俗礼仪

在俄罗斯居住的居民主要是俄罗斯人，大多数人信仰东正教。俄罗斯人性格豪爽、热情开朗，具有很强的集体观念。他们和人交往一般行握手礼或拥抱礼。俄罗斯人也有施吻礼的习俗，但针对不同对象和不同场合，所施的吻礼也有一定的区别：对朋友之间，或长辈对晚辈之间，一般吻面颊，如果长辈对晚辈非常慈爱，则吻额头；男子对已婚女子，一般多施吻手礼，以示尊敬和谦恭之意；吻唇礼通常只在夫妻或情人之间流行。

俄罗斯人对数字“7”非常偏爱，认为“7”预兆好运，可以给人们带来美满和幸福。大多数人喜爱红色，视红色为美丽和吉祥的象征。

俄罗斯人对盐十分崇拜，视盐为珍宝，经常用做祭祀的供品。他们认为盐具有驱魔避邪的神秘力量。如果有人不慎打翻盐罐，或者将盐撒在地上，便认为是家庭即将出现不幸的预兆。为了摆脱灾难，他们总要将打翻在地的盐拾起来撒在自己的头上。在俄罗斯做客，如果主人给客人吃面包和盐，说明客人非常受欢迎。

他们的晚餐比较简单，对早餐和午餐十分重视。俄罗斯人的用餐时间拖得很长，喜欢品尝不同风味的菜肴，并且希望菜肴熟透和酥烂。另外，俄罗斯人对中餐非常喜欢。

接待客人时，俄罗斯人经常使用“您”字，表示尊敬和客气；而在亲友之间往往以“你”字相称，这样显得更加随便。外出时，他们非常注重仪容仪表，衣扣要扣得完整，给人一副衣冠楚楚的模样。男子外出活动时，一定要把胡子刮净；赴约要准时；在社交场合中，遵循女性优先的习惯，如帮女子脱大衣、拉门、找座位，在宴席上为她们分菜等。俄罗斯妇女不能在男子面前撩裙而坐，如露出大腿则有引诱男人之嫌。

俄罗斯人非常重视文化教育，喜欢艺术品和艺术欣赏，因此比较喜欢这方面的话题。与俄罗斯人交谈，要坦诚相见，不能在背后议论其他人，更不能说他们小气；与女性交谈时，切忌打听年龄和服饰价格等。

在俄罗斯街上行走，决不能丢弃任何东西，连一张过期的电影票也不行。他们认为这种行为有损城市的整洁，而且是违规的。

俄罗斯人认为兔子是一种怯弱的动物，如果从自己眼前跑过，那便是一种不祥的预兆。他们认为黑色是丧葬的代表色，因此对黑猫非常厌恶，

如果黑猫从自己面前跑过，则预示灾难即将来临。

如果去俄罗斯人家里做客，应该带上鲜花或烈性酒，送艺术品或图书做礼品也非常受欢迎。女主人对来访客人带给她的单数鲜花比较满意；男主人则喜欢高茎、艳丽的大花。

三、英国习俗礼仪

英国人一向以冷漠和保守著称于世。尽管现在这种情况有所改变，但仍然是英国人的主要性格特征。有时两个人在一起工作多年，也许还不知道对方的家庭住址，甚至叫不出对方的姓名。英国人坐公共汽车或火车时，总是尽量找个旁边没人的座位坐下。如果旁边有人，立刻用手里的报纸筑起一道“围墙”来。偶尔两个互不相识的旅伴攀谈起来，谈话内容也仅限于气候、新闻等，其他方面很少涉及。

由于过着舒适优雅的生活，英国的中、上层人士养成一种绅士风度。他们举止得体,语言文明,不轻易动感情。他们平时不谈私事,人们相处时，彼此很少闲谈，即使寒暄几句，也很简短，通常只提一下天气情况或者报纸新闻。

英国人遵守纪律，排队时井然有序。即使车站上只有一个人，也会在站牌下等候。

英国人见面时互相握手，互道“早安”或“晚上好”。男女之间除热恋者外，一般都不手拉手走路。见面时的称呼也都遵照传统的礼仪习惯：

对尊长、上级、不熟的人用尊称，在对方姓名之前要冠以职称、衔称或先生、女士、夫人、小姐等称呼，亲友和熟人之间常用昵称，以示亲切。男性与男性拥抱会被视为笑话。一个成年男子亲吻一个小男孩也会使孩子感到不自在。

英国人谈吐幽默，文雅脱俗。与英国人谈话时，切忌指手画脚，微笑是有礼貌的表现。但与英国人谈正经事时，则应该态度严肃，认真听讲，否则会被认为看不起他们。

与英国人交往时，最好不要谈论政治和宗教问题，更不能将皇家的事作为谈话的内容。在英国人面前，要避免使用“英格兰人”这个词，而要用“不列颠人”，这样说英国人才觉得满意。下班后不谈论工作，他们最讨厌下班后在餐桌上或酒吧里谈论工作；在休假时谈论工作更会引起他们的讨厌。

英国人从不直接说“上厕所”，而是说“请原谅几分钟”或“我想洗洗手”等。至于“请”、“对不起”、“谢谢”等礼貌用语，更是习以为常，即使家庭成员之间也是如此。

英国对妇女比较尊重。如走路要让妇女在前，乘电梯要让女士先进。

英国人喜欢独处，不欢迎别人闯进他们的生活。未经邀请或约定去拜访英国人的家庭是对别人生活的干扰，是非常失礼的举动。

在小酒吧里，放在柜台上留做下杯酒用的零钱可能会被当做小费收去，所以要把零钱放在口袋里，在要下杯酒时再掏出来。如果想要布尔本酒，直接叫出它的名字。因为在英国，威士忌只代表苏格兰威士忌。

如果要送英国朋友一些礼物，应最先考虑鲜花和巧克力。

英国人认为大象是一种蠢笨的动物，因此忌讳使用大象图案。他们认为孔雀开屏并不美丽，而是自我炫耀和自我吹嘘的表现，因此不喜欢这种动物，甚至认为孔雀是一种淫鸟、祸鸟；同时还忌用人像做商品的装潢。在英国，绝对不要将百合花当做礼物送人，因为他们认为百合花意味着死亡。

英国人在点烟的时候，不论使用火柴还是打火机，只点到第二个人，然后把火熄灭，重新点燃后，再给第三个人点烟。他们认为一次点三支烟，意味着第三个人将面临死亡。这种说法源于一次战争，当时有三位士兵躲在战壕里，由于疲劳，他们想抽烟提提神。当他们为第三个士兵点烟时，被敌人发现了。一发炮弹飞来，第三个士兵失去了性命。

四、法国习俗礼仪

法国人性格热情开朗，乐观爱美，讲究衣饰，待人彬彬有礼。他们乐意帮助外来人，但领导之间很少往来，也很少请人到家中做客。若被邀请，可送女主人一束鲜花或一盒巧克力。他们喜欢有文化素养和美学素养的礼品，不过不要送带有某公司明显标记的礼品。

法国人在公共场所从不大声喧哗，不随便指手画脚。男子不能当众提裤子，女子不能隔着衣裙提袜子。男女一起看节目时，女子坐中间，男子坐两边。

法国妇女是世界上最喜欢打扮的妇女。她们的服装非常时髦，所用化妆品也特别多，如口红就有早、中、晚之分。法国人追求自由，纪律性较差。准时赴约是有礼貌的表现，但迟到则是习以为常的事。

法国的传统礼仪是对妇女谦恭有礼。男士若在一条狭窄通道上遇见女士，应该让在一边，先让女士通过；如有急事需要先行，则应表示歉意。如果男子陪女子上街，习惯上应让女子靠商店橱窗一边走。如发生拥挤，男子应向前开道。上楼梯应女前男后。

上电梯时，如果是一男一女，男子应后上后下。若电梯上的人很多，最后上的人则应先下，以免妨碍他人。

男女在餐馆约会，男子绝不能迟到，应走在前面为女子开门，并根据女子的意见挑选餐桌。点菜、与服务员交流等事均由男子承担。如男子请女子吃饭，自然由男子买单。饭毕，男子应帮助女子拿东西、穿大衣等等；然后开门站在一旁，让女子先出餐馆。

乘车时，应让女子先上。到站时男子先下车。乘小轿车时，应打开人行道一侧的车门让女子先上，或者从车内打开这一侧的车门让女子上下车。

法国人握手时间不长，不能使劲晃动。一般是女子、上级、长者先伸手。如果在场的人很多，握手的顺序是女先男后，长先幼后。两对夫妇相逢时，两位女士先打招呼，男士再分别向对方妻子致意，然后两位男子相互握手。

如果亲朋好友相遇，则以亲吻或拥抱的方式代替握手礼。在法国，男人之间亲吻的情况较少。在冬天，戴帽的男子应脱帽向女子致意，握手时无须摘手套。但对方未戴手套，则应迅速摘下自己的手套再握手。如果双方非常熟悉，且地位平等的人见面，只需挥手问好即可。

与法国人交往时，不要谈论个人、政治或金钱等方面的话题，那样会引起他们的反感。

法国人忌讳菊花、杜鹃花等黄色花朵，因为他们认为黄色是不忠诚的表现；忌黑桃图案，认为不吉祥；忌墨绿色，因第二次世界大战期间纳粹军服是墨绿色的；忌仙鹤图案，认为仙鹤是蠢汉和淫妇的代称；忌送香水等化妆品给法国女人，因为这样做给人以过分亲热或图谋不轨之嫌。

五、西方礼仪禁忌

随着信息时代的到来，全球经济一体化的浪潮汹涌澎湃，世界各国、各民族之间的交往不再局限于官方之间的外事活动。无论到国外旅游观光，还是参加学术交流，进行体育竞赛，我们不仅要举止得体、礼貌待人，还要了解西方国家的种种忌讳，以免引起不必要的麻烦。

1. 称呼禁忌

在美国，千万不要称黑人为“Negro”，Negro 是英语“黑人”的意思，尤指从非洲贩卖到美国为奴的黑人。跟白人交谈时应该牢记这种忌讳，跟黑人交谈时更需要小心谨慎。否则，黑人会认为这是对他的蔑视。提到黑人时，最好用“Black”一词，黑人会愉快接受这种称呼。

2. 食品禁忌

东欧一些国家的人们不喜欢吃海味，忌吃各种动物内脏。信仰伊斯兰教的国家和地区的居民不吃猪肉和无鳞鱼。

3. 花卉禁忌

在国际交往场合，忌用杜鹃花、石竹花、菊花以及其他黄色的花献给客人，这已经成为惯例。在欧美国家，如果被邀请到朋友家做客，给女主人献花是件愉快的事；但在阿拉伯国家，这样做则违反了礼仪。德国人认为郁金香是没有感情的花；意大利和南美洲各国认为菊花是“妖花”，只能用于墓地与灵前；在巴西等国家，绛紫色的花一般用于葬礼。

4. 颜色禁忌

欧美许多国家的人们认为黑色是丧礼的颜色，表示对死者的悼念和尊敬；巴西人认为棕黄色是凶丧的颜色；巴基斯坦人认为黄色是僧侣的专用服色；叙利亚人认为黄色是死亡的颜色；在委内瑞拉，黄色却是医务的标志；埃塞俄比亚人在表示对死者的沉痛哀悼时，常常穿淡黄色服装；埃及人认为蓝色象征恶魔；比利时人也最忌蓝色，如果遇到不幸，都穿蓝色服装；土耳其人认为花色是凶恶的兆头，所以在布置房间、客厅时绝对禁用花色，一般喜欢用比较朴素的颜色；摩洛哥人忌白色，认为是“贫穷”的象征。

5. 数字禁忌

意大利著名画家达·芬奇创作的《最后的晚餐》中，基督耶稣和弟子们一起吃饭，参加晚餐的第 13 个人是犹大。由于犹大的出卖，耶稣被犹太教当权者逮捕，并于 13 号（星期五）被钉在十字架上。西方国家的人们非常憎恨犹大，同时认为“13”是个不祥的数字。

为了避开“13”这个数字，西方许多国家高楼的 12 层之上便是 14 层楼，宴会厅的餐桌 14 号紧挨着 12 号。有些人甚至对每个月的 13 日也感到忐忑不安。并且人们还认为星期五也是个倒霉的日子，特别是遇到 13 日又是星期五时，一般不举行任何活动。日常生活中的编号，如电话号码、汽车牌号、房间号、楼层号、宴会桌等编号都要尽量避开 13 这个数字。

6. 其他禁忌

美国和英国人认为在大庭广众之下节哀是一种礼节，而印度人恰好相反，他们认为在举行丧礼时如不大哭，就是违反礼仪。西方人不会随便用手折断柳枝，他们认为这样做将会承受失恋的痛苦；在欧洲的一些国家，新娘在婚礼前不会试穿结婚用的礼服，因为她们认为试穿礼服会导致日后幸福婚姻的破裂；还有些西方人认为打破镜子会带来厄运。

墨西哥人忌送手帕和刀剪，因为手帕与眼泪联系在一起，刀剪则象征友谊破裂。

在巴西，送礼时不要轻易送手帕，否则会引起吵嘴。若送手帕，人家会当面交钱，表示是买的，以免日后吵架。

埃及人忌蓝色和黄色，认为蓝色是恶魔，黄色是不幸的象征，遇丧事都穿黄衣服。忌熊猫，因它的形体近似肥猪。

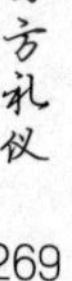

图书在版编目（CIP）数据

中外礼仪大全 / 宋薇编著. —南京：译林
ISBN 978-7-5447-6632-6

Ⅰ.①中… Ⅱ.①宋… Ⅲ.①礼仪－世界 Ⅳ.①

中国版本图书馆CIP数据核字（2016）第22728

书　　名　中外礼仪大全
编　　著　宋　薇
责任编辑　陆元昶
特约编辑　苑浩泰
出版发行　凤凰出版传媒股份有限公司
　　　　　译林出版社
出版社地址　南京市湖南路1号A楼，邮编：210009
电子信箱　yilin@yilin.com
出版社网址　http://www.yilin.com
印　　刷　三河市华润印刷有限公司
开　　本　710×1000毫米　1/16
印　　张　18
字　　数　195千字
版　　次　2017年1月第1版　2023年10月第3次印刷
书　　号　ISBN 978-7-5447-6632-6
定　　价　45.00元